**B&E** 经济学系列

# 电子商务与网络经济学（第2版）

王晓晶 编著

E-commerce and Internet Economics

清华大学出版社

北 京

## 内 容 简 介

　　新经济时代,网络和电子商务对经济学产生了深远的影响。本书从经济学的角度研究电子商务问题,旨在探究这一新兴经济与传统经济的相似本源及其对传统经济理论的新发现。全书分为3篇:导言篇、市场结构与运行篇和市场绩效与政府职能篇。其中,导言篇包括网络经济与电子商务绪论,电子商务与网络经济学理论基础,网络外部性;市场结构与运行篇包括市场结构及其均衡分析,网络经济下的市场结构变化,电子商务市场控制力以及电子商务定价、销售及利润;市场绩效与政府职能篇包括网络经济的价值创造,网络经济效率和网络经济中的政府职能。

　　全书内容通俗易懂,偏重应用分析,较好地把握了内容的深入浅出以及所选案例与理论的匹配性。每章均由引例引出相关学习内容,并在章后运用本章基本理论对引例进行回顾分析;在理论介绍过程中附有大量有针对性的国内外典型案例分析,案例几乎涵盖了门户网站、电子市场、第三方支付、即时通信系统、搜索引擎、网上招聘以及网络游戏等电子商务主要业务领域。

　　本书既可作为高等院校电子商务专业、工商管理类专业本科生的教材或参考资料,也可作为关注新经济、新技术发展的学者、管理者和业界人士的参考书。

**图书在版编目(CIP)数据**

电子商务与网络经济学/王晓晶编著. —2 版. —北京:清华大学出版社,2014(2024.2重印)
(B&E 经济学系列)
ISBN 978-7-302-37235-6

Ⅰ. ①电… Ⅱ. ①王… Ⅲ. ①电子商务 ②网络经济 Ⅳ. ①F713.36 ②F062.5

中国版本图书馆 CIP 数据核字(2014)第 152140 号

责任编辑:高晓蔚
封面设计:创意源文化艺术
责任校对:宋玉莲
责任印制:宋　林

出版发行:清华大学出版社
　　　　　网　　　址:https://www.tup.com.cn,https://www.wqxuetang.com
　　　　　地　　　址:北京清华大学学研大厦 A 座　　　　邮　　编:100084
　　　　　社 总 机:010-83470000　　　　　　　　　　　邮　　购:010-62786544
　　　　　投稿与读者服务:010-62776969,c-service@tup.tsinghua.edu.cn
　　　　　质量反馈:010-62772015,zhiliang@tup.tsinghua.edu.cn
印　装　者:天津鑫丰华印务有限公司
经　　销:全国新华书店
开　　本:185mm×230mm　　印　张:17　　插　页:1　　字　　数:350 千字
版　　次:2011 年 3 月第 1 版　2014 年 9 月第 2 版　　印　　次:2024 年 2 月第 9 次印刷
定　　价:49.00 元

产品编号:060066-03

　　《电子商务与网络经济学》是在教学需求驱动下完成的。东北财经大学管理科学与工程学院于2009年开设了《网络经济学》课程，当时国内已有网络经济学相关教材的理论性偏强，与国内的电子商务案例联系也不够紧密；对本科学生而言，可阅读性较弱。鉴于这种情况，我没有选用已出版的教材，而是博采众长，采用自编讲义的方式授课。在实践教学中，讲义的内容得到了学生的认可，他们还提出了一些有价值的修改建议，学习效果也经过了课堂验证，这让我萌生了撰写网络经济学教材的想法。2011年，《电子商务与网络经济学》第1版由清华大学出版社出版。

　　近几年，随着互联网应用的普及，电子商务发展突飞猛进，市场结构与运营模式在过去的三年里发生了巨大的变化，第1版教材中的许多内容已经无法满足教学需求，这促使我对原有教材进行修订。新版教材仍致力于说明经济学思想如何有助于解释电子商务时代的社会经济问题，探究新兴网络经济与传统经济的相似本源及其对传统经济理论的新发展。与第1版相比，修订版教材在逻辑结构上更加合理，在导言篇就介绍了网络外部性的原理及竞争策略，后续市场结构运行篇以网络外部性为基础展开讨论。此外，内容组织也注重与时俱进，选取的案例绝大多数为2013年以后发生的事件和数据，很好地突出了电子商务与网络经济的交互性。

　　本书结构新颖，内容深入浅出，通俗易懂，每章都依照"引例—正文—引例回顾—关键术语—课后案例—思考与讨论"的组织结构展开。内容上不仅关注经济学的基本概念和基本理论，更侧重经济学原理的应用以及对电子商务时代社会经济问题的解释；特别注意案例与理论知识的匹配性，大量选取国内电子商务各领域的典型案例进行理论与应用分析，以建立学生对内容的亲切感并激发学生深入理解和参与讨论。

　　我们还为使用本书的教师和学生提供了教辅资源。与本书配套的课件可以扫描书末二维码获取，或从网上下载，网址为 http://www.tup.com.cn。

　　本书的第 10 章由钟琦老师完成,其余章节均由王晓晶撰写,全书也由王晓晶策划和统稿。 借本书再版机会,我谨向给予本书写作出版提供支持和帮助的机构和人士表示衷心感谢。 清华大学出版社高晓蔚编辑对本书给予了大力支持,东北财经大学管理科学与工程学院的张楠楠、乔禹浓、班梦茹、张春意、李希、童玥等人也为本书的校对提供了支持。

　　本书参考、吸收了国内外众多学者的研究成果和实际工作者的实践经验,并以脚注和参考文献的形式在书中予以说明。 由于作者才疏学浅,成稿时间仓促,书中表述难免出现疏忽或不妥之处。 在本书使用过程中,如果读者想对此书发表评论或提出批评,可以通过 E-mail ( gildaw@dufe. edu. cn ) 与我联系。 我衷心希望收到你们的评论和意见,并会尽快给予回复,以便逐步完善。 我相信各位读者会在本书中发现学习网络经济学的乐趣,并从中学到有用的知识。

王晓晶

2014 年 5 月

# 目　录

## 第 3 篇　市场绩效与政府职能

# 第 1 篇

## 导言

# 第 1 章
# 网络经济与电子商务绪论

**B&E**

## 【内容提要】

引例

**1.1 电子商务及其变革力量**

    1.1.1 电子商务的概念及其分类

    1.1.2 电子商务的变革力量

**1.2 网络经济及其对传统产业的渗透**

    1.2.1 网络经济的概念及特征

    1.2.2 网络经济的运行规律

    1.2.3 网络经济对传统产业的渗透

**1.3 经济学与电子商务的交互**

    1.3.1 用经济学术语讨论电子商务

    1.3.2 电子商务引发的经济学问题思考

**引例回顾**

## 【学习目的】

通过本章学习,你应该能够:

- 了解网络经济和电子商务的内涵及特征
- 掌握电子商务的类型
- 叙述电子商务对传统产业的渗透
- 解释电子商务引发的经济学问题思考

# 引例：感受网络经济时代的互联网魅力[①]

有了网络,距离不再是问题。

互联网究竟为我们带来了怎样的改变?

TNS 全球总裁 Scott Ernst 认为:"全球各地不再将互联网视为一种重要的沟通工具,而是人们日常生活不可缺少的交流工具。互联网之于网民的关系因人而异,但相同的是,互联网已经变成了我们日常生活不可缺少的部分。"

2014 年 1 月 16 日,中国互联网络信息中心(CNNIC)发布《第 33 次中国互联网络发展状况统计报告》(以下简称《报告》)。《报告》显示,截至 2013 年 12 月底,中国网民规模达 6.18 亿人,互联网普及率为 45.8%。其中,手机网民规模达 5 亿人,继续保持稳定增长。手机网民规模的持续增长促进了手机端各类应用的发展,成为 2013 年中国互联网发展的一大亮点,如图 1-1 所示。

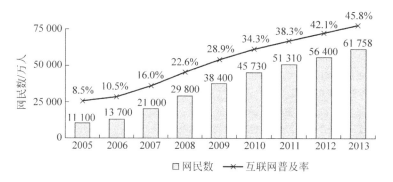

图 1-1 中国网民规模与互联网普及率

互联网的高普及率从某种程度上说明网络已渐渐渗透到人们的日常生活中。网络正在接管人们的生活,像空气、水一样,成为人们生活的组成部分。在网络上,人们已经可以实现通信、购物、休闲、支付、咨询、会议、选举、写作、教育、找工作、交友、赚钱、法律服务,等等。可以说,人们已经进入了互联网的数字化生存时代。

随着我国互联网基础建设及技术的日趋完善,用户网龄的逐渐增长,网络应用已经从生活娱乐逐步向社会经济领域渗透,互联网交易应用也得到了迅速发展。《报告》表明,2013 年以网络购物、团购为主的商务类应用保持较高的发展速度。2013 年,中国网络购物用户规模达 3.02 亿,使用率达到 48.9%,相比 2012 年增长 6.0 个百分点。在商务类

---

① 案例系作者根据 http://www.cnnic.net.cn/hlwfzyj/hlwxzbg/hlwtjbg/201401/t20140116_43820.htm 内容改编而成。

应用中,团购市场的增长最为迅猛:2013 年团购用户规模达 1.41 亿,团购的使用率为 22.8%,相比 2012 年增长了 8.0 个百分点,使用率年增速达 54.3%,成为商务类应用的最大亮点。

不仅如此,时间与空间的极大缩小,也影响到企业生产、流通和消费各个环节,企业电子商务应用依然存在提升空间。2013 年,中国企业在线采购和在线销售的比例分别为 23.5% 和 26.8%,利用互联网开展营销推广活动的企业比例为 20.9%。不同行业的电子商务应用普及率差距较大,其中制造业、批发零售业电子商务应用化较为普遍。

互联网正以无限创新的可能性成为改造其他行业的"魔术棒",同时自身也成为一支重要的经济力量。

"在金融危机中,其他行业都比较萧条,网络行业依然春意盎然。"搜狐公司董事局主席张朝阳说。即使在 2008 年这个特殊的年份,据艾瑞咨询统计,互联网经济市场规模年度增长 49.2%。进入 2009 年以后,互联网经济无论同比、环比均继续保持增长。

互联网等信息技术的"魔法",在工业和信息化部部长李毅中看来,是经济增长"倍增器"、发展方式"转换器"、产业升级"助推器",覆盖面广,渗透力强,带动作用明显。为此,雅虎口碑网总裁金建杭不禁感叹:"今天,制造业不用互联网做全球生意的已经找不到了。"

与信息化的融合,令所有类型的企业都驶上了"高速公路"。

微软全球资深副总裁、微软中国研发集团主席张亚勤举例说,目前他们只需要 4 名员工就可管理公司 3 500 台服务器。

以互联网为代表的信息领域,其辐射能量也远非传统经济可比。数据表明,在美国,对交通、能源、供水等领域投入 10 亿美元,能创造 1.8 万个岗位;在信息技术领域投入 10 亿美元,则可创造 3.1 万个新的工作岗位。在中国,刚刚启动 3G 服务时,就直接或间接地创造了 30 万个就业机会。

在零售领域,互联网的魅力展现得更淋漓尽致。电子商务改变了传统的商务模式,同时也改变了竞争格局。业内人士指出,工业社会企业的市场基本在国内;互联网时代企业的市场在全球。

网购的兴起,使得零售实体店越来越多地承担展示功能,如苹果等公司在中国都设立了实体店的体验中心,但顾客的真实购买却有很多种渠道可以选择。

电子商务在经历了以制造业为主的第一阶段和以零售业为主的第二阶段之后,又迎来了一个新的发展阶段,即服务业的电子商务化。金建杭分析认为,"生活服务的电子商务化是未来十年的一个方向"。

与此同时,网络经济也改变着传统经济的游戏规则。

在互联网中,由于数字技术消除了市场的地理界线,生产厂商可能与它们曾经闻所未闻的厂商进行竞争。这为中小企业打破大企业的垄断创造了有利条件。

"互联网最大的挑战并不是比谁的资金多、比谁实力雄厚,而是在比谁能够更快,互联网就是一部颠覆史,几乎都是小的推翻大的。"

专家断言,未来,具备小规模定制、个性化生产、低消耗、高附加值等特点的企业将成为主流。

近几年里,中国网民深刻体会到了互联网的变革力量。互联网不仅渗透到人们的日常生活中,更让我们体验到它为推动经济格局的改变所起到的巨大影响和作用。网络已经并正深刻地影响和改变着世界,面对这诸多改变,我们,准备好了吗?

# 1.1　电子商务及其变革力量

## 1.1.1　电子商务的概念及其分类

### 1. 电子商务的概念

关于电子商务的定义,国际组织、专家学者、IT行业界和普通消费者都有不同的理解和表述。早期的定义主要是将电子商务限制在使用计算机网络进行的商业活动。但是,随着互联网的普及,电子商务的应用日益广泛,也使得商业模式发生了根本性的转变,电子商务的内涵也越来越宽泛。基于此,电子商务有狭义和广义之分。

(1) 狭义的电子商务(e-commerce)

狭义的电子商务也称电子交易,主要包括利用网络进行的商品交易活动。从发展的角度看,在考虑电子商务概念时,仅仅局限于利用因特网进行商务活动是不够的。将利用各类电子信息网络进行的广告、设计、开发、推销、采购、结算等全部贸易活动都纳入电子商务的范畴比较符合发展实际。

(2) 广义的电子商务(e-business)

广义的电子商务也称电子商业,是将运用一切电子工具和技术进行的所有与商务有关的活动,如商务信息、商务管理和商品交易等,都称为电子商务。这些活动可以发生在公司内部、公司之间及公司与客户之间。

从电子商务应用的需要出发,将电子商务中的"商务"仅仅局限在"交易"而不考虑"信息"和"管理"是不实际的,而将电子商务中的"电子"无限扩大到所有电子工具和电子技术范围又太广,难以突出商务本身的特征。

所以,本书将"电子"的含义限定为以现代通信网络及计算机网络所形成的信息网络基础,将"商务"的含义规定为包括商务信息、商务管理和商品交易在内的全部商务活动。

### 2. 电子商务的分类

对电子商务可以按参与交易涉及的对象、交易所涉及的商品内容和进行交易的企业所使用的网络类型等进行不同的分类。

（1）按参与交易的对象分类

按照交易对象可将电子商务分成以下四类。

① 企业与消费者之间的电子商务（B2C 电子商务）。B2C(business to customer)电子商务是在企业与消费者之间进行的商务模式，也叫网上购物。是通过网上商店（电子商店）实现网上在线商品零售和为消费者提供所需服务的商务活动。它是指用户为完成购物或与之有关的任务而在网上虚拟环境中浏览、搜索相关商品信息，从而为购买决策提供所需的必要信息，并实践决策和购买的过程。

从长远来看，企业对消费者的电子商务将取得长足的发展，并将最终在电子商务领域占据重要地位。目前，在互联网上遍布各种类型的商业中心，提供从鲜花、书籍到计算机、汽车等各种消费商品和服务。这一类型电子商务成功应用的例子很多，如全球最大的网上商城亚马逊，顾客可以自己管理和跟踪货物的联邦快递以及网上预订外卖食品的肯德基和必胜客等。为了获得消费者的认同，网上销售商在"网络商店"的布置上往往煞费苦心。网上商品不是摆在货架上，而是做成了电子目录，里面有商品的图片、详细说明书、尺寸和价格信息等。随着互联网的普遍应用，这类电子商务有着强劲的发展势头。

② 企业与企业之间的电子商务（B2B 电子商务）。B2B(business to business)电子商务是指在互联上采购商与供应商谈判、订货、签约、接受发票和付款以及索赔处理、商品发送管理和运输跟踪等所有活动。

企业间的电子商务包括非特定企业间的电子商务和特定企业间的电子商务。非特定企业间的电子商务，是在开放的网络中针对每笔交易寻找最佳伙伴，并与伙伴进行从定购到结算的全面交易行为。特定企业间的电子商务，是过去一直有交易关系而且今后要继续进行交易的企业间围绕交易进行的各种商务活动，特定的企业间买卖双方既可以利用大众公用网络进行从定订购到结算的全面交易行为，也可以利用企业间专门建立的网络完成买卖双方的交易。

该交易模式是指以企业为主体，在企业之间通过 Internet 或专用网方式进行电子交易活动。在可以预见的将来，B2B 电子商务将是电子商务交易的主流，就目前来看，电子商务最热心的推动者也是商家，因为相对来说，企业和企业之间的交易才是大宗的，是通过引入电子商务能够产生大量效益的地方。也是企业在面临激烈竞争的情况下，改善竞争条件、建立竞争优势的主要方法。典型的 B2B 网站如阿里巴巴。

还有一类是供应链核心企业为方便其上下游合作伙伴协同商务而创建的 B2B 网站，如丰田汽车的供应链系统网站。

③ 消费者与消费者之间的电子商务（C2C 电子商务）。C2C(customer to customer)电子商务是消费者与消费者之间的交易。它通过互联网在消费者之间提供进行交易的环境，如网上拍卖、在线竞价交易等。典型的拍卖网站如 eBay。

④ 企业与政府之间的电子商务（B2G 电子商务）。B2G(business to government)电

子商务覆盖了政府与企业组织间的各项事务,包括政府采购、税收、商检、管理条例发布、法规政策颁布等。它是政府机构应用现代信息和通信技术,将管理和服务通过网络技术进行集成,在互联上实现政府组织机构和工作流程的优化重组,超越时间、空间及部门之间的分隔限制,向社会提供优质和全方位的、规范而透明的、符合国际标准的管理和服务。

在电子商务中,政府担当着双重角色,既是电子商务的使用者,进行购买活动,属商业行为;又是电子商务的宏观管理者,对电子商务起着扶持和规范的作用。

(2) 按交易所涉及的商品内容覆盖范围分类

按照交易所涉及的商品内容覆盖范围可以将电子商务分为以下两类。

① 垂直类电子商务。垂直类电子商务是指在某一个行业或细分市场深化运营的电子商务模式,通常电子商务网站旗下商品都是同一类型的产品,例如,中国化工网、中国纺织网。垂直类电子商务平台主要有两个特点:一是"专",集中全部力量打造专业性信息平台,主要以行业为特色,对某一行业做全面的研究;二是"深",此类平台具备独特的专业性质,在专业的同时深入研究某一行业的特点,深入探究某一行业的服务、盈利以及未来发展动向。

② 水平类电子商务。水平类电子商务是提供综合产品的网上经营,这种类型的网站聚集了大量各行各业的产品,类似于网上购物中心,旨在为用户提供产品线宽、可比性强的商业服务,例如,阿里巴巴、淘宝网。

不过,随着电子商务网站的成长,电商网站的归类也会发生变化,例如,当当网,前期就是典型的垂直电子商务网站,专卖书籍,如今已经扩展到综合百货,属于典型的水平电子商务网站了。

(3) 按电子商务所使用的网络类型分类

按照电子商务所使用的网络类型可以将电子商务分为以下三类。

① EDI(electronic data interchange,电子数据交换)商务。EDI 是按照一个公认的标准和协议,将商务活动中涉及的文件标准化和格式化,通过计算机网络,在贸易伙伴的计算机网络系统之间进行数据交换和自动处理。

② Internet 商务。Internet 商务是利用联通全球的网络开展的电子商务活动。它以计算机、通信、多媒体、数据库技术为基础,在网上实现营销、购物服务,真正实现了网上商务投入少、成本低、零库存、高效率的优势,避免了商品的无效搬运,从而实现了社会资源的高效运转和最大节余。消费者不再受时间、空间和厂商的限制,在网上以最低的价格获得了最为满意的商品和服务。

在 Internet 上可以进行各种形式的电子商务业务,这种方式涉及的领域广泛,全世界各个企业和个人都可以参与,是目前电子商务的主要形式。

③ Intranet 商务。Intranet(企业内部网)是在 Internet 基础上发展起来的企业内部网,它在原有的局域网上附加一些特定的软件,将局域网与 Internet 网连接起来,从而形

成企业内部的虚拟网络。Intranet 与 Internet 最主要的区别在于 Intranet 内的敏感或享有产权的信息受到企业防火墙安全网点的保护,它只允许被授权者访问内部网点,外部人员只有在许可条件下才可进入企业的 Intranet。

（4）按运营及盈利模式分类

按照运营及盈利模式可将电子商务分成以下两类。

① 自主式电子商务。自主式电子商务是指拥有自己独立域名,且自身完成销售产品及前后期所有环节的运营模式,如早期的京东商城。

② 平台式电子商务。平台式电子商务是指为众多企业提供交易对接平台,并不负责销售相关环节的运营模式,如天猫商城。

同样地,随着电子商务的发展,自主式与平台式电商网站也趋向于融合,京东商城、当当网、1 号店等自主式 B2C 巨头在自营业务的基础上,纷纷整合并投入资源开发开放平台业务。

## 1.1.2　电子商务的变革力量

电子商务改变了传统的时间和空间的形式、人类社会存在形态以及社会经济的运作模式,从而改变着全世界的经济运作和经济基础。如今,发展电子商务已不仅仅是经济问题或者技术问题,而是关系到在社会转型时期一个国家生存与发展的关键问题。作为从工业社会转向信息社会的重要标志,电子商务正在成为经济变革的引领力量。

### 1. 电子商务赋予消费者更多的自主选择权利

电子商务将贸易活动搬上了互联网络,对传统的商品交易方式进行了根本性的变革,也改变了消费者的购买行为及生活方式,赋予了消费者更多自主选择的权利。人们不仅可以摆脱距离的羁绊,通过网络购物或娱乐;而且也获得了时间选择的自由,电子商务是真正意义上的全球 24/7/365 的商务模式。互联网也赋予人们控制交易的能力。消费者上网可以货比三家,自主选择配送、支付模式以及更理智地选择价格。

不仅如此,随着电子商务 2.0 时代的到来,消费者或用户的自主力量变得更加强大,他们的参与方式更为主动和积极,消费者需求正在引导商务的全方位变革,将实现对传统经济发展模式的超越,由此推动了需求的反向配置资源。基于需求的资源配置方式,实际上就是"按需生产",传统的"供给推动"的生产方式,将被"需求拉动"方式取代。

以旅游为例,国内最先涉足旅游市场的是携程网,虽然借助于互联网,给消费者提供了便利,但从本质上看,这种模式只是传统旅游的一种代理,并不具备真正的电子商务化旅游特征。也就是说,携程网只是帮助别人卖产品,从中抽利,而消费者的自主选择余地则很小。

淘宝网旗下的综合性旅游出行服务平台"淘宝旅行"是国内旅游市场第一个 DIY(do it yourself)网络平台,它整合了数千家机票代理商、航空公司、旅行社、旅行代理商资源,为旅游者提供国内机票、国际机票、酒店客栈、景点门票、国内国际度假旅游、签证(通行证)、旅游卡券、租车、邮轮等旅游产品的信息搜索、购买、售后服务的一站式解决方案。电子商务旅游进入个性化定制新时代。

2012年5月29日,淘宝网与丽江市联手,推出"百万淘友团丽江"项目,试水DIY旅游消费。"团购丽江"不同于散客拼团,也不同于旅行社网络直销,其最具有价值的有三点:一是线路可以定制,由游客自由选择,而后形成多元化取向;二是参团者越多,价格越便宜;三是一卡在手,一年有效,可以享受丰富的打折优惠。因此,半天之内,就卖出1万张丽江淘宝旅行卡。

从微观上看,在线旅游正在进入全新的个性化时代。

DIY旅游就是个性化定制旅游,以消费者需求为中心,减少中间环节,消费者以更少的付出,获得更多的便利和实惠。电商平台为DIY旅游创造了更大的成长空间,对旅游代理市场形成强大的冲击,从而引导旅游产品进入差异化竞争时代。有差异,就有优势,就会提供更好的服务。个性化旅游的大规模定制,最大限度地满足了消费者的旅游需求,不仅拥有自主定制旅游线路的主动权,选择自己最喜爱的线路和景点,只要形成一定人数,就能成团。而且,更大范围地拓展了旅游空间,旅游电子商务市场的巨大潜力可以得到充分发掘。

从宏观上看,"DIY旅游"代表了旅游发展的方向。

电子商务DIY旅游新模式,一方面,通过全行业供应链信息化,彻底颠覆旅游市场的传统模式,有望改变在线旅游产业的格局;另一方面,对地方经济尤其是旅游经济会形成强大的推动力,进一步提升当地旅游品牌的竞争力。据业内人士预计,"团购丽江"仅开团半天时间,就为丽江带去3 000万元消费。不难想象,如果那些旅游资源丰富的地区,都能借助电商平台打开线上线下旅游通道,旅游业的发展会更加繁荣。

**2. 电子商务改变了信息搜索成本**

诺贝尔经济学奖得主K.J.阿罗指出:人们可以花费人力及财力来改变经济以及社会生活其他领域所面临的不确定性,这种改变是通过信息的获得实现的。这一观点表明,企业或个人进行信息搜索并获得信息是为了改变不确定性,同时信息搜索必须付出代价,即存在信息搜索成本。

网络经济学中,信息搜索成本可以定义为:网络消费者在购买决策前一切有助于信息搜索的支出,这些支出不仅包括货币支出,还包括所花费的时间、感情的投入、为提高认识能力所投入的学习费用等。网络交易中产生信息搜索成本的主要原因有三点:第一,网络信息具有不对称性,非对称信息主要分为有关网络消费者个人的信息和有关网店经营方面的信息;第二,网络消费者具有感知收益和感知代价相比较的内在特性,即消费者会权衡获得额外信息的支出与信息回报的价值比例关系;第三,网络中存在着大量的信息资源而面临不确定性或风险性,消费者需为规避不确定性而进行信息搜索、处理和提炼并付出代价。

信息搜索成本降低对于消费者的意义在于他们可以以更低的付出掌握更多的信息并获得更令人满意的交易结果。互联网和电子商务的结合,一方面,为消费者扫除了时空障碍,减少了交易中的市场摩擦;另一方面,它通过降低信息搜索时间和拓宽搜索范围,也提高了搜索效率,并因此提高选择交易结果的满意度。

信息搜索成本对于高价产品的影响尤为明显。以家具为例,传统购物模式下,如果你想要购买一套家具,可以在附近数量有限的家具店中进行选择,也可以去邻近城市购买,但是花在路上的时间以及汽油的费用提高了购买成本,经济性会打折。现在消费者可以登录家具网站去购买,这些网站提供的家具价格优惠,选择面更广,而且可以根据房屋尺寸在线定制。在网络上,距离不但消失了,而且距离的消失从根本上改变了信息搜索的方式,降低了成本。

对于企业而言,电子商务大幅度降低了获取客户信息及分析客户需求的成本,使规模需求搜集成为可能。数据挖掘具有强大的记录、统计、分类和分析功能,可以使客户的需求更加"透明",这样可以帮助企业实现反向配置资源,以大规模定制生产方式代替传统的、标准化的生产方式,避免了资源浪费,获得更大收益。

### 3. 电子商务改变了品牌塑造机制

从经济学角度来看,传统意义上的品牌是工业文明的产物,在消费者与厂商直接沟通的成本过高的背景下出现,本质上是在向消费者传达一个信号(比如优质、诚信、亲和力强等),进而获得消费者的信任。由于传统品牌是在媒体介质单向传播的前提下出现的,因此品牌的形成和沉淀需要时间。

互联网改变了传统品牌的塑造机制,尤其是社交化电商平台的出现,全面释放了普通大众的力量,消费者与厂商直接沟通的鸿沟被填平,带来的直接变化就是电子商务对传统品牌的依赖度大幅下降。产生这一变化的主要原因有以下三点。

第一,互联网时代,人们变得"浅薄"。"浅薄"(shallows)是前《哈佛商业评论》主编尼古拉斯提出的一个观点,是中性含义,是指在互联网时代,人们被大量的信息噪声干扰,使得注意力难以集中,很难深度思考。网络媒体时代人们的"浅薄"使得产品和企业的品牌在建立时必须更加依赖消费者的参与和体验,品牌建立的模式从品牌单向输出为主转变为以消费者为核心的互动和体验,在与消费者互动过程中产生的各类"微信息"由于互联网特有的汇聚功能开始逆向影响品牌,这打破了以往品牌建立过程中厂商主导的局面,甚至在一定程度上决定了产品或企业的生死。

第二,网络创造了电商这样一个细分市场,所有通过电商销售的产品都将面临一个品牌新生的机遇,尤其是老牌制造商,其传统的品牌优势不会完全、自然地移接到电商用户的心智中。电商渠道上销售量最大的品牌与总体渠道销售量最大的品牌顺序往往并不一致,那些专注于网络营销的制造商,其产品和企业的品牌得以在电商这个细分渠道上快速确立,而随着电商渠道销量放量,这些厂商将是主要的受益者。因此,对传统制造商而言,电商绝不仅仅是一个新的销售渠道,同时也是品牌塑造的平台,电商的媒介属性会随着用户访问量的增长而更加鲜明,而消费者互动产生的"微信息"积累的厚度将在很大程度上决定产品的流行度。

第三,网络媒体时代让制造商的关系链变得更加透明,消费者也不再是以往的"被品牌化",而是扮演了"企业审查官"的角色,消费者体验和接触的任何一个企业所提供的产品细节都将被放大,企业所提供的智能推荐、销量的排行,以及消费者口口相传的产品体验、对不同企业产品的评价反馈等双方产生的这种"微信息"都将如实保留在互联网上,成为消费者选择品牌的参考标准,甚至成为企业兴衰的关键砝码。由于任何一个品牌的塑造已成为由企业及其关系链与消费者共同塑造的产物,因此企业已经处在一种前所未有的"裸体时代",供应链与关系链中任何一个环节,都有可能暴露企业的最隐秘的信息。"裸体时代"的到来对通过电商进行产品营销的制造业企业提出了更高的要求,产品品质和服务支持必须更加有保障,否则不仅销量受限,品牌也会受损。

麦包包是比较有代表性的通过互联网销售模式成功塑造自有品牌的企业。麦包包的前身是为法国鳄鱼做贴牌生产的皮包制造商和贸易商,在2000年前后,其一年约有3 000万～5 000万元的销售额,但是利润率通常只有3%～5%的水平。由于不满足于总是为他人做嫁衣,始终在产业链的最底层苦苦挣扎,麦包包创始人叶海峰产生了创造自有品牌、进军中国市场的想法。鉴于淘宝网的迅速发展,麦包包选择了电子商务路径,其成功的秘诀在于产品创新+供应链管理+整合营销渠道。

首先,麦包包成功的原因在于产品的不断创新和多元产品线。麦包包深知产品是否"够丰富够潮",将决定品牌的成败,一年上万款新包的研发速度,使得麦包包成了时尚箱包、流行箱包的代名词。可以说麦包包做到了别人有的产品,在麦包包可以更便宜地买到;而别人没有的产品,在麦包包也可以也轻松地找到。丰富的产品线、细致的品牌管理、快速的研发创新,使得60%的麦包包客户会在三个月内重复购买,这个数字在国内足以让竞争对手和传统的同行感到震惊。

其次,麦包包的成功也得益于一整套系统的供应链管理模式,这种模式是把销售订单、库存信息、原料采购、生产进度、成本情况、物流配送等各个环节的信息,通过电子数据交换系统(EDI)与供应商、生产商即时分享,让他们可以及时了解销售商的需求动向,调整采购和生产计划,做到对网络订单的快速反应。在麦包包公司,200多名职员几乎每人手中都有一个电子终端,每当一个新的网络订单生成,各个环节的负责人就可以即时了解到订单对自己部门的要求,10分钟之内就可以处理好一个订单。所以一个产品从放到网上展示,到客户下单、原料采购再到生产配送,麦包包总是能够快速地行动。也正是通过这种方式,麦包包不仅了解到消费者的个性需求,又极大地降低了库存和物流成本。

最后,麦包包成功的原因还在于整合多种网络营销渠道,并通过这些渠道加深与消费者的互动,提高了品牌黏性。2007年6月,麦包包对自己网站的用户进行了抽样调查,了解到客户流失有高达89%来自于不信任,而在支付这个环节,流失比重竟然占到75%,面对这一难题,麦包包选择了与支付宝合作,支付宝的用户不需要注册就可以直接消费,可以说成功地突破了这一"瓶颈"。因为在以"80后"、"90后"为主体的网购消费者中,大部分人都是支付宝的忠实用户,而支付宝作为一个交易的"担保中介",起到建立买家与卖家信任的重要作用,它不仅极大地降低了消费者在购买时的风险,也避免了卖家的不良竞争,应该说,麦包包是利用支付宝强大的用户群体和网购意识,培养出一大批忠实于自己的客户群体。

另外,麦包包还建立了自己的客服中心,使用自主开发的M-serve客服管理系统,确保每位在线询问的客户能够得到快速及时的应答。所以,通过以支付宝为主的网上支付、银行汇款、邮政汇款和特别针对国外客户的西联汇款等多种支付方式,麦包包保障了客户最安全便捷的支付,又以热心细致的服务态度、丰富多彩的产品创新,努力为客户打造亲切快乐的购物氛围,通过打造高品位的"麦芽糖"杂志、麦芽糖论坛、麦包包官方博客等多种互动平台,与消费者产生分享和互动,这进一步巩固了自己的品牌知名度与影响力。

4. 电子商务将塑造新的商业生态

自1995年萌芽至今,中国电子商务经历了从"工具"到"渠道",再到"基础设施"这三个不断扩展和深化的发展过程。2013年,电子商务在"基础设施"上进一步催生出新的商业生态,围绕电子商务平台的新服务链正逐渐耦合,进一步影响和加速传统产业的"电子商务化",进一步扩展其对经济和社会影响,"电子商务经济体"开始兴起。电子商务的演进,不是简单的新旧替代的过程,而是不断进化、扩展和丰富的生态演进过程,如图1-2所示。

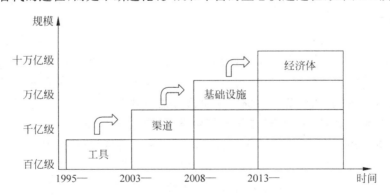

**图1-2 中国电子商务演进示意图①**

注:时间为大致范围,无严格界限,1995—表示约1995年左右

---

① http://www.aliresearch.com/? m-cms-q-view-id-75328.html.

（1）工具阶段

早期,应用电子商务的企业和个人主要把电子商务作为优化业务活动或商业流程的工具,如信息发布、信息搜寻和邮件沟通等,其应用仅局限于某个业务"点"。

（2）渠道阶段

随着网民和电子商务交易的迅速增长,电子商务成为众多企业和个人的交易渠道,如传统商店的网上商店、传统企业的电子商务部门以及传统银行的网络银行等,越来越多的企业在线下渠道之外开辟了线上渠道。网商随之崛起,并逐步将电子商务延伸至供应链环节,促进了物流快递和网上支付等电子商务支撑服务的兴起。

（3）基础设施阶段

电子商务引发的经济变革使信息这一核心生产要素日益广泛运用于经济活动,加快了信息在商业、工业和农业中的渗透速度,极大地改变了消费行为、企业形态和社会创造价值的方式,有效地降低了社会交易成本,促进了社会分工协作,引爆了社会创新,提高了社会资源的配置效率,深刻地影响着零售业、制造业和物流业等传统行业,成为信息经济重要的基础设施或新的商业基础设施。越来越多的企业和个人基于和通过以电子商务平台为核心的新商业基础设施降低交易成本、共享商业资源、创新商业服务,也极大地促进了电子商务的迅猛发展。

（4）经济体阶段

随着网商群体日益壮大及主流化,电子商务基础设施日益完善,电子商务对经济和社会影响日益强劲,电子商务在"基础设施"之上进一步催生出新的商业生态和新的商业景观,进一步影响和加速传统产业的"电子商务化",促进和带动经济整体转型升级,电子商务经济体开始兴起。①

电子商务经济体是指具有电子商务属性的经济活动的集合,包括电子商务应用、电子商务服务、电子商务相关互联网基础设施和电子商务相关互联网设备制造四个部分。电子商务经济体是促进中国经济发展的引擎,其自身发展也是一个商业生态持续演进的过程。以网络零售为例,从最初的网商浮现及其与消费者之间的共生进化,到网商、消费者与电子商务平台(如淘宝和天猫)之间的共生进化,再到网商、消费者、平台与电子商务服务商之间的共生进化,然后到整个电子商务应用和服务与全社会之间的共生进化,最终是一场生机勃勃的商业生态持续生长、动态演化的生命历程。

电子商务经济体引领中国经济的大变革主要体现在以下几个方面。

第一,电子商务经济体推动中国经济从工业经济向信息经济转型。2006年,我国网络零售总额在社会消费品零售总额的比例只有0.3%,2012年这一比例已提升到6.3%。

---

① 2013年5月9日,淘宝十周年庆典活动前夕,阿里巴巴集团研究中心在杭州正式发布了《增长极:从新兴市场国家到互联网经济体——信息经济前景研究报告》,报告首次提出了"电子商务经济体"的概念。

第二,电子商务经济体推动商业基础设施变革。以淘宝等电子商务服务平台为核心的电子商务服务业,正成为新的商业基础设施。2008 年以来,电子商务服务业生态大爆发,初步形成了物种丰富的电子商务服务体系,市场规模也从 2011 年的 1 000 多亿元倍增至 2012 年的 2 463 亿元。

第三,电子商务经济体推动经济由出口驱动型向内需驱动型转变。网络零售不仅是从线下向线上消费的转移或替代,更是对居民消费潜力的释放和满足。据麦肯锡测算,消费者通过网络零售消费的 100 元中,约 61 元是替代性消费,另 39 元则是网络零售产生的新增消费。据此测算,中国网络零售 2012 年创造的消费增量约 5 000 亿元。

第四,电子商务经济体推动我国经济结构变革,提升服务业增加值占比,是我国经济增长“转方式、调结构”的关键目标之一。IDC(互联网数据中心)研究表明,中国电子商务服务业正成为全球规模最大、最领先的战略性新兴产业,更是中国信息经济的基础。

第五,电子商务经济体促进我国经济均衡发展,其在农村的应用,促进了农民返乡创业和就近就业,带动当地经济和社会发展。以江苏沙集为例,2012 年全镇家具网络销售额约 8 亿元,农民通过开设网店,离土不离乡,不仅提高收入,还解决了就业和创业难题。

# 1.2　网络经济及其对传统产业的渗透

## 1.2.1　网络经济的概念及特征

### 1. 网络经济的概念

准确把握网络经济的含义是研究网络经济的一个首要问题。从 20 世纪 90 年代初期开始的网络经济浪潮把人类社会带入了一个信息空前丰富的阶段,信息的流动变得高效率、低成本,由此极大地影响了人们的生产和生活,使经济活动中出现了新的特点,人们把这种经济状况称为网络经济。但是由于信息网络这样一个新生事物还没有被人们完全认清,所以人们只是以在自身所处的经济环境中感受到的网络影响为基础,从各自的认识和思考出发,提出了对网络经济在不同发展阶段上的理解和定义,大家的观点不尽相同。这些关于网络经济的定义中的差别,有的是来自视角的不同;有的是来自表述的差异。

最早的网络经济的概念是指网络产业经济(network industries economy),包括电信、电力、交通(公路、铁路、航空)等基础设施行业。之所以被称为“网络经济”,是因为这些行业共同具有“网络”式的结构特征和由此引发的经济特征。

随着 Internet 在经济活动中的作用越发凸显,人们把网络经济中的网络的含义更多地赋予了 Internet。对此,经济学者们给出了很多网络经济的定义,但人们对于网络经济的含义并没有取得一致。总的来说有以下两种观点。

（1）产业经济概念

这种观点认为网络经济是指一个产业经济概念,把依托网络技术而发展起来的信息技术产业、基础设施产业以及服务产业群等与网络结构相关的部分统称为网络经济(部门)。相应的网络经济研究实际上是一种产业部类经济研究,它只是对网络产业和服务市场提供经济学解释和相关政策建议。

（2）宏观经济形态

这种观点是当今对网络经济的主流看法,即已经不再把网络经济仅看作一种独立的技术或产业经济,而是区别于农业经济、工业经济的一种新型经济形态。学者们基本上都承认网络经济所产生的重大影响,这种影响恰当地延展,就是在网络基础上的整个以微观经济活动为基础的宏观经济态势。不过,学者们划定的网络经济的范围也不尽相同,有的较为宽泛,有的比较集中,大家在概念中对网络的主要特征,或者是主要表象做了说明,通过特征和表象的总结来描述网络经济。

本书遵从网络经济的主流看法,从广义来讲,网络经济是区别于农业经济、工业经济的一种新型经济,是从经济的角度对未来社会的描述。从狭义来讲,网络经济就是由现代通信网络及计算机网络所形成的信息网络基础之上的一切经济活动,特别是与互联网和移动互联网有关的经济活动。

**2. 网络经济与传统经济的区别与联系**

网络经济与传统经济的根本区别在于网络信息成为经济活动的第一资源;网络成为推动经济运行的主导工具。网络经济不仅仅是以互联网为平台的经济,而且是网络信息技术和网络信息资源渗透于社会各行各业并发挥核心作用的宏观经济活动或宏观经济运行方式。

网络经济脱胎于传统产业,其核心内容是信息网络技术与传统产业的融合,即传统产业的信息网络化。尽管网络经济给传统经济带来了巨大的冲击,但是,传统经济始终是哺育网络经济的母体,从宏观的经济因素看,网络经济的发展既离不开信息产业和信息网络技术的支撑,又依赖于包括传统产业在内的整个经济系统的支持与需求的拉动,传统经济的信息化改造,不仅为网络经济的发展拓展了空间,也为自身不断发展提供动力。换句话说,信息技术及其产业的发展离不开传统产业的物质技术基础和广阔的市场,而传统产业的优化升级又需要靠信息技术来改造和带动。正是从这种战略层面考虑,我国及时做出了以信息化带动工业化、城镇化的重大决策。

**3. 网络经济与其他概念的比较**

当前还有一些关于经济形态描述的词汇,例如,信息经济、知识经济、数字经济、新经济等,这些概念与网络经济发生了一定程度的混同,有时候甚至让人产生混乱。实际上每个概念的产生都有其现实的基础,这些概念是从不同角度出发,或者说是着眼于经济发展中不同的要素和层面所得出的。

用网络经济这一称谓为经济命名是从经济活动的主体媒介或者说是载体出发,突出了国际互联网的关键地位,同时这一概念也突出了经济中网络结构的特点,强调不同的经济主体之间是互联的。

信息经济是强调信息在经济活动中的突出地位和作用,是从要素的重要性的角度出发得出的概念,信息经济是与物质经济(包括农业和工业经济)相对应的概念。关于信息和网络的关系,信息就是网络生存与发展的"内容",网络是信息的运行结构和基础;前者在后者结构内或基础上流动、交互,后者为前者提供运动的物质基础和技术基础。

数字经济是信息经济的另一面,数字经济是从信息存在形式的角度来描述经济态势,在数字经济中,信息是以数字编码的形式存在和传播的,与数字经济相对应的是信息以文字、图形等形式在纸张或者其他载体、媒介上存在的经济形态。

知识经济是从经济活动中的重要的生产投入品——知识的角度来描述经济活动,强调知识在经济活动中的应用所带来的生产效率的提高,知识经济和低知识经济或非知识经济相对应。

新经济是指由于现代的信息技术手段渗透到经济当中,引起的一种高增长、低通胀的经济情况,区别于以前的经济(1991年4月起美国经济开始高增长是新经济的起点)。

以上这些概念有所区别,在某些方面也相互重叠。这些概念之间不是依次更替、相互排斥的关系,而是互相缠绕的,具有相当强的共生性。

4. 网络经济的特征

从本质上讲,网络经济不是信息经济,也不是服务经济,而是两者的结合。网络经济时代,要求以信息为中心,重新定位客户与市场关系,并根据互联网的特性,建立以信息为中心的新型商业模式、营销传播模式,以创造网络价值。这种新的模式就是新的经济形态的表征。网络经济产生的一系列新的经济特征主要表现在以下方面。

(1) 知识性

网络经济的发展主要不是靠体力,而是靠智力。应用知识、添加创意成了经济活动的核心问题。财富再定义和权力再分配取决于拥有的信息、知识和智力。智能工具与人力工具、动力工具相比处于主导地位。知识管理就是把一个企业整体内所有的信息、知识、技术分布到能够帮助企业实现最大产出的地方,知识管理与战略资源的转移,强调了知识、信息、人才这三大要素是网络经济的重要资源,将引起企业生产、经营管理重心的大大转变。

(2) 创新性

网络经济的活力源于创新。技术创新、制度创新、管理创新、观念创新以及各种创新的相互结合,成为企业生存和发展的关键与社会经济增长的引擎。二次创新与自主创新相结合,渐进式创新和质变式创新相结合,在技术和产品的生命周期日益缩短的情况下,唯有持续创新和全面创新,使技术与经济以及教育和文化有机结合、综合协调、一体化发展,才能保持竞争优势。创新带来成本降低、产量增长和生产率提高,促进组织结构变革,导致新产业出现等。丰富多彩、不断发展的个性化消费需求诱发生产技术的日新月异,产品和技术的生命周期迅速缩短,唯有持续更新,通过创新主动推出新产品,才不至于被市场淘汰出局,被具有更高效率的企业所取代。全球范围内巨大而崭新的网上市场的出现,数字化创造财富的办法为企业提供了各种各样的新的机会,以突破传统的思维模式、思维定式,在各种各样的网络经济创新模式下发掘出更新颖的价值创造模式。

(3) 互联性

网络经济是在整合即综合集成中发展的。无论信息整合,还是经济整合,本身就是一种突破,它能促使生产力大大发展。多项功能的整合,多种产品的整合以及多个部门(或组织)的整合,都会带来社会经济发展模式的一些根本性变化。网络经济是建立在无处不在的公用信息基础设施之上的一种互联互动的经济,从世界互联网络和各种内部网络的发展可以看出,各部门经济及其发展的相互依存性,达到了空前紧密的地步。

(4) 时效性

网络经济是节奏空前加快的实时性经济。信息化使时间变快,极大地提高了时间利用效率,导致经济活动的离散性减弱,连续性增强。经济活动频率在提高,反映经济活动的信息是以光速传输,快速、灵敏决策成了成功的关键。网络经济可以根据不同需要进行重组,使经济成为新型柔性经济。它不同于以大批量生产、大规模组织为主要特征的工业经济,经济活动的单元趋向微型化,但它们又是相互联结的,易于更好地面向服务对象和按特定需要进行综合集成。物质技术进步要求新型经济组织的出现,传统的完整而严谨的组织设计,将朝着适应创新和变革的柔性而敏捷的组织形式转变。

(5) 全球性

网络经济是以全球为系统的经济,信息化使空间变小,距离对经济活动的约束日益弱化,经济活动的国内和国外的界限变得模糊起来。知识作为主要经济资源,必然导致经济活动突破国界而成为全球活动。世界出现了全球统一的大市场,货物(和服务)、资金、技术、劳力、信息都在全球流动,受国家疆界的限制正在缩小,并将进一步缩小。产业布局将在世界范围内重组,经济的区域性和集团化成了经济全球化过程中的一种发展需要和阶段表现。Internet覆盖了整个社会,经济活动在全球范围内实现资源共享、信息共享,导致经济活动突破国界而成为全球性的活动。Internet的发展需要经济全球化的环境,而Internet本身也成为经济全球化的推动力。网络及通信技术的飞速发展,已成为促进当今世界经济全球化的推动力,连接世界各国的经济系统越来越成为全球系统,经济活动的国家界限变得模糊起来,原材料、产品、货物、服务、资本、劳力信息都在全球流动。

(6) 虚拟性

网络经济是一种虚拟的现实经济或现实的虚拟经济,任何信息都可转化为0、1数字,以光速进行传输。以往的模拟式产品或技术,正以不同的速度向数字式产品或技术转化。

经济活动的数字化和网络化,一方面使空间变小,世界成了"地球村";另一方面又使空间扩大,经济活动不仅可以在物理世界中进行,还可以在媒体空间中进行。虚拟市场是虚拟经济的基础,信息和数字化的产品是网络经济的重要内容,它们通过数字化流动的0、1组合而成,以比特流的形式存在,称为虚拟产品;买方、卖方及中介以在线身份活动,称为虚拟参与者;虚拟市场的参与者,通过实时与交互的通信,与其他产品或参与者交互,称为虚拟过程。网络经济的虚拟经济形式将和现实经济一样繁荣。各种虚拟的经济活动、经济设施和经济实体,如虚拟市场、虚拟公司、虚拟银行、多主体远距离的虚拟合作、虚拟调控中心等纷纷涌现。

(7) 外部经济性

网络具有显著的外部经济性特征:网络的延续、网络端点的增加,与原网络结为一体,均成为网络的一部分,整个网络都因网络的扩大而受益。梅特卡夫法则(计算机网络价值同节点数目的平方成正比)揭示了网络价值随着用户数量的增长而呈平方增长的趋势,网络的开放性、信息交流的交互性充分发挥了网络经济的正外部性。网络经济使用现代通信与计算机技术,以互相渗透的综合性信息网络为基础,进行信息和资源的交换、消费,在一国乃至全球范围内实现相互联通、资源共享,沟通的双方乃至多方能够进行互动交流。随着 Internet 和内部网络的发展,网络的开放性使双方乃至多方能够进行互动交流,人类社会进入信息网络化时代,经济活动中的生产、交换、分配、消费都与 Internet 相关,生产者、金融机构、消费者和政府等经济主体都同信息网络密切相关。

## 1.2.2　网络经济的运行规律

网络经济的特征引发了一系列的经济发展变化,修正了传统的经济学理论,形成了网络经济学的基本运行规律。

### 1. 强外部性(externality)

外部性是一个经济主体的行为对另外一个经济主体产生正或负的影响,而这种影响双方均无须向对方付出代价。给另一个经济主体带来正的影响或好处的,为正的外部性,又称外部经济性;给另外一个经济主体带来负的影响或损害的,为负的外部性,又称外部不经济。

使用具有外部性的产品或服务的消费者形成一个网络。当其他消费者加入这个网络时,就会获得额外的价值。经济学家把拥有这种特性的产品称为网络产品;把拥有这种特性的市场称为网络市场;把这种因为消费行为产生的价值溢出效应称为网络外部性(network externality)。网络经济具有极强的网络外部性效应,广泛存在的网络,对市场参与者行为产生影响。在网络中,使用越是普及,越多用户使用的产品就越有价值,实质表现为需求方规模经济。

2. 锁定(lock-in)

网络条件下,一种系统的使用需要投入较大的学习成本,使用后对系统产生了依赖性,若改变系统,需要大量的转移成本或者称为转换成本,这种现象就叫锁定。转换成本是指用户从一个网络向另一个网络转换时所承担的所有费用。转换成本和锁定是信息经济中普遍存在的一种规律。在网络效应的作用下,形成巨大的转换成本,从而使用户陷入锁定效应而很难从一个系统转换到另一个系统。转换成本和锁定是必须面对的重要问题。如果用户采用网络的投资较大,则用户难于从一个网络中退出而转换到另一个网络,故用户被锁定在原来的网络中。这使得网络的拥有者可以利用锁定效应获取可观的利润。

这里的锁定,既有技术上的锁定,如软硬件技术锁定效应;又有消费者的群体性锁定,如消费者趋同主流消费的锁定、网络所有者或经营者实施的忠诚顾客计划策略带来的人为锁定;还存在人为因素的锁定,如免费赠送,人为造成产品不兼容等路径依赖,毁约损失成本,培训成本带来的锁定等。在网络市场中,网络外部性效应使竞争更为复杂。这里成功的案例是微软开发微软浏览器 Internet Explore 以后,Windows 98 整合了网络浏览器 IE,即是操作系统,又是浏览器,二者兼而有之,从技术上捆绑,Windows 集成了浏览器,并使其成为必需的内生部件,凭借操作系统对顾客的锁定,使 IE 占领市场。

3. 正反馈(positive feedback)

与传统经济的负反馈机制不同,网络经济更多表现为正反馈,这与临界规模有关。临界规模是维持网络增长的最小网络规模,是企业盈利和亏损的分水岭。一旦某一网络产品或技术的用户人数超过了临界规模,就会产生自我增强的正反馈机制,即随着用户规模的增加,该产品或技术的价值上升,从而吸引更多的用户采纳该产品或技术,该产品或技术就更有价值。相反,那些用户人数没有达到临界规模的产品或技术则在正反馈机制的作用下价值进一步降低,用户规模进一步减少,甚至被迫退出市场。因此,很多网络企业在进入市场之初不惜牺牲大量成本以获取用户规模。

### 1.2.3 网络经济对传统产业的渗透

网络经济的发展给传统经济和产业带来巨大的挑战。与传统经济相比,网络经济意味着资源可以更迅速、更有效率地在较大范围内乃至全球范围内流动。由于这种优势,它能够吸引大量的资金和人才,而作为传统经济代表的制造业如纺织、制衣等"传统"产业大大受到了冷落。另外,由于网络经济的兴起,传统企业的经营模式和经营理念也面临挑战。不过,网络经济的发展并不排斥与挤压传统经济和产业的发展,网络经济带来的挑战是压力,更是动力,在网络技术的平台上,传统产业将获得第二次成长的空间,这种成长是通过对传统产业的技术改造和技术升级实现的。

1．网络经济为传统产业的发展提供新的机遇和空间

（1）网络经济改造传统产业

信息技术说到底只是一种技术手段，网络企业可以使用，传统企业也可以使用，而且传统企业应用信息技术的空间还非常广阔。今天人们对网络经济的巨大热情正是来自于它所允诺的技术进步、生产效率提高的美好前景。在这方面新的信息技术也确实是潜力无穷。以管理决策为例，对于面临在世界竞争范围组织生产的企业而言，对各地生产和管理信息的收集和整理是企业日常经营的一个重要任务。有了先进的信息技术，公司可以通过网络把各地不同的数据集放在同一个平台上处理，大大减少了决策的中间环节，提高了经营效率，节约了成本，网络经济正是通过运用它所带来的新技术对传统产业进行全方位的改造，帮助它降低成本，改变发展模式。以纺织业为例，它是传统的劳动密集型产业，需要丰富、廉价的劳动力资源来支持产业的发展。可是，随着人们生活水平的提高，劳动力便宜的优势将不断削弱甚至不复存在，这样留给纺织业的发展空间就很有限了。如果先进的信息技术能够全面地运用于纺织业，包括提高工业连锁线的运行效率、减少生产和管理环节的浪费以及增加生产者和零售商的协调，那么纺织业的发展空间就能大大拓展。

（2）电子商务提升传统产业效率

电子商务通过实现整个贸易过程的电子化，交易各方以电子交易方式而不是以当面交换或直接面谈方式，实现直接经济模式。第一，有利于缩短生产周期。通过网络消费者可以直接把对商品的评价越过中间商传达给生产者，大大加快产品更新、改进的速度。第二，有利于降低库存。通过网络，生产商可以随时与销售商联系，可以对销售状况进行较准确的预测和把握，从而做到及时调配生产，以销定产，实现零存货销售，加快商品的更新速度，提高资源的利用效率。第三，有助于减少交易成本。通过网络进行产品宣传较传统媒体的广告费用大大降低，通过在线交易的销售费用和采购成本也大幅度减少，这在B2B的电子商务中最为明显。

2．网络经济的发展以传统产业为依托

网络经济的发展并不与传统经济背离，其背后仍然要有大规模、高效率的传统经济来支撑。换言之，网络只是一个工具，网络经济发展的根本出路在于与传统产业相结合，通过推动传统产业的改造、升级和发展来促进自身的发展。一方面，由于受传统方式制约，传统产业开始缺乏张力，需要新的推进器，网络技术使传统产业获得更广阔的发展空间；另一方面，传统产业成为网络经济生存发展的强力支撑，抑制泡沫，使网络经济实现"软着陆"，从而达到优势互补的双赢格局。

以电子服务业为例，电子商务的快速发展，不仅直接拉动信用、物流、支付、标准、云计算等电子商务支撑服务发展，而且还促进了与电子商务相关的交易、技术、运营、信用、支付、培训等衍生服务的发展，带动了金融、人才、第三方物流、信息服务、教育培训等多种现代服务业的发展，加快了传统服务业升级调整的步伐。这种为电子商务提供服务的一系

列行业已经产业化,并称之为电子商务服务业。从现代服务业的角度看,电子商务服务业是以互联网等计算机网络为基础工具,以营造商务环境、促进商务活动为基本功能,是传统商务服务在信息技术——特别是计算机网络技术条件下的创新和转型,是基于网络的新兴商务服务形态,位于现代服务业的中心位置。

# 1.3　经济学与电子商务的交互

## 1.3.1　用经济学术语讨论电子商务

经济学是研究利用市场机制实现资源最优配置的理论。每一种经济形态都面临着资源稀缺性的问题。所谓"稀缺性",并不是指资源在绝对数量上的多寡,而是指相对于人们无限多样、不断上升的需要来说,用以满足这些需要的手段,即有用的资源是相对不足的。由于资源的稀缺性,必须将其配置到最需要和最有效率的生产部门;而不同的经济主体也会因此围绕资源的获取展开激烈竞争。

电子商务环境下,最重要的资源是知识和信息。由于知识和信息资源具有非物质损耗性、可复制性和无限供给性,因此可以低成本地无限重复利用,这些特性决定了知识和信息不具有稀缺性。基于这一认识,学术界关于网络经济时代资源稀缺性问题是否依然存在产生了争议。

然而,我们必须看到的是,数据对物质资源的替代并不能无止境地进行下去,因为拥有某些必须的物质资源是维系生命所必需的,无论网络上所显示的食物图像和视频如何逼真,我们都无法以之果腹。此外,人类自身对于数据的处理能力也不是无止境的。正如赫伯特·西蒙所指出的:我们的大脑是有限的,因此我们的理性是有限的。[①] 换言之,网络经济所带来的海量数据远远超出了人类个体自身的处理能力,所以我们往往会陷入两种尴尬的境地,要么是我们不得不选择次优方案,即忽略许多数据;要么是我们完全被数据的复杂性所压垮,从而陷入某种崩溃的状态。从这一点来看,不能被数据所替代的物质资源的稀缺性依然存在;同时相对于信息革命所带来的近乎无限的数据而言,人类自身的数据处理能力(各个感官作为数据输入设备、神经系统作为数据传输设备、大脑作为信息处理器)作为资源来说是有限的,因此是稀缺的。所以,网络经济仍然是资源稀缺的形态,也依然面临资源配置问题。

互联网为人类构建了电子市场,为商品和服务提供了交换的"场所"。在这个市场中,企业也要进行竞争,也会面临价格、成本、利润和亏损问题;电子化市场的结构特征也会影响企业的竞争行为;企业的商业战略也会影响其自身的生存和发展,这些与传统市场

---

① 赫伯特·A.西蒙,著.詹正茂,译.管理行为[M].北京:机械工业出版社,2004.

并无二致。因此,将经济学理论用于电子商务分析时,市场、竞争、价格信号和效率等这些主要的经济学术语会帮助我们认识和理解网络经济现象。

以下是经济学和电子商务结合可能引发的一些代表性问题,并由此构成了本书的主要结构:

- 电子化市场的结构如何? 其运行特征有哪些?
- 网络经济下市场结构发生了哪些变化? 新企业进入和退出市场的障碍是什么? 这些障碍是技术性的还是战略性的?
- 网络经济下,企业之间是如何相互影响、如何形成市场控制力的?
- 网络经济下,企业采取哪些战略与对手进行竞争的?
- 网络经济下,企业是如何定价的? 又是如何实现利润的?
- 网络经济下,企业控制开支和利用资源的效率如何?
- 网络经济下,政府的职能发生了哪些变化?

### 1.3.2　电子商务引发的经济学问题思考

以互联网为核心的电子商务对人类生产生活产生了深远影响。作为一种新的交易模式,电子商务在实践中产生了一系列传统经济理论无法解释的现象并对传统经济理论提出巨大挑战。

**1. 报酬递减原则**

在传统经济中,由于物质、能量资源的有限性或稀缺性、技术进步的相对稳定性、市场容量的饱和性,当需求依靠供给来满足时,任一投入产出系统中,随着投入的增加边际产出(即边际效益)呈递减趋势。这一规律性现象广泛存在,有普遍性。在网络经济阶段,信息资源成了主要资源,该资源可再生和重复利用,对其生产者无竞争性而对其使用者无排他性,它的成本不随使用量的增加而成比例增加;同时信息技术发展快、变化大、生命周期短;而且需求往往是由供给创造的,产品受市场容量饱和的影响较小。在投入与产出的关系中出现了边际效益递增的规律性现象,这种现象还会因网络效应的作用而强化。边际效益递减是与负反馈相联系的,而边际效益递增是与正反馈相联系的。负反馈反映原有的差异逐渐缩小以至消失的倾向;正反馈则反映初始的微小差异不断扩大导致全然不同结果的趋势。

**2. 定价法则**

传统经济学认为价格是受供求关系影响的。马歇尔的均衡价格是指消费者对某种商品的需求量等于生产者所提供的该商品的供给量时的市场价格。它是由边际效用所决定的需求和生产费用所决定的供给共同决定的。传统经济产品的价格会随着产品质量的提高而上涨,随着供给数量增加而下降。网络经济则不同,网络经济产品的价格是随着产品质量的提高而下降,也会随着用户数量的增加而增加。传统经济是一种负向回馈经济,产品价格上涨时,生产者会提供更多,消费者会买得更少,当需求水平下降时,便恢复平衡。网络经济则是正向回馈经济,即需求增加会创造更高的效率以及更高的报酬,导致价格下降。旧经济具有牛顿式的机械制衡系统,供需失去平衡后,只能通过调整价格恢复平衡;而网络经济则具有达尔文式的制衡系统,是零阻力经济和逆向式经济。传统经济中,需求与供给弹性不大的产品的价格会很稳定,在网络经济下,厂商会将产品以越来越低的价格甚至免费提供给消费者,其利润则来自于相伴而售出的服务。

**3. 后发优势**

发展中国家拥有后发优势是发展经济学的一个重要理论。该理论认为,发展中国家拥有丰富、廉价的劳动力和自然资源,通过开放可以引进国外资本和技术,从而实现赶超发达国家的战略。在工业经济时代,确实也出现了不少发展中国家和地区成功的事例。但是,在知识经济时代,由于劳动、自然资源和资本失去经济增长的主导作用,再加上知识更新速度加快、技术开发周期缩短、难以引进国际领先技术,使后发优势不断削弱。发展中国家如果仅靠跟踪学习和模仿发达国家的科技,只能是差距越来越大,永远落后。面对知识经济对后发优势理论的挑战,发展中国家必须下大力气进行制度和知识的创新。

**4. 生产力要素理论**

生产力是生产关系的物质基础,对生产力的组成要素,网络经济理论与传统经济理论相比有重大发展和进步。传统经济理论对生产力的组成要素有两要素和三要素之说。两要素认为,生产力是人类作用于自然界的能力,它是由生产工具和劳动力组成的。三要素认为,生产力是指生产总量,决定生产总量的生产要素是劳动工具、劳动力和劳动对象。网络经济理论认为,生产力是由多要素组成的。生产力为生产率或劳动生产率,它的高低除受劳动工具、劳动力和劳动对象的影响外,还受科技、管理、教育、信息、知识等多要素的影响。认为"科技是第一生产力"是网络经济理论的重大进步和发展。

**5. 经济人假设**

传统经济学家是以经济人为前提来建立经济学体系的。经济人假设认为,人的一切活动都是为了追求自身利益的最大化,在分析方法论上,经济学家们分别采取了个人主义和集体主义。网络经济的兴起,使经济人转变为知识人。经济人与知识人的主要区别是:①经济活动追求的目标不同。经济人追求经济利益,知识人注重知识创新,为获取知识,可以牺牲自身经济利益。②财富价值观念不同。经济人视金钱为财富,财富的价值尺度是金钱,知识人视知识为财富,财富的价值尺度是知识。③效率的内容和标准不同。经济人讲究经济效率,知识人讲究知识效率。

知识人的出现使以经济人为基本前提的传统经济学面临如下挑战:①以亚当·斯密为代表的经济学理论体系面临着校正。以斯密为代表的经济学是从利己的起点推演出交换、分工、社会利益以及其他一系列的经济范畴和经济规律的。基本假设扮演的是演绎推理的逻辑前提角色,是理论体系赖以建立的基础。基本假设出现错位,整座理论大厦将倾倒。知识人的出现,使传统的经济学体系难以适应当前经济发展的需要,知识人的产生需要建立关于知识的生产、分配和使用的经济学理论体系。②经济人的最大化公理遇到了挑战。按照传统经济学,经济人谋求自身利益最大化需要实现消费者均衡和厂商的边际成本等于边际收益。而在知识经济时代最大化并非人们抉择的最优化。知识人为优化自己的消费选择,会把较多的收入(甚至负储蓄)用于知识的消费(人力资本投资);较少的用于物品消费,不可能按照消费者均衡条件安排其消费支出。厂商为适应知识经济发展的需要,往往在一定时期内不计成本与收益的比较,会使边际成本大于边际收益,即在一定时期内不按厂商利润最大化原则行事。③完全竞争遇到了挑战。经济人是以完全竞争为背景来谋求自身利益最大化的,知识人对知识创新的追求会不断形成新的垄断(知识产权的保护等)从而阻碍完全竞争的实现。市场力量解决经济问题的功能不断弱化,超强竞争日趋激烈。④金钱导向遇到了挑战。经济人的需求偏好是金钱,而知识人的需求偏好是知识;金钱对经济发展的激励功能不断弱化,知识创新对经济发展的作用不断增强。

　　6. 资源稀缺假设

　　传统经济把资源稀缺法则作为研究出发点,进而推出微观经济学研究资源配置和宏观经济学研究资源利用的经济学体系。这种立论前提是建立在传统资源概念基础之上的,它不完全适应于网络经济。在网络经济时代,最重要的资源是知识和信息,它的特点决定知识和信息不具有稀缺性。知识和信息资源具有非物质损耗性,运用越多,其成本越低,它不会随着经济发展而减少,而且还会不断增多;知识和信息资源具有再生性和无限供给性,可以低成本地无限重复利用;知识和信息资源具有乘数加速发展性,大约 5～8年,电子计算机的运算速度提高 10 倍,可靠性提高 10 倍,体积缩小 10 倍,成本降低10 倍;知识和信息资源具有共享性,它不受时空条件的限制,使用不具有排他性;知识和信息资源具有非环境污染性,不会产生环境公害问题。由于知识和信息资源具有不同于工业经济时代资源的特点,使以资源稀缺为立论前提的传统经济学受到了挑战。

　　7. 规模经济理论

　　在传统经济中,规模经济即产品单位成本随着产品数量增加而降低所带来的经济性,是提高经济效益、优化资源配置的主要途径。在网络经济中,尽管规模经济仍然是提高经济效益、优化资源配置的重要途径,但由于生产技术和管理技术的集成化、柔性化发展,数字化神经网络系统的建立与应用,外部市场内部化同外包业务模式的并行发展,以及相关业务和不同业务的融合,当软件、多媒体、信息咨询服务、研究与开发、教育与培训、网络设备与产品等变动成本占总成本较高比例的信息产业、网络产业、知识产业在经济中起主导作用时,增加经济性效应的途径越来越多样化了。范围经济(通过产品品种或种类的增加来降低单位成本)变得更加重要,差异经济(通过产品或服务差异性的增加来降低成本和增加利润)、成长经济(通过拓展企业内外部的成长空间来获取利润)、时效经济(通过抢先利用机遇扩大市场份额来赢得竞争优势)等各种提高经济效益的新途径出现。规模经济作为人类经济活动提高效益的基本途径没有变,但它的相对重要性由于网络经济的发展发生了变化,它不再是最重要的经济性效应。

8. 垄断理论

传统经济学认为,垄断通过提高价格,获取垄断利润,它是低效率的。垄断的危害结果归纳为:垄断形成高进入壁垒,不利于科学技术的进步;垄断形成垄断利润,损害消费者的利益;垄断妨害公平自由的竞争,不利于企业获得平等的发展机会。基于垄断的危害性,西方主要国家都制定了反垄断法。在网络经济条件下,垄断仍然是一种普遍的经济现象。网络经济时代的 IT 产业由于具有高成本生产和低成本再生产的特点,本身有很强的规模经济效应,容易导致生产者垄断,技术竞争优势使领先者进一步领先,造成强者愈强、弱者愈弱的现象。网络经济条件下的垄断体现出与以往不同的特点,危害性已大大减弱。

除了以上理论之外,网络经济还对一些传统的宏观经济分析理论提出了挑战,如描述失业率与通货膨胀率之间负相关关系的菲利普斯曲线。在网络经济下出现了高经济增长率、低通货膨胀率、低失业率三者之间前所未有的高度兼容,使得菲利浦斯曲线这一解释西方国家一个半世纪经济运行状态的"金科玉律"面临挑战。

# 【引例回顾】

本章的引例让我们感受到互联网的变革力量。短短 40 年,互联网的发展超乎想象。持续增长的网民规模和网络普及率,越来越丰富化的网络应用,无不向我们显示着互联网在我国的飞速发展,互联网已经成为人们生活中不可缺少的部分。从门户时代到搜索时代,到当下社交网络(social networking services,SNS)时代,技术的发展,一方面不断缩小着地球的时空距离;另一方面也赋予了个人更多的自由,带来了个人自主性不断提高,在这个过程中,人们的主动性和创造性被不断激发出来。

21 世纪是一个信息爆炸的时代;信息技术和网络经济正以其巨大的力量推动着整个社会经济形态的深刻变革,正在改变着我们的社会和经济生活的方方面面。网络经济是一种基于互联网、以电子商务为主体的经济形式。从产业发展的中观层面看,网络经济就是与电子商务紧密相连的网络产业,既包括网络贸易、网络银行、网络企业以及其他商务性网络活动,又包括网络基础设施、网络设备和产品以及各种网络服务的生产和提供等经济活动,它可细分为互联网的基础层、应用层、服务层、商务层。

以电子商务为核心的网络经济模式更加接近于信息充分条件下的完全竞争市场。在这种相对理想状态中,有关商品和服务的种类、特性、质量、价格等重要信息在一个全球性的市场得到广泛和实时传播,交易双方能够充分比较,择优汰劣,由此便可大大促进竞争,并有助于交易双方在竞争过程中做出最优决策。

可以看出,电子商务是互联网经济的一个重要内容。电子商务将成为人类信息世界的核心和网络经济发展的驱动力。电子商务将给人们的工作与生活带来一场新的革命是不容置疑的。电子商务代表着未来贸易方式的发展方向,其应用推广将会带来更多的贸易机会。传统的商贸上市公司要想在今后的信息社会中占有一席之地,必须大力发展电子商务。

电子商务时代是网络经济时代真正到来的重要标志。电子商务是信息技术发展给人们带来的一个全新的商业领域,是新经济中最具实效和成长性的部分,它拥有巨大的市场潜力,是21世纪全球信息经济最具活力的增长点。

# 【关键术语】

| 网络经济 | internet economy |
| 狭义电子商务 | e-commerce |
| 广义电子商务 | e-business |
| 网络产业经济 | network industries economy |
| 信息经济 | information economy |
| 知识经济 | knowledge economy |
| 数字化经济 | digital economy |
| 新经济 | new economy |
| 外部性 | externality |
| 网络外部性 | network externality |
| 锁定 | lock-in |
| 正反馈性 | positive feedback |
| 企业外部网 | extranet |
| 企业内部网 | intranet |
| B2C | business to customer |
| B2B | business to business |
| C2C | customer to customer |
| B2G | business to government |
| EDI | electronic data interchange |
| SNS | social networking services |

# 【课后案例】

## 网络购物冲击下,实体店如何突围

1. 电商井喷

电商的井喷发展对传统零售商的商业模式产生冲击,这在 2013 年"双 11"促销中表现得尤为明显。阿里集团公布的数据显示,2013 年 11 月 11 日零时,天猫、淘宝"网购狂欢节"开场,55 秒后,活动通过支付宝交易额便突破 1 亿元;6 分 7 秒,交易额突破 10 亿元,超过中国香港 9 月份日均社会零售总额;13 分 22 秒,交易额超 20 亿元;38 分钟后,交易额达到 50 亿元;凌晨 5 点 49 分,交易额突破 100 亿元;13 点 04 分,交易额突破 191 亿元,超越 2012 年;13 点 39 分,交易额突破 200 亿元;21 点 19 分,交易额突破 300 亿元;24 点,交易额达到 350.19 亿元。另一电商巨头京东商城公布的数据显示:从 11 月 11 日零点到中午 12 点,京东商城订单量已经达到平日全天的三倍,从 11 月 11 日零点到早 8 点,订单量达到平日全天的水平,预计 11 月 11 日当天将会突破 500 万单,比之前预计的 300 万单大幅提升……这些惊人的增长数字都在说明,节日促销和网购正渐渐成为商家和消费者的"香饽饽"。[1]

同时,随着电子商务的发展,国内众多电商平台也开始注重用户体验,包括网站的建设,用户购物流程的优化,推出货到付款,72 小时到货等周到、便捷的服务,来满足消费者的需求。电子商务日益完善的各项配套设施,给用户省去了大量的时间和精力,使网上购物变得十分便捷,以致越来越多的人喜欢网购并选择网购。

2. 实体店不敌网购浪潮

与网络零售的持续升温相反,不少实体店却逐渐成为"试衣间",甚至面临着生存危机。

有数据显示,2013 年一季度,中国网购市场交易规模同比增长 36.6%,而传统零售企业增长仅为 8.8%。2007 年,拥有 13 万会员的上海明君书店各家门店关门了;2011 年,知名的民营书店"光合作用"也由于资金等各种问题停业了……网店正在以压倒性的销售业绩一步步蚕食着实体店的生存空间。

西安交通大学经济与金融学院营销学教授郝渊晓认为:"网购趋势不可逆转,作为企业来说,应该适应这种变化,积极主动改变商业模式,以取得发展。同时由于商业模式的变化,各企业发展过程中的优胜劣汰是必然的。但在网购冲击下,实体店也不会退出,只是发展空间会变小。长期看,网购和实体还是并存的业态,因为不管网购如何发展,总有

---

[1] http://it.people.com.cn/n/2013/1112/c1009-23510202.html.

人会在实体店买东西,而且也不是所有东西都可以在网上卖。"

尽管实体店并不会在网购的冲击下消失,但其本身的发展空间已经越来越小。当前传统零售商必须做出战略调整,以应对网店带来的冲击。而目前实体店要实现逆袭,当务之急还是走差异化路线。

3. 与狼共舞,亟须差异化求突破

尽管网购规模逐渐扩大,但其也还存在不少弊病,如售后不完善、质量没保证等。而传统实体店却可以让消费者直观体验到产品的细节,对于部分消费者来说,线下实体店仍然是其购物的不二选择。所以,实体店与其大喊"狼来了",不如与狼共舞,对自己的发展模式进行一场革命性颠覆势在必行。

首先,实体店需寻找线上线下资源优势互补的机会。实体店拥有线下店铺累积的品牌和稳固的用户资源优势,比如苏宁作为线上线下融合的标杆企业,就善于融合线上线下的优势资源,从传统零售发展电子商务后,并通过实现同品同价,一举打破自身实体店与电商渠道左右互搏的局面,将自身打造成互联网零售公司。

实现线上线下资源互补,还可以把电商渠道定位为线下渠道消化库存的渠道。线上既可以卖合适网络的低价商品,又和线下渠道的专卖店等形象与价格都不冲突,比如李宁的淘宝 C2C 店,就是专门定位于处理存货的。

其次,实体店还可以通过调整产品结构来寻求差异化,卖用户不敢网购的东西,如化妆品、奢侈品。另外,网购的产品偏向尾货和库存,所以实体店要更注重对新品更新速度的把控,根据时下潮流,迅速推出最新的款式,在新品更新速度上超越电商。针对电商的短板,突出自己的优势,提升服务水平,搞个性化的服务,做足体验,也是实体店的重要突破口。

最后,营销时间差异化。"双11"、"双12"已然成为电商购物"网络狂欢日",实体店或应该避开这些电商大战当口,选择春节等电商歇业的时间点进行营销,并且在店面布置和促销手段上寻找新的突破。与其正面交锋,不如错时、差异竞争。

传统实体店受网店的冲击日渐明显,实体店在夹缝中生存。积极寻找与网店的差异,并在差异化上下足功夫,实体店才能在电子商务发展热潮中保住自身的市场份额,留住自己的客户。其实,不仅线上、线下差异化同存是行业发展趋势,对于消费者来说,网购与逛街购物也并不矛盾,只是按需选择的不同购物方式而已。

(案例来源:根据 http://www.100ec.cn/detail--6104878.html 所载内容改编而成。)


**案例分析问题**

1. 与传统实体店相比,网络购物平台为什么能取得巨大成功?

2. 从传统实体店与网络购物平台的竞争中,分析网络平台对于传统实体店的冲击主要体现在哪些方面?

## 【思考与讨论】

1. 网络经济运行所遵循的基本特征和规律有哪些？
2. 分析电子商务对经济发展的变革力量。
3. 请举出两个通过电子商务来改变竞争格局的中外企业的例子。

# 第 2 章

# 电子商务与网络经济学理论基础

**B&E**

## 【内容提要】

## 【学习目的】

通过本章学习,你应该能够:

- 理解与网络经济相关的经济学原理
- 掌握网络经济学的四个定律
- 学会运用网络经济学相关原理及定律分析实际经济现象
- 掌握电子商务的基本要素
- 理解电子商务的基本流程

# 引例：三大巨头并购加剧，中国互联网行业 "马太效应"日益明显<sup>①</sup>

2013年以来，互联网行业的并购事件不断上演，但故事的主角多是它们——腾讯、阿里、百度(以下简称BAT)。BAT三大巨头凭借丰沛的现金流以及多元化布局，成为收购主力军。随着移动互联网的深入发展，有分析称，至少在2014年上半年，中国互联网市场的并购还将继续，资源进一步向优势企业集中，加剧互联网行业马太效应。

**百度：以地图为核心打造O2O竞争力**

以搜索起家的百度在2008年上线了百度地图后，便开始了对O2O的布局。2009年8月，百度和《新京报》合作组建了北京本地生活服务平台京探网。2010年10月，百度有啊生活频道测试版上线；2011年4月，百度有啊转型为本地生活服务平台，同年12月百度把有啊分拆独立运营，改名爱乐活。2012年3月，百度联合投资机构创建的爱乐活新版正式上线。2012年9月，百度地图正式向本地生活服务转型，紧接着10月，百度宣布分拆地图业务，成立了LBS事业部。

移动搜索和基于位置的服务，是百度的两个移动互联网入口。而从2012年开始，百度上线了一系列移动互联网APP应用，包括百度搜索、百度地图、百度贴吧以及百度云、百度新闻、百度手机助手等这些基于搜索功能的客户端。2013年3月，百度收购团购网站糯米网；5月，百度宣布以3.7亿美元收购PPS视频业务，根据收购计划，PPS视频业务将与百度已有视频业务爱奇艺合并，在此前百度还战略入股去哪儿、安居客、爱乐活、百伯网等。8月，百度全资收购91无线。

**阿里巴巴：全面撒网，完成O2O全产业链布局**

在PC互联网时代，阿里巴巴系基本不太依赖外部入口，这也构成阿里巴巴敢于跟百度搜索互相屏蔽的底气。但在移动互联网时代，蘑菇街、美丽说的崛起给了阿里巴巴集团一些触动。

陌陌、虾米网、快的打车、友盟、丁丁优惠、在路上等前后成为阿里巴巴的投资标的，2013年，阿里巴巴更是大手笔收购。5月10日，高德软件宣布阿里巴巴以2.94亿美元购买该公司28%的股份，成为第一大股东。2013年4月底，新浪微博宣布阿里巴巴以5.86亿美元购入新浪微博公司发行的优先股和普通股，占微博公司全稀释摊薄后总股份的18%。2014年2月，阿里集团以总价16亿美元(约合人民币97.1亿元)完成了对高德公司的全面收购。

从现有的数据来看，新浪微博拥有5亿用户，阿里巴巴旗下淘宝、支付宝、天猫等平台

---

① 案例系作者根据 http://www.huxiu.com/article/14410/1.html 内容改编而成。

的账号大约有 8 亿,双方数据一旦互通,有望成为中国最大的账户体系。此外,天猫的品牌效应、淘宝的海纳百川、支付宝的底层渗透……阿里巴巴生态系统下每个物种背后都蕴藏着丰富的数据资源,依靠这个大数据网,阿里巴巴能够掌握着庞大的数据流和现金流。

阿里盒子实现了把搭载阿里云操作系统的手机端、电视屏幕端、电脑端的多个屏幕打通,让几个屏幕在阿里操作系统里形成闭环,进而让电视屏幕购物有快速增长动力。这意味着,阿里巴巴移动互联网的生态系统已逐步完善,从云手机、盒子到云操作系统,再到社交、音乐、O2O、旅游、地图、浏览器等各个入口。移动互联战略背后又是隐藏着阿里巴巴在大数据领域的布局。

**腾讯:深耕微信平台,借此整合 O2O**

腾讯凭借微信已经提前拿到移动互联网的船票。目前,国内的微信用户数已将近 4 亿,在海外也突破了 5 000 万。正是微信的通信功能,使得腾讯与三大移动运营商坐在谈判桌上。目前在微信的平台上,急速扩张的微信公众账号不仅捧红了大量自媒体,同时带出微信商业化路径。马化腾在 2013 年全球移动互联网大会上谈及微信商业化问题时称,移动社交游戏可能是微信商业化的最大突破点。微信虽被视为腾讯公司在移动互联网的船票,但是腾讯公司并不满足。2011 年,腾讯投资了团购网站高朋网和 F 团,总投资金额超过 1 亿美元。2012 年 11 月,腾讯收购餐饮 CRM 企业通卡,增强其技术及线下能力;2013 年年初,腾讯组织结构调整,设立移动互联网事业群圈定了安全、浏览器、地图、应用宝四大攻坚业务。与此同时,腾讯还在与百度、阿里巴巴等争抢并购机会,例如,消息称百度和腾讯争相收购网秦,以壮大杀毒市场。2014 年 2 月,腾讯入股大众点评,联合对抗阿里＋高德＋美团。

百度做搜索,腾讯做即时通信和娱乐,阿里做电商和支付……以前这些巨头们领地分得很清楚,井水不犯河水。可是随着各自的业务版图越摊越大,交叉就越来越多,竞争就越来越密集。"行业集中度高,规模效益显著",已经成为中国互联网行业的无奈现实,业内人士预测,随着竞争的深入,中国互联网行业的"马太效应"也会日益加剧。

何为"马太效应"? 为何互联网行业的"马太效应"会如此显著? 学完本章内容或许可以得到一些启示。

# 2.1　网络经济学概述

## 2.1.1　网络经济学的界定

网络经济的出现,不仅改变了人们信息传递和商务活动的方式,更重要的是它改变了社会经济过程的内在关系,从而也改变经济运行过程的某些规律。网络经济的出现对现存的经济学理论提出了挑战,一些过去不存在或虽然存在但被经济学家们所忽视的问题,在新的条件下被提了出来,需要经济学在理论上给予科学的解答。在这样一个背景下,网络经济学应运而生,并成为一个热门的研究领域。

不过,由于网络经济本身仍然处在发展的过程当中,网络经济学迄今尚未形成一个有机的系统,其概念也没有权威的规范。在进行网络经济学的基本分析之前,我们有必要理清不同内容的"网络"经济学之间的关系,并对它们加以界定。

1. 早期的网络经济学

在基于互联网的网络经济(或者说是数字经济)出现之前,在经济学中就已经出现了"网络经济学"这一学科,有时也被人称作"网络产业经济学",它实际上一直被划在通信经济学的范畴中,其中包括对电信、电力、交通(公路、铁路和航空)等基础设施行业的经济学研究。这类网络经济学主要研究整个具有网络特征的基础设施行业的资源配置、政府规制和行业竞争问题,之所以被称为"网络经济学",是因为这些行业共同具有"网络"式而非"垂直"(vertical,亦称纵向相关)的经济结构特征。

从上述"网络(产业)经济学"的研究出发,西方经济学界对与之相关但又侧重不同的一些经济学问题进行了研究。这些研究的内容超越了网络产业本身的运作,从网络产业的具体分析中抽象出来,将研究重点集中在"网络"本身,讨论具有网络形态和特征(这种网络可以是真实的物理网络,也可以是虚拟的网络)的一切经济系统的经济学问题。从具体内容上看,这部分名为"网络经济学"的讨论在很大程度上也属于产业组织理论的讨论范畴,其讨论的主要目的是分析网络产业中的厂商结构和行为(经营策略和内部组织)、市场结构和运作。

可以说,这两者应当同时属于"网络经济学"的研究领域,国外也将这两类同时统称为"网络经济学"。但是这两者之间显然是存在区别的。

2. Internet 经济学

进入20世纪90年代之后,计算机网络的发展使得有关计算机网络的经济学问题成为"网络(产业)经济学"的一部分,最初是关于电子计算机的局域网和广域网的成本核算、收费标准的一些经济学讨论,后来逐渐增加到对 Internet 服务价格、税收和服务提供者竞争等的分析。这些在决定互联网资源的有效配置、提高互联网网络投资的获利能力、制定适当的政府政策方面的研究主题都被经济学家纳入了"网络经济学"(更具体地说,这是"网络产业经济学")的讨论范畴。

经济学界认为,Internet 经济学实际上是"网络经济学"的一个分支,甚至更有人把它作为通信经济学的分支加以考虑。从 Internet 经济学的主要研究范围来看,确实如此。但是由于 Internet 既和其他的通信网络具有共同之处,也存在其自身的特点,因此它在某些方面的研究超出了原来的通信经济学的范畴,从而使得"网络经济学"向前发展了一大步。

由于 Internet 本身的存在和发展只是近年的事,关于它的经济学研究也就具有相当的局限性,其研究主题主要包括对拥塞定价的讨论、ISP 如何就互联问题和多址传输分配成本等。同时,在 *Internet Economics* 一书中,将电子商务的经济学讨论也涵盖在 Inernet 经济学之中,但所涉不广,总的来说,Internet 经济学仍然主要是从 Internet 服务价格和服务提供者的竞争方面出发,研究与有限资源的配置、Internet 投资获利和适当的政府政策有关的问题。

### 3. 信息基础结构经济学

网络经济时代,技术和经济处在不断地变迁之中,作为其经济解释的经济学必然也如是。当技术界中 Internet 通信的真正本质在发生着变化的时候,经济学家们开始认为即使是 Internet 经济学也无法完全反映网络时代的经济现实,由此在经济学中出现了用"信息基础结构经济学"取代 Internet 经济学的新趋势。

出现这一趋势的原因当然在于技术的迅速发展。信息通信的网络技术发展至今,从模拟到数字、从固定到移动、从窄带到宽带、从 TDM 到 IP、从电到光等,出现了许许多多重大创新和技术突破,未来仍然存在很大的技术提升空间并产生大量新的应用。尽管目前 Internet 在很大程度上仍然是信息基础结构的同义词,但近年来移动互联网技术发展迅速,当所有这些有线网络和无线网络都转变为数字网络并且成为可互相操作的网络系统之后,今天的有线连接的 Internet 将仅仅是信息网络结构的一小部分了。以此为基础,以"信息基础结构经济学"来取代"Internet 经济学"似乎是很自然的事。

当信息基础结构从有线通信网络发展为各种不同结构的包括卫星电视和无线通信网络在内的综合形式时,信息基础结构经济学就不仅仅包括有关定价、资源配置和政府规制等问题了。与早期的"网络(产业)经济学"的发展相似,经济学家预测其分析重点将有可能集中在如何建立一个包含不同类型网络相互竞争的基础结构市场上。总的来说,尽管着眼点和侧重点尚有待于将来进一步的研究,但信息基础结构经济学将比 Internet 经济学更加超越通信经济学简单扩展的外延,这一点却是毋庸置疑的。

### 4. 电子商务经济学

伴随着对 Internet 作为信息基础结构地位的质疑,越来越多的经济学家认为,把电子商务经济学内容置于 Internet 经济学之内的做法是不可取的,相应地出现了"电子商务经济学"。

这些经济学家认为,Internet 经济学和电子商务经济学是不能混淆的两个定义。电子商务的根本在于它通过通信网络和传输系统使得交易更为便捷,在于它组织市场和开展交易的方式,即通过可视化的市场代理商、数字产品和电子过程进行交易。这样一种经济过程和承载它运作的技术平台没有必然和永远的联系。尽管由于 Internet 的开放性和用途广泛使得它目前成为电子商务所选择的使用媒介,这使得人们常常将通过 Internet 进行的商务活动等同于电子商务。但是随着技术的发展,任何一种数字通信媒体都将有可能支持电子化市场的运作,Internet 从本质上说仅仅是一种电子商务最初运作时暂时依赖的基础结构,电子商务这样一个具有革新意义的市场形式不论是建立在何种基础结构上都能够存在并且起作用。基于这一观点,电子商务经济学所研究的,就是在这样的一种市场上,市场过程和产品发生了怎样的基本变化,市场参与者在生产、营销、消费过程中应当就产品选择、市场战略、价格制定等考虑哪些新的影响因素。这显然和Internet经济学甚至是信息基础结构经济学所研究的网络产业的资源配置、市场竞争等大不相同,是不能相互混淆的。

从电子商务经济学的基本内容来看,它讨论了在网络经济时代数字产品和实物产品的经济学含义;它应用了基础微观经济学理论,论述电子交易市场上的质量不确定性、市场信息、市场中介和新的市场效率问题;分析了在网络时代十分敏感的版权问题。同时,电子商务经济学还系统地进行了网上营销、网络广告、信息查询、产品差别定价、金融电子商务的经济学分析。总的来说,电子商务经济学是对一个买卖双方、产品和交易过程都发生了本质性改变的市场进行的微观经济分析,目的是为一个全新商业模式的发展奠定良好的经济学基础,并对电子商务发展的战略前景做出了预测。

5. 网络经济学

本书对网络经济学的界定是与第1章网络经济的定义相辅相成的,这里的网络是包括现代通信网络及计算机网络所形成的信息网络基础,并不仅指有线互联网。基于此,网络经济学可以理解为是研究网络经济时代产生在信息网络基础之上的一切经济活动的学科。

## 2.1.2 网络经济学的研究对象及内容

不同学科之间就是因为其研究对象的不同而得以区分。网络经济学作为一门新兴的经济学分支,与其他任何学科一样,也有其特殊的研究对象和研究领域。总的来说,网络经济学就是研究网络经济条件下资源的优化配置和充分利用问题,以及网络经济发展中遇到的种种现实经济问题。

1. 网络经济学的研究对象

网络经济学是因网络经济的产生和发展而出现的一门新学科,它以网络经济作为其研究对象。网络经济是继农业经济和工业经济之后出现的一种新的经济形态,网络经济的出现改变了社会经济的资源构成,改变了经济主体之间的相互联系,也改变了经济增长的基本模式。在网络经济中,出现了一些过去所没有的经济现象,并反映出一些以往没有或虽然存在,但不占支配地位的经济规律。而这些现象及规律,与传统经济存在着很大的不一致性,目前以传统经济为研究对象的经济学很难将其包容其间,难以对其进行深入的剖析并给出合理的解释。这就需要有新的学科来进行专门的研究。构建网络经济学的目的,就是要分析和说明网络经济中出现的一些新的经济现象和问题,发现和证明网络经济中的一些与传统经济所不同的新的经济法则和规律,并为人们的网络经济实践提供理论的指导。

然而,由于网络经济作为一种新的经济形态,还仅仅处于形成和发展的过程之中,因而在目前的经济体中,网络经济与传统经济同时并存,甚至传统经济的成分要大于网络经济的成分。在这种情况下,许多带有网络经济特征的现象主要还只是出现在部分产业中,如信息、网络产业,而并没有成为普遍的规律,因此,目前网络经济学的研究对象主要集中于对那些以信息网络为基础的产业,或已经实现的信息化和网络化的产业。只有当所有传统产业的信息化和网络化已经完成,网络经济已经完全取代传统经济,成为占主导地位的经济形态后,网络经济学的研究成果才具有普遍的意义。

同时,由于网络经济刚刚出现,人们对网络经济的认识才刚刚开始,对网络经济的研究还处于不断的探索之中,所以网络经济学并不像其他经济学科那样,有着成熟的理论并形成完整的体系。从前文可以看到,目前,仅就网络经济学的名称来看,就有网络产业经济学、Internet经济学、信息基础结构经济学、电子商务经济学等多种不同的叫法,其研究的内容更是各不相同。因此,与其他经济学科相比,网络经济学还是一门十分年轻的学科,网络经济学的研究更带有前沿性和前瞻性,因而也就不够成熟和完善。这就需要我们通过网络经济的实践来进行不断总结,通过理论的思辨来不断发现网络经济的本质,把握网络经济的规律,使网络经济学的理论体系不断地得到丰富、发展和完善。

2. 网络经济学的研究内容

任何一门学科,其所研究的内容概括起来无非是四个方面的问题:是什么、为什么、做什么和怎么做。对于网络经济学这门学科来说,它的研究内容也主要体现在这四个方面。

(1) 对网络经济本身的界定及其本质特征的认识

网络经济学首先要对网络经济提出正确的认识,分析网络经济与传统经济的区别以及网络经济的本质特征。由于网络经济是在传统经济的土壤中生长出来的,在网络经济的萌芽与成长阶段,必然带有许多传统经济的烙印,对网络经济的认识更容易产生偏差。这就需要具有预见性和前瞻性,透过复杂的现象来发现网络经济的本质,对网络经济的本质特征进行准确的刻画和分析。

(2) 对网络经济中各种经济现象及其原因的分析

网络经济中出现了许多传统经济所没有的现象,如边际收益递增、网络外部性效应、正反馈机制、竞争性垄断等,而在过去的经济学体系中,缺少对这些现象的研究和说明。网络经济学的一个重要任务,就是要对这些新出现的现象从理论上进行分析,说明产生这些现象的原因和内在机制,进而说明在这些现象背后隐含的经济学意义,使其成为现代经济学理论体系中新的内容。

(3) 对网络经济中经济主体行为及其规则的阐释

在网络经济中,经济主体的行为也将发生改变,这种改变不仅表现在生产过程,也表现在流通和消费过程中。网络经济学的另一个重要任务,就是从微观经济学的角度,对各种经济主体的行为进行分析,说明在网络经济中生产者与消费者的选择以及市场供给与需求的均衡条件,同时从产业组织理论的角度,对企业产品的生产与定价、企业之间的竞争与合作等行为进行解析,说明经济主体行为的行为法则。

(4)对网络经济中经济运行过程和经济政策的研究

网络经济学不仅要研究企业和个人在微观环境下的行为法则,还要研究整个社会在宏观环境下的经济运行。在网络经济下,社会的宏观经济运行也将出现新的变化,如经济增长方式的改变、经济周期的变化、国际分工与贸易的变化等,也需要从新的视角来加以研究,并根据这些变化中所反映的新的要求来确定政府的经济职能,并为政府制定新的经济政策提供理论依据。

# 2.2  网络经济学的相关经济学原理

网络经济学是在传统经济学基础上的延伸,既然如此,必然有许多概念、定义、定理和推论与传统经济学是一致的。许多经济学的概念、定义、定理和推论在网络经济学中仍然是有效的。

## 2.2.1  权衡取舍原理

从某种意义上说,经济学就是关于权衡取舍的学问。美国经济学家保罗·萨缪尔森说:"经济学研究人与社会如何做出最终抉择,在使用或者不使用货币的情况下,使用可以有其他用途的稀缺的生产性资源,在现在或将来生产产品,并把产品分配给各个成员以供消费之用。它分析改进资源配置形式可能付出的代价和可能产生的效益。"[①]因此,学会权衡取舍,能做出适合的决策,获得最大收益。

当人们组成社会时,他们面临各种不同的权衡取舍。在工业社会里,同样重要的是清洁的环境和高收入水平之间的权衡取舍。要求企业减少污染的法律规定增加了生产物品与劳务的成本。由于成本高,这些企业赚的利润少了,支付的工资低了,收取的价格高了,或者是这三种结果的某种结合。因此,尽管污染管制给予我们的好处是更清洁的环境,以及由此带来的健康水平的提高,但其代价是企业所有者、工人和消费者的收入减少了。

在网络经济社会中,也经常会遇到权衡取舍的问题。比如,网络企业在对服务产品定价时,便会面临服务收费获取盈利和免费服务吸引用户的取舍问题。事实上,网络时代,信息成为最主要的资源,而资源信息极大丰富,稀缺的资源是人们的注意力。这种情况

---

① 黄晓林,何艳丽.一口气读懂经济学(白金版)[M].北京:新世界出版社,2011.

下，比较有效的策略就是先人一步采取低价策略，甚至是免费赠送，以获得人们的关注。有了人气，再通过其他方式（如增值服务）实现利润。腾讯 QQ 就很好地运用了权衡取舍原理，放弃了向众多用户收取基础服务费获取利润的策略，选择了提供免费基础软件应用吸引大量用户，继而通过增值服务实现盈利的方法。

此外，在 2013 年以后腾讯的几个战略投资案例中，如入股搜狗和投资京东商城，腾讯也很好地权衡了业务的"加法"和"减法"。腾讯在以往的扩张策略上，倾向于全资收购和绝对控制。而从"入股搜狗"开始，腾讯做了改变：主要面向垂直领域领先企业，不控股，但占具有战略意义的股份，比如占股 20％以上；保持对方独立运营，给予对方团队充分掌控权和信任；将腾讯旗下非核心、做不好的资产作为"嫁妆"送出去，盘活资产，优化资源配置；腾讯将专注于自身平台和生态建设，并为对方提供强大资源支持，如为搜狗提供资源和入口，为大众和京东提供微购物入口等。尽管从表面看，腾讯舍弃了自己的业务，但从整个互联网生态布局来看，腾讯获得了更多。

### 2.2.2　机会成本原理

机会成本（opportunity cost）是做出某一选择或决策而放弃另一种选择或决策的代价，或者说，一项选择的机会成本是另一种可得到的最好选择的价值。由于人们面临着权衡取舍，所以做出决策就要比较可供选择的行动方案的成本与收益。但在许多情况下，某种行动的成本并不像乍看时那么明显。

在传统经济决策过程中，因选取某一方案就要放弃另一方案，为此会付出代价或丧失潜在利益。要想对备选方案的经济效益做出正确的判断与评价，必须在决策前进行分析，将已放弃的方案可能获得的潜在收益作为被选取方案的机会成本计算在内。

网络经济环境下，企业在选择时，仍然需要面对机会成本的问题。从现实来看，网络购物对传统零售冲击很大，不少观点认为传统零售商搞电商，是个新的经济增长点，有网点优势和配货优势。但对很多做传统销售的人来说，面对电子商务，他们的心态却十分纠结，因为劣势也是显而易见的，就是会分流传统商铺渠道的销售，而且在商品定价中将处于一个两难的境地。如果从机会成本的角度看，传统零售商从事电商，机会成本并不低，其机会成本来自于以下诸多方面：

- 放弃了可能的传统渠道的布局；
- 放弃了可能的传统销售的增量；
- 放弃了可能的传统的品类吸引力的现场培养能力；
- 放弃了可能的实际体验服务的增值。

### 2.2.3　利益双赢原理

利益双赢原理（win-win）是由英国经济学家李嘉图首先发现的。这一原理说明，如果一个国家专业化地生产更有效益的物品和服务,那么,贸易对两个国家来说是双赢的结果,两个国家的实际工资和国民收入都将得到提高。这一原理推广到经济活动中,就是指企业在经营活动中不仅要考虑自己的收益问题,即盈利问题,同时还要考虑合作伙伴的盈利问题;既主动地考虑自己的利益,同时也主动地考虑伙伴的利益。

由于网络打破了国界,任何形式的贸易壁垒终将被打破,但是网络经济没有改变世界各国普遍存在的经济互补性和国际分工。例如,在美国市场上可以看到大量"中国制造"的服装、鞋帽等,同样,在中国市场上也可以看到许多高科技产品来自美国。因此,在更加激烈的国际竞争环境中,利益双赢更为重要。

以阿里巴巴集团入股新浪微博为例。相比较于腾讯和百度,阿里巴巴一直缺乏媒体影响力,新浪微博兼具自媒体和庞大用户量双重特性,这对于阿里巴巴来说,价值却非同寻常,因为它会成为天猫及淘宝的一个重要流量入口。此外,相比于美丽说、蘑菇街这类导购网站,新浪微博具有更强的影响力,阿里巴巴能与新浪微博深入合作,其转化价值更高。另外,对于新浪微博而言,其面临的不仅是微信的竞争压力,更需要面对资金短缺的现实。阿里巴巴入股新浪微博,不仅可帮助新浪解决微博现金流问题,还能更好地建设健康的生态链,有利于新浪微博盘活众多沉睡的电商用户。因此,阿里巴巴与新浪微博合作对于双方而言是利益双赢的。

### 2.2.4 理性预期原理

所谓"预期"就是从事经济活动的主体(如个人、企业等)在决定其当前的行动以前,对未来的经济形势或经济变动所作的一种估计。

理性预期(rational expectations),或者称为理性预期假说(rational expectation hypothesis),最早是由约翰·穆斯在1961年针对适应性预期(adaptive expectations)中的非最优特性而提出的,后来经由美国芝加哥大学的小罗伯特·卢卡斯推广而广为人知。理性预期因在经济分析中假定经济行为的主体对未来事件的"预期"是合乎理性的而得名,它是指针对某个经济现象(例如,市场价格)进行预期的时候,如果人们是理性的,那么他们会最大限度地充分利用所得到的信息来做出行动而不会犯系统性的错误,因此,平均地来说,人们的预期应该是准确的。

很显然,公众要进行预期就离不开有关的信息,这种信息不仅包括了历史的统计资料,而且也包含对有关经济变量因果关系的判断等知识。卢卡斯指出,人们在预期即将发生的经济变动时,总是倾向于从自身的利益出发,根据已获得的所有信息,做出合理而明智的反应。

经济学理论认为,竞争之所以不完全,很重要的一点是信息不对称。而网络使世界发生根本性变化的原因之一便是消除时空差距,减少信息不对称,降低交易成本。在网络经济中,由于信息的完全性与传播的快捷性,使理性预期大大增强,进一步推动了经济自由化。比如,一个散户投资者也有可能通过网络得到与一个大的投资基金相同的投资信息,使投资基金通过拥有大量不对称信息控制国际资本市场的局面发生改变。因此网络使以完全信息为前提的假设得以实现,从而使市场配置机制更有效率,减少了因信息不对称而造成的市场失灵。

### 2.2.5　"看不见的手"原理

"看不见的手"原理最早是由亚当·斯密在《国富论》中提出来的。这一命题的含义是,社会中的每个人都在力图追求个人满足,一般说来,他并不企图增进公共福利,也不知道他所增进的公共福利为多少,但在这样做时,有一只看不见的手引导他去促进社会利益,并且其效果要比他真正想促进社会利益时所得的效果更大。这只"看不见的手"实际上就是人们自觉地按照市场机制的作用自发调节着自己的行为,并实现消费效用最大化和利润最大化。

亚当·斯密就是要解释这只看不见的手如何施展它的魔力。经济学理论告诉我们,价格就是看不见的手用来指引经济活动的工具。价格既反映了一种物品的社会价值,也反映了生产该物品的社会成本。由于家庭和企业在决定购买什么和卖出什么时关注价格,所以,他们就不知不觉地考虑到了他们行动的社会收益与成本。结果,价格指引这些个别决策者在大多数情况下实现了整个社会福利最大化的结果。

在网络经济条件下,这种资源配置的方式发生了新的变化,在市场机制这只"看不见的手"的基础上,还添加了第二只"看不见的手"——信息网络。

信息网络作为一种经济调节手段是网络经济条件下所特有的。它是一种超越市场的、通过信息网络进行的相互协同式的调节。信息网络配置资源的特征主要表现在:一是人人平等,共享信息,人人都可以接受信息和对信息反馈;二是使人们能够实现预期,就是由原来市场上"看不见的手"转化为可能"看得见的手"。这样,市场主体可以在信息网络上及时了解市场供求状况,并通过专用的信息网络系统极为迅速地做出对应决策,改变自己生产的数量和产品价格,在最大限度内达到市场出清和资源的优化配置。这种资源配置方式低耗能、低成本、高效率。

### 2.2.6　市场失灵与政府干预原理

尽管"看不见的手"通常会使市场有效地配置资源,但这个规律也会有一些例外,经济学家用市场失灵(market failure)这个术语来描述市场本身不能有效配置资源的情况。这种情况下,"看不见的手"就需要政府来保护它,只有产权得到保障,市场才能运行。

政府有时可以改善市场结果,但并不意味着它总能这样。公共政策是由不完善的政治程序制定的,有时所设计的政策只是为了有利于政治上有权势的人;有时政策由动机良好但信息不充分的领导人制定,所以政府也存在"失灵"现象。

网络经济条件下,信息网络是第二只"看不见的手",它不仅在一定程度上弥补和纠正了"市场失灵"和"政府失灵",并且作为一种崭新的调节力量为政府充分发挥职能作用提供了可能。

国家计划和市场调节相结合,直接调控与间接调控相结合是传统宏观调控机制的主要特点。传统的宏观经济调控主要是依靠经济手段、法律手段,也就是运用经济杠杆、经济政策、经济法规、计划指导和必要的行政管理,引导国民经济健康发展。价格、税收、财政、信贷、利率、汇率等经济杠杆是宏观调控的主要经济手段。在网络经济条件下,经济手段的调控表现为参数调节,如税率、利率、汇率等作为经济参数,通过信息网络中这些参数的变化来引导微观经济主体的经济行为。在运用各种经济手段进行宏观调控过程中,信息网络起着重要的媒介及调节作用,各经济主体通过信息网络,及时、准确地了解经济参数的变化,迅速地调整自己的经济行为,从而使政府实现宏观调控的目标。

网络经济的兴起,使宏观经济监测预警系统的功能得到充分发挥,政府通过对宏观经济监测预警系统提供的各种指标体系的分析,可以及时准确地把握宏观经济运行状况,并针对宏观经济运行中的变化,综合运用各种现代化的经济手段进行指导和调控,保证整个国民经济健康地运行。

# 2.3 网络经济学的相关定律

## 2.3.1 网络降价效应的摩尔定律

摩尔定律(Moore's Law)是由英特尔(Intel)创始人之一戈登·摩尔(Gordon Moore)提出来的。1965年,摩尔在他的一篇文章中指出,芯片中的晶体管和电阻器的数量每年会翻番,原因是工程师可以不断缩小晶体管的体积。这就意味着,半导体的性能与容量将以指数级增长,并且这种增长趋势将继续延续下去。1975年,摩尔又修正了摩尔定律,他认为,每隔24个月,晶体管的数量将翻番。[①]

从1971年推出的第一款4004处理器的2 300个晶体管增加到奔腾n处理器的750万个,芯片上的晶体管数量增加了3 200多倍,由于高纯硅的独特性,集成度越高,晶体管的价格越便宜,这样也就引出了摩尔定律的经济学效益。20世纪60年代初,一个晶体管要10美元左右,但随着晶体管越来越小,小到一根头发丝上可以放1 000个晶体管时,每个晶体管的价格只有千分之一美分。

从个人计算机的三大要素——微处理器、存储器和系统软件来考察摩尔定律的经济

---

① 有些文献提出摩尔定律内容为:当价格不变时,集成电路上可容纳的晶体管数目,约每隔18个月便会增加一倍,性能也将提升一倍。但有资料显示:英特尔前官员David House曾经推断晶体管的数量每18个月翻番,摩尔强调说自己从来没有说过18个月(http://zhidao.baidu.com/question/1866679.html)。

作用。微处理器方面,从 1979 年的 8086 和 8088,到 1982 年的 80286,1985 年的 80386,1989 年的 80486,1993 年的 Pentium,1996 年的 PentiumPro,1997 年的 Pentium II,到目前的 Pentium IV 主频 2G,功能越来越强,价格越来越低,每一次更新换代都是摩尔定律的直接结果。

存储器方面,人们还发现摩尔定律不仅适用于对存储器芯片的描述,内存空间、硬盘空间、LCD 以及图像处理速度等也都适用于摩尔定律。PC 机的内存储器容量由最早的 480K 扩大到 8M,16M,与摩尔定律更为吻合。

系统软件方面,早期的计算机由于存储容量的限制,系统软件的规模和功能受到很大限制,随着内存容量按照摩尔定律的速度呈指数增长,系统软件不再局限于狭小的空间,其所包含的程序代码的行数也剧增:微软的文字处理软件 Word,1982 年的第一版含有 27 000 行代码,20 年后增加到大约 200 万行。有人将其发展速度绘制一条曲线后发现,软件的规模和复杂性的增长速度甚至超过了摩尔定律。系统软件的发展反过来又提高了对处理器和存储芯片的需求,从而刺激了集成电路的更快发展。

摩尔定律的作用从 20 世纪 60 年代以来已持续 40 多年,所阐述的趋势一直延续至今。不过,随着晶体管电路逐渐接近性能极限,这一定律或将会走到尽头。不可否认的是,摩尔定律对信息技术发展趋势的分析预测具有实际意义,预计在将来一段时间内这一规律还会持续下去,它揭示了信息技术产业快速增长和持续变革的根源。

### 2.3.2 带宽日益充裕的吉尔德定律

吉尔德定律(Gilder's Law)的提出者是被称为"数字时代三大思想家"之一的乔治·吉尔德。1993 年,吉尔德在他的一篇文章中预言,在未来 25 年,主干网的带宽每 6 个月增加一倍,其增长速度是摩尔定律预测的 CPU 增长速度的 3 倍。

吉尔德认为,正如 20 世纪 70 年代昂贵的晶体管,在现如今变得如此便宜一样,主干网如今还是稀缺资源的网络带宽,有朝一日会变得足够充裕,那时上网的代价也会大幅下降。事实上,带宽的增加已经不是一个技术问题,只是一个用户需求问题。随着 Internet 的日益普及,用户对带宽的需求会越来越强烈。也正因为如此,几乎所有知名的通信公司都在全球铺设缆线,已经有很多的网络服务商向用户提供免费上网服务。可以预见,将来全世界的带宽都将趋于免费,通信公司则可以通过一些增值服务(例如,保证带宽)来获取利润。单个的网络通信设备本身并没有什么智能,但大量这样的"傻瓜"设备通过网络连接在一起时,其威力将会变得很大,就像利用便宜的晶体管可以制造出价格昂贵的高档电脑一样,只要将廉价的网络带宽资源充分利用起来,也会给人们带来巨额的回报,未来的成功人士将是那些更善于利用带宽资源的人,而不是那些一味节省带宽的人。

当我们拥有了无限的、免费的带宽,"上网"将变成一件在人们看来最稀松平常的事情。更有趣的是,上网通信的主流将不再是人类,而是那些所谓"傻瓜"的芯片。芯片上网的意义将远远超过人到网上去"看新闻"和"买东西"。因为它们"上网"了,所以人们不必经常去上网。最终,人们将不会再用"上网"这两个字,因为我们无时无刻不生活在网上。

### 2.3.3 网络倍增效应的梅特卡夫法则

梅特卡夫法则(Metcalfe Law)得名于鲍勃·梅特卡夫(Bob Metcalfe)——以太网的发明者,它反映了信息网络的倍增扩展效应。按此法则,网络的价值等于网络节点数的平方。网络对每个人的价值与网络中其他人的数量成正比。假设网络中有 $N$ 个人,则网络对所有人的总价值与 $N(N-1)$ 成正比,如果一个网络对网络中每个人的价值为 1 美元,那么规模为 10 倍的网络总价值约为 100 美元,规模为 100 倍网络的总价值为 10 000 美元。这说明网络效益随着网络用户的增加而呈指数增长。目前,互联网的用户大概每半年翻一番,互联网的通信量大概每百天翻一番。这种爆炸性增长必然会给网络经济效益带来飞快的高涨。

这一法则用经济学的术语描述就是网络外部性。以购买办公软件为例,随着使用微软 Office 软件用户的增多,该产品对原有用户的价值也随之增大,因为你可以通过与其他用户的信息共享和兼容,从而提高办事效率。其他数字产品也具有明显的外部性,比如,E-mail 的使用价值随着用户数量的增大而增加,某类网络游戏的价值也随着加入游戏者数量的增加而增加等;又如,加入某企业协同商务,系统的成员企业越多,则该系统的价值越大。这里要指出的是,网络外部性并非是网络经济独有的特征,在网络经济外的诸多传统经济领域都或多或少的存在,例如,相互兼容的传真机网络和电话网络,一种产品的销售网络等。但在网络经济下,经济以网络的方式组织和运作,网络经济的主导产业信息技术产业表现出更强烈的网络外部性。网络外部性产生的根本原因在于网络自身的系统性和网络内部组成成分之间的互补性。首先,无论网络如何向外延伸,也不论增加多少个节点,它们都将成为网络的一部分,同原网络结成一体,因此整个网络都将因网络的扩大而受益。其次,在网络系统中,信息流的流动不是单向的,网络内的任何两个节点之间都具有互补性,这就保证了网络外部性的普遍意义。

### 2.3.4 正反馈的马太效应

《圣经》"马太福音"篇中,耶稣作宗教比喻时有一段话:"凡有的,还要加给他,叫他有余;没有的,连他所有的也要夺过来。"它描述了"好的愈好,坏的愈坏;多的愈多,少的愈少"的一种现象,这现象被称为"马太效应"(Matthews Effect)。后来人们发现,无论是物质资源利益,还是精神资源利益,以及社会资源利益,它们的调节配置中都存在马太效应的影子。可以说,马太效应是人类社会一种普遍的资源利益调节机制。

网络经济中,马太效应用以反映信息活动中优、劣势强烈反差的现象。在信息活动中由于人们的心理反应和行为惯性,在一定条件下优势或者劣势一旦出现,就会不断加剧而自行强化,出现滚动的积累效果。

网络经济下,正反馈处于支配地位。当一个产品同时受益于市场扩大、质量上升、利润增加时,这三个环节就形成了一个"正反馈",即良性循环,它使得这个产品能够以最快的速度成长。网络经济下的正反馈是需求方正反馈,它使强者愈强,弱者愈弱。这种作用是彻底的,贯穿竞争的始终,直至走向单极主宰的程度。例如,微软在软件市场的统治地位是绝对的。市场上有几种与之竞争的操作系统,但与微软相比是微不足道的。微软的统治局面是因为需求方正反馈。因为微软的顾客认为,它被广泛应用,是事实上的产业标准。需求方正反馈使市场在足够大时也不会分散。如果所有人都使用它,你就更有理由使用它。可以肯定微软的统治地位在未来会更加巩固。网络经济下,正反馈引起两极分化,最终结果是"赢者通吃"。

从网络经济的相关定律中,我们了解到,上述定律奠定了网络经济的客观发展基础。随着时间的发展,带宽将趋于免费,最终世界上的所有人都会上网。网络的效益将发挥它魔术般的作用,所有的网络用户都将获利无穷。对于他们来说,价格将持续下降,而服务质量却会不断提升。与旧经济时代不同的是,厂商们则需要经过更惨烈的竞争才能最终获得成功,而最终成功的必将是那些"通吃"的赢家。

# 2.4　电子商务基本理论

## 2.4.1　电子商务概念模型

电子商务概念模型是将实际运作中的电子商务活动过程进行抽象描述,它由电子商务实体、电子市场、交易事务和信息流、商流、资金流、物流等基本要素构成。

1. 电子商务实体

在电子商务概念模型中,能够从事电子商务活动的客观对象被称为电子商务实体。它可以是企业、银行、商店、政府机构和个人等。

2. 电子市场

电子市场是电子商务实体在 Internet 上从事商品和服务交换的场所。在电子商务中,对于每个交易实体来说,所面对的都是一个电子交易市场,各种各样商务活动的参与者必须通过电子交易市场来选择交易的对象和内容,利用通信装置,通过网络连接成一个统一的整体。

3. 交易事务

交易事务是指电子商务各实体之间所从事的具体的商务活动内容,如询价、报价、转账支付、广告宣传、商品运输等。

除以上 3 种要素外,还包括电子商务的每一笔交易中都包含的四种基本"流",即信息流、商流、资金流、物流。

信息流既包括商品信息的提供、促销行销、技术支持、售后服务等内容,也包括诸如询价单、报价单、付款通知单、转账通知单等商业贸易单证,还包括交易方的支付能力、支付信誉等。商流是指商品在购、销之间进行交易和商品所有权转移的运动过程,具体是指商品交易的一系列活动。资金流主要是指资金的转移过程,包括付款、转账等过程。物流指交易的商品或服务等物质实体的流动过程,具体包括商品的运输、储存、配送、装卸、保管、物流信息管理等各种活动。

在电子商务模式下,信息流、商流、资金流的处理都可以通过计算机和网络通信设备实现。物流只有交易的无形商品可以直接通过网络传输的方式配送,如各种电子出版物、信息咨询服务、有价信息和软件等,而对于大多数商品和服务来说,物流仍然要经由传统的经销渠道,通过物理方式传输。

在电子商务的概念模型中,强调"四流"的整合。以物流为物质基础,商流为表现形式,信息流作为连接的纽带,引导资金流正向流动。

电子商务的概念模型如图 2-1 所示。

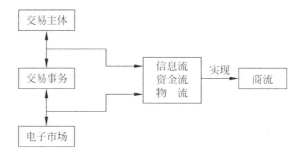

**图 2-1　电子商务的概念模型**

## 2.4.2　电子商务的框架

电子商务影响的不仅仅是交易各方的交易过程,它在一定程度上改变了市场的组成结构。传统的市场交易链是在商品、服务和货币的交换过程中形成的。现在,电子商务在其中强化了一个因素——信息,于是就有了信息商品、信息服务和电子货币。在这里,贸易的实质并没有变,但是贸易过程中的一些环节因为所依附的载体发生了变化,也相应改变了形式。从单个企业来看,贸易的方式发生了一些变化;从整个贸易环境来看,有的商业机会消失了,同时又有新的商业机会产生,有的行业衰退了,同时又有别的行业兴起了,从而使得整个贸易过程呈现出一些崭新的面貌。

同互联网的其他许多应用一样,电子商务的兴起也伴随着大量技术名词的涌现,这在很大程度上使得原本就有些不清楚的用户更加迷惑,而对于同一事物的不同叫法更加重了这种情况,如信息高速公路、互联网、虚拟空间有什么根本区别呢? 了解电子商务的基础设施构成对于企业发展电子商务是十分必要的。简单的电子商务的一般框架如图 2-2 所示。

图 2-2　电子商务一般框架

### 1. 网络基础设施

信息高速公路是网络基础设施的一个较为形象的说法,它是实现电子商务的最底层的基础设施。正像公路系统由国道、城市干道、辅道共同组成一样,信息高速公路是由骨干网、城域网、局域网等层层搭建起来的。它使任何一台联网的计算机都能随时同这个世界连为一体。信息可以通过电话线传播,也可以通过点播的方式传递。

有了信息高速公路只是使得通过网络传递信息成为可能,究竟跑怎样的车要看用户的具体做法。目前网上最流行的发布信息的方式是以 HTML(超文本链接语言)的形式将信息发布在 WWW 上。传统环境下,厂商需要花很大的力气做各种广告和促销活动来宣传自己的产品,在电子商务的环境下,厂商仍然要宣传自己的产品,不过方式就大大不同了。这种不同有两个前提条件:一是网络基础设施的畅通和方便便宜的接入;二是有数目可观的潜在的网络用户群。因为厂商宣传的目的是要让用户知晓自己的产品,这好比在报纸上做广告就要找读者群多的报纸,效果才会好。有了这两个条件,互联网的优势就是无可争议的了。互联网使得地域界限变得不那么重要,用户只要学会如何使用 Web 浏览器,就能很好地访问和使用 Web 上的电子商务工具。WWW 带来了相对公平的商业竞争机会,小公司也完全有能力在 Web 上发布产品目录和存货清单,从而吸引企业能够为其合作伙伴、供应商和消费者提供更多、更好的信息,HTML 使得消费者和采购人员能够得到最适当、最精练的信息。例如,一个复杂的 Web 服务器可以向一个特定的查询者提供符合其个人习惯的目录,一个 Web 站点所能完成的功能比任何用户登记卡所能得到的更好、更持久,它能够捕捉和分析用户行为,掌握动态的个人市场营销情况,用来完成未来规划。

2. 消息和信息传递的基础设施

网络上传递的内容包括文本、图片、声音、图像等。但网络本身并不知道传递的是声音还是文字,它对它们一视同仁,都视为0、1串。对于这些串的解释、格式编码及还原是由一些用于消息传播的硬件和软件共同实现的,它们位于网络设施的上一层。这些消息传播工具提供了两种交流方式:一种是非格式化的数据交流,如用 FAX 和 E-mail 传递的消息,主要是面向人的;另一种是格式化的数据交流,像我们前面提到的 EDI 就是典型代表,它的传递和处理过程可以是自动化的,无须人的干涉,也就是面向机器的,订单、发票、装运单都比较适合格式化的数据交流。对于电子商务来说,目前的消息传递工具要想适合电子商务的业务需要还要扩展其功能,使得传递的消息是可靠的、不可篡改的、不可否认的,在有争议的时候能够提供适当的证据。在这个领域上的另一个挑战是要使这些传播工具适用于各种设备(PC、工作站、无线接收设备)、各种界面(字符界面、图形界面、虚拟现实)和各种网络(有线、无线、光纤、卫星通信)。

3. 贸易服务的基础设施

贸易服务的基础设施是为了交易所提供的通用的业务服务,是所有的企业、个人做贸易时都会用到的服务,所以也称为基础设施。主要包括安全和认证、电子支付、商品目录和价目表服务等。

首先,这些服务有很大一部分是围绕着怎样提供一个安全的电子销售偿付系统发展开来的。当我们在进行一笔网上交易时,购买者发出一笔电子付款(以电子信用卡、电子支票或电子现金的形式)并随之发出一个付款通知给卖方;卖方通过中介机构对这笔付款进行认证并最终接收,同时发出货物,这笔交易才算完成。为了保证网上支付是安全的,就必须保证交易是保密的、真实的、完整的和不可抵赖的。目前的做法是用交易各方的电子证书(即电子身份证明)来提供端到端的安全保障。

其次,如前面所提到的,任何一个商业实体都面临着的核心领域可以分为电子销售偿付系统、供货体系服务、客户关系解决方案。例如,市场调研、咨询服务、商品购买指南等都是客户关系解决方案的一部分,加速收缩货链是供货体系服务的目标。这些就是贸易服务的基础设施商品目录和价目表服务等所提供的服务。

4. 其他影响因素

政策法规和技术标准是整个电子商务框架的两个支柱。国际上,人们对信息领域的立法工作十分重视。美国政府发布的《全球电子商务的政策框架》中,对有关法律做了专门的论述;1996 年联合国贸易组织通过了《全球电子商务示范法》,俄罗斯、德国、英国等国家也先后颁布了多项有关法规。目前,我国政府在信息化方面的注意力还主要集中在信息化基础建设方面,信息立法还没有进入实质阶段,针对电子商务的法律法规还有待健全。其他的如个人隐私权、信息定价等问题也需要进一步界定,比如,是否允许商家跟踪用户信息,对儿童能够发布哪些信息,这些问题随着越来越多的人介入到电子商务中,必将变得更加重要和迫切。

另外,提到政策法规,必须考虑各国的不同体制和国情与互联网和电子商务的跨国界性是有一定冲突的,这就要求加强国际间的合作研究。例如,私有企业在美国经济运行中占主导地位,制定政策法规时美国政府必然向私有企业倾斜,同时尽量减少政府限制;而在中国则会采取以政府为主导的经营政策。此外,由于各国的道德规范不同,也必然会存在需要协调的方面。在很少接触跨国贸易的情况下,我们不会感觉到它们的冲突;而在电子商务时代,在全球贸易一体化的情况下,用户很容易通过网络购买外国产品,就会出现矛盾。比如,酒类在有些国家是管制商品,但商人对此未必知晓,即使知道,也未必不会在利益驱使下去违反。特别是对于大量小宗的跨国交易,海关该如何应付,已成为普遍需要面对的问题。当然,以我国目前的情况,近期内还不会遇到这样的问题,不过,通常法律应具有一定的前瞻性,我们在制定法规时应该充分考虑到这些因素,法律的不完善势必会影响我们参与国际竞争。

第二个支柱是技术标准。技术标准定义了用户接口、传输协议、信息发布标准等技术细节。就整个网络环境来说,标准对于保证兼容性和通用性是十分重要的。正像有的国家左行制、有的国家右行制会给交通运输带来一些不便,不同国家 110V 和 220V 的电器标准会给电器带来麻烦一样,今天我们在电子商务中也遇到了类似的问题,目前许多厂商、机构都意识到了标准的重要性,正致力于联合起来开发统一标准,例如,VISA、Mastercard 等国际组织已经同业界合作制定出用于电子商务安全支付的 SET 协议。

### 2.4.3　电子商务的机理

电子商务的机理是指电子商务的运作过程及相互联系。

1. 生产厂商电子商务机理

这里的生产商主要指实物商品的生产厂商。

(1) 需求调查

作为商品生产企业,它首先要千方百计地摸清市场上的需求,调查现有商品的价格、效益情况,以便预测生产前景,即生产什么、为谁生产和如何生产。电子工具在这方面具有无可比拟的优越性,利用计算机网络、电子邮件(E-mail)、电视、电话等工具对商品市场进行咨询、统计,对商品用户进行访问、抽样调查或专访等,尤其是远距离访问可以获得较高的效率而花费较少的费用。通过使用电子查询,商品生产者可以在 Internet 终端上访问大商场或其他商品生产厂家,也可与特定的商品用户进行信息交流,从而收集方方面面有关本企业的生产需求信息,然后与客户签订电子销售合同,实现按合同生产。

(2) 制订采购计划

在决定了生产什么商品之后,要制订原材料、能源的购买计划。为了使成本尽可能降低,企业希望采购材料的价格最低,但为了保证生产商品的质量又必须保证所购买材料的质量。因此,就需要借助电子工具对原材料价格、质量进行综合调查、比较和分析,通过筛选实现电子采购,此过程就是电子订货过程。

（3）电子广告

当商品生产出来以后,要按销售合同通知需求方付款、提货或送货,这时就可使用电子通知单通知对方。如果还有未按合同生产的商品,则要迅速进行推销,这时可使用电子广告进行宣传。

（4）电子货币

当商品需求方按合同或无合同来取货时,必须进行资金支付,这时就可以使用电子货币进行支付。

（5）电子结算

采购材料、销售商品要由本企业财务部门会同开户银行及时进行货款结算,采用电子货币结算将会给企业和银行带来方便。

（6）生产商品的交割

如果所销售的商品是电子软件、数据、图像、音像制品等就可以直接进行电子交换,通过网络传递商品生产企业电子商务机理如图2-3所示,通过这个过程,可以实现生产前材料采购和生产后销售的高效率、低费用和高效益。

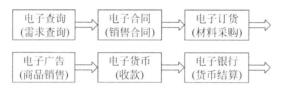

**图2-3　生产商电子商务机理**

**2. 流通商电子商务机理**

在市场经济体制下,商贸企业必须非常审慎地根据市场的需求来组织进度,即根据市场需求来决定商品采购,向生产商订货,然后再进行批发和零售。从商品贸易（流通）企业商务过程来看,主要有市场需求调查、市场需求统计、制定商品采购计划、实现商品采购、商品库存、商品配送、商品销售、售后跟踪（或服务）等环节。在这一系列过程中,电子工具与人结合几乎可以在每个环节都能发挥积极的作用,商贸企业的电子商务机理如图2-4所示。

通过图2-4可以看出,由于商贸企业没有生产环节,所以商贸企业的电子商务活动几乎覆盖了整个企业的经营和管理活动,是利用电子商务最多的企业。通过电子商务商贸企业可以更及时地获取消费者信息,按照需求进行订货,并可通过电子网络促进销售,从而提高效率,降低成本,获得更大效益。在当今发达的社会中,若不采用电子商务,商贸企业将很难参与竞争,甚至很难生存下去,总之,电子商务能显著地提高流通企业的竞争力。

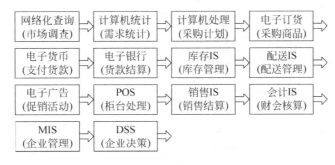

**图 2-4　流通商电子商务机理**

注：① 在进货和销售环节都存在电子货币、电子银行环节,但为了简便起见,图中没有
重复画出。② 电子商务链可以从尾接到头,形成一个闭环。

3. 消费者电子商务机理

作为商品消费者,需要从事的商务活动包括:对所需商品进行查询,发表对某种商品的质量、性能、外观等的改进意见,准备购买某种商品,正式购买商品,收到商品,获得售后服务等,消费者电子商务机理如图 2-5 所示。

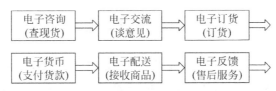

**图 2-5　消费者电子商务机理**

从图 2-5 可以看出,消费者能够足不出户就可货比三家,然后用电子货币支付或电子结算自己的货款,若是电子商品,还可以利用计算机网络直接收货,最后利用电子反馈接受售后服务或发出商品使用咨询。

在此,有必要强调指出的是,随着生产力水平和生活水平的提高,消费者的物质、文化商品需求会是千姿百态的,多样化、个性化的商品将成为消费者最青睐的商品,而这些商品会是多品种小批量的。在这样的需求下,只有电子商务系统才可能适应商品发展的需求,才可能及时收集用户意见,做到既充分满足消费者的需求,又尽可能地节约物质资源和能量资源。

4. 政府电子商务机理

国家中央政府或地方政府在市场经济环境下,通过电子商务管理和参与经济活动,能够发挥比在计划经济下好得多的作用。①在市场经济条件下的商品生产、流通、消费主要是由市场引导的,政府可以从计划经济形态下的计划制定者的位置撤离出来,将主要的精力用于建立健全市场秩序、维护正常竞争、防止市场失灵等方面,成为真正的规章制定者和裁判员角色;②政府的调节、管理由于是通过电子工具、计算机网络等来进行的,所以及时性、全面性、持续性、动态性都能很好地得到保证,从而极大改善了政府的形象,使其能更好地发挥调控、管理作用;③可以以身作则带头从事电子订货,实现公平、透明的商品招标采购。政府的电子商务机理如图2-6所示。

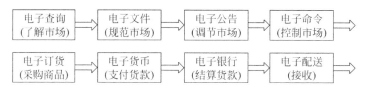

**图2-6 政府电子商务机理**

由图2-6可以看出,政府既是电子商务市场的管理者,又是电子商务活动的参与者。政府采取电子商务管理可以方便地从真实市场中抽样调查、统计现有商品的各方面情况;通过电子文件可以规范、约束市场,形成良好的市场秩序;通过电子公告可以调节、引导市场的商品供求;通过电子命令可以控制市场的失灵,如对高能耗、高费材的商品生产,对不利于生态平衡、环境保护的商品的生产都可以及时发出电子禁令防止市场失灵等。

# 【引例回顾】

本章引例是运用网络经济的著名定律"马太效应"的典型案例。马太效应(Matthew Effect)简单地说就是强者愈强、弱者愈弱的现象。对于企业经营来说,马太效应意味着大的企业越来越大,进而集中行业内收入、利润、技术、人才的大部分资源,形成行业寡头垄断。不少行业都存在马太效应,但互联网行业尤其突出,搜索引擎、网络购物、即时通信、网络安全软件等垂直互联网行业,排名第一的企业往往占据了80%以上的行业收入。从目前国内互联网经济发展状况来看,网民、广告主、企业等方面的行为共同决定了互联网行业的马太效应尤其突出。

1. 用户选择方面,互联网用户更偏向于选择使用率较高的产品

在被问到为什么首选某个应用时,超过35%的网民会选择"大家都在使用,知名度高"。一方面,网民对垂直互联网产品个性化要求不如传统行业,能满足自己的需求即可,这与服装、IT、汽车、饮料等行业有本质区别。个性化要求较低使得消费者倾向于选择大家都在使用的产品,致使位居第一的企业用户规模快速扩大,越来越集中。另一方面,很多互联网应用具有社交因素,网民使用时可能与他人产生联系,规模大的企业用户较多,网民与其他社交联系人互动更容易,也使得网民倾向于选择用户规模较大企业。而在这一方面,百度、阿里、腾讯三大巨头显然在各自优势领域是大多数用户的首选。

2. 广告主倾向于把广告投放在行业排名第一的企业上

广告收入是大部分互联网企业主要收入来源之一。互联网垂直行业中,排名第一的

企业尽管广告价格比靠后的企业高，但广告主仍然倾向于将广告投放在该企业上，这主要是因为排名第一的企业在用户中的可信度、转化率通常也更高，广告效果更好。在这一方面，百度、阿里、腾讯三大巨头在各自优势领域遥遥领先，因此也吸引了众多广告主的广告投入，进而增强了自身的获利能力。

3. 强实力企业，更有能力加大投入，提升服务水平

互联网企业用户规模扩大，能吸引资本投入或者大规模盈利，使得企业有更多的资金来进一步增强自身实力，在人才、技术、服务上加大投入。三大巨头在很多互联网垂直市场排名第一，它们吸走了行业内大部分优质资源，使后面的长尾企业变得越来越弱，自己则变得越来越强大。

马太效应体现了市场对行业最强者的奖赏，而由于网民、广告主、企业经营等方面的特点，马太效应在互联网行业得到了放大。

## 【关键术语】

| | |
|---|---|
| 网络产业经济学 | The Economics of Network Industries |
| 网络经济学 | Internet Economics |
| 机会成本 | opportunity cost |
| 利益双赢 | win-win |
| 理性预期 | rational expectations |
| 市场失灵 | market failure |
| 摩尔定律 | Moore's Law |
| 梅特卡夫法则 | Metcalfe Law |
| 吉尔德定律 | Gilder's Law |
| 马太效应 | Matthews Effect |
| 正反馈 | positive feedback |
| 电子市场 | electronic market |
| 基础设施 | infrastructure |

## 【课后案例】

### 阿里巴巴联姻新浪微博，优势互补有助双赢

2013 年 4 月 29 日，新浪集团旗下子公司微博公司（以下简称新浪微博）与阿里巴巴集团（以下简称阿里巴巴）的子公司阿里巴巴（中国）签署战略合作协议。双方将依托各自

领先的社交媒体和电子商务优势,打造更为活跃的微博平台,探索和建立更具想象力的微博开放生态体系及商业模式。双方将在用户账户互通、数据交换、在线支付、网络营销等领域进行深入合作,并探索基于数亿的微博用户与阿里巴巴电子商务平台的数亿消费者有效互动的社会化电子商务模式。

针对此次联姻,不少专家断言,新浪微博和阿里巴巴将实现双赢。

对于新浪微博而言,近两三年它吸引了众多用户的关注,被数亿人使用。但它也有自己的弱点。从目前来看,新浪微博仍然面临着盈利压力。据新浪2012年第三季度财报显示,第三季度他们的净营收是1.524亿美元,同比增长17%,净利润是990万美元,同比下降70%。其中,新浪微博广告营收仅在前一个季度的基础上翻了一倍,这与微博巨大的投入相比,还是相差很远的。

有市场分析认为,媒体化的运营,使得新浪微博取得了今日的成就,但对于已取得市场领先的新浪微博来说,要获得下一阶段更大规模的突破以及有效的商业化,又须摆脱其强烈的媒体印迹。新浪内部曾考虑过更改架构,扩容第三方应用,向全面社交化转型,但迫于运营方面,影响用户优质信息传播体验的压力而进行迟缓。

而据艾瑞咨询报告称,微博的商业价值现在应该是体现为媒体和渠道两种形态,微博的商业价值的收入方是企业和个人。新浪微博的主要营收,广告是主要来源,增值业务会员费只占很小的一部分。从现在看来,情况并不好,这就让微博变得发展很困难。事实上,新浪已在2013年第四季度上线自助式的信息流广告系统,通过微博上信息流的相关关键词,进行广告推广。但在短期内,规模没有形成前,很难获得收益。

因此,新浪微博的商业化模式探索仍是其面临的主要问题。新浪微博此番获得阿里巴巴的战略投资,不仅可以缓解新浪微博目前的盈利压力,更有可能探索出一条电商与SNS结合的商业前景。

对于阿里巴巴而言,新浪微博广泛的参与性有助于弥补阿里巴巴的社交和移动互联网短板,将成为阿里巴巴在移动互联网领域的一枚重要棋子,阿里巴巴旗下的电子商务业务也将受益。

淘宝要进行社会化转型,而新浪微博拥有极强的用户黏性和社会化属性。押宝新浪微博等社交平台,将可能为淘宝创造和引入更多买家流量,为淘宝网社区化转型发挥重要作用。

2013年以来,阿里巴巴开始进行集团一体化整合,为整体上市铺路。与此同时,马云正在强化旗下各电商业务品牌转型。而淘宝转型方向将是"社区化商务"。

随着越来越多的传统商家进入淘宝,买家又被包括天猫在内的众多B2C电商分流。一旦买家增长跟不上卖家增长,商业生态系统就会失衡,使得淘宝流量越来越贵。对于已经是电商行业绝对老大的阿里来讲,通过抢夺其他电商份额来扩大生意的意义不大,因此马云一直在做的一件事,就是通过各种方法将线下的人群拉到线上来消费。最初开过线下淘宝店,后来又出杂志推广淘代码,都是试图将线下人群拉到线上来消费。此前,淘宝曾经尝试做过淘江湖等自有社区产品,但难言成功。

此外,阿里巴巴主要做的是交易平台,但从来没有放弃过媒体梦,话语权、媒体影响力也是阿里巴巴看重的,因此,阿里巴巴将借新浪微博进一步巩固媒体话语权及平台社交关系。

(案例来源:根据网络资料 http://www.p5w.net/stock/hkstock/gsxx/201211/t4608825.htm 改编而成。)

**案例分析问题**

1. 结合网络经济学的利益双赢原理,分析可以采取哪些措施来实现阿里巴巴与新浪微博的双赢局面。

2. 阿里巴巴与新浪微博的全面合作对腾讯、百度等主要竞争对手会产生怎样的影响?

# 【思考与讨论】

1. 思考网络、网络经济和网络经济学三者之间的关系。

2. 从网络经济学的角度来看,"看不见的手"原理在网络经济社会中有何新变化?

3. 电子商务概念模型中包括哪些基本要素?

4. 分析消费者电子商务的运作机理。

# 第 3 章

# 网络外部性

**B&E**

## 【学习目的】

通过本章学习,你应该能够:

- 了解网络外部性的概念和类型
- 理解网络外部性产生的原因
- 分析网络外部性对市场竞争的影响
- 解释网络外部性的实现策略

# 引例：网络外部性催生平台商业模式[①]

　　"平台"的概念早已有之，通常的理解是指一种基础的可用于衍生其他产品的环境。这种环境可能只用于产生其他的产品，也有可能在产生其他产品之后还会是这些衍生产品生存的环境。

　　随着互联网企业的迅猛发展，"平台"被赋予了全新的含义，从计算机行业延伸到各行各业，被认定为商业生态系统。平台生态圈里的一方群体，一旦因为需求增加而壮大，另一方群体的需求也会随之增长。如此一来，一个良性循环机制便建立了，通过此平台交流的各方也会促进对方增长，从而通过平台模式达到战略目的，包括规模的壮大和生态圈的完善，乃至对抗竞争者，甚至是拆解产业现状、重塑市场格局。把"平台"上升到战略层面，描述为新商业模式。

　　团购网站是一个很好的平台战略的践行者。在这个平台上有消费者和商家双边市场[②]，商家以低价换取客流量和曝光率，团购网站以低价吸引消费者，消费者因低价而参与团购。在这个模式中，网络的外部性效应被放大，并成为吸引消费者参与团购的重要因素。团购网站的用户规模越大，网站本身就越具有价值，想要加入网站的商家也会增多。

　　团购网站对消费者具有"自有价值"和"协同价值"。由于某个消费者能从团购中获取有价值的产品信息和折扣价格，团购网站对该消费者具有"自有价值"。同时，当越来越多的其他消费者加入时，该消费者还能从中获得额外价值，如更强的议价能力、更多的商品评价供参考、更多的交流机会等，团购网站对消费者也具有"协同价值"，这部分"协同价值"就是网络外部性的经济本质。不仅如此，二者相互作用，对商家和团购网站也会带来附加价值。例如，一个需要500人成团的团购项目，当人数达到450人，还差50人就可以拿到较高折扣的时候，已经加入的人会做什么？当然是拿起电话，给朋友打电话，让他们赶紧加入，"协调效用"增加了"自我效用"。此时，对于商家和团购网站而言，这些消费者还成了品牌的免费推销员，帮助企业传播信息。

　　有研究者称，平台的经营模式在如中国等新兴国家的市场会有很大的发展，这些新兴国家的商业环境一般具有下列几项特征：

　　（1）广大的人口；

　　（2）收入与消费偏好差异相当大；

　　（3）对价格敏感的顾客相对较多；

---

　　① 案例系作者根据 http://www.boraid.com/article/html/212/212250.asp 内容改编而成。
　　② 两组参与者需要通过中间层或平台进行交易，而且一组参与者加入平台的收益取决于加入该平台另一组参与者的数量，这样的市场称作双边市场。

（4）社会感染与从众攀比现象普遍；

（5）竞争激烈导致供应者利润降低；

（6）市场机构性的建设不足。

为什么在人口众多的新兴国家，平台商业模式具有更高的发展机会？平台产业在竞争阶段，哪些因素会影响竞争的成败？本章试图来解释这些问题。

# 3.1 网络外部性概述

## 3.1.1 网络外部性的概念

外部性（externality）是现代经济学的一个重要概念，它一般是指某个经济个体的生产或消费对其他人产生的附带成本或收益。或者说，外部性是一个经济个体的行为对其他人福利所产生的效果（正效果或负效果），而这种效果没有从货币或市场交易中反映出来，这种影响是在"市场之外"的。外部性一般可以分为正外部性和负外部性。正外部性是指当经济个体为了自己的利益进行经济活动时，其行为导致了他人利益的增加；负外部性则是指当经济个体为了自己的利益进行经济活动时，其行为导致了他人利益的减少。

网络外部性（network externality）是外部性的一个派生概念，最早由 Jeffrey 和 Rohlfs 在 1974 年对通信产业电信服务的研究中揭示出来，他们分析了网络中用户数量对厂商发展、产品价格以及市场均衡的影响，指出一个用户从通信服务所获得的效用随着加入这一系统的消费者规模的增大而增加。1985 年，Katz 和 Shapiro 正式提出了网络外部性的概念，指出不论是物理网络还是虚拟网络，都存在着网络外部性。所谓网络外部性，是指一个使用者从产品消费中得到的效用随着消费同一产品的消费者数量的增加而增加的现象。[①]

网络外部性改变了传统产品"物以稀为贵"的价值定理，在网络中，使用越是普及，越多用户使用的产品就越有价值。以购买操作系统软件为例，随着使用 Windows 系统的用户增多，该产品对原有用户的价值也随之增大，因为用户可以与更多的使用 Windows 产品的用户实现信息兼容与共享，而其他计算机相关产品也都会与 Windows 系统兼容，从而提高了用户的使用效率。

## 3.1.2 网络外部性的分类

1. 直接网络外部性和间接网络外部性

根据消费者是否和产品网络单元直接相连，网络外部性可以分为直接网络外部性和

---

① Katz M L, Shapiro C. Network Externalities, Competition, and Compatibility. The American Economic Review, 1985.

间接网络外部性,二者的概念可以用图 3-1 直观地表示出来。

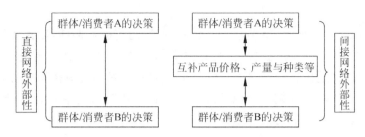

**图 3-1　直接网络外部性与间接网络外部性比较**

(1) 直接网络外部性

直接网络外部性(direct network externality)是通过消费相同产品的购买者人数对产品价值的直接影响而产生的。以固定电话网络为例,用户的数量决定了网络连接线路的数量,增加了新用户,就增加了新的网络连接线路,也就增加了原有使用者的连接价值,也因此给网络中所有其他使用者提供了直接的外部性。在双向通信网络中,无论是有形的(如传真机、电话网),还是无形的(如电子邮件使用者网络,即时通信系统构成的网络)都是具有直接网络外部性的典型产品和服务。在通信网络中,使用者之所以加入同一网络是因为他们彼此之间想直接联系。

(2) 间接网络外部性

间接网络外部性(indirect network externality)是指随着某一产品使用者数量的增加,由该产品的互补品数量增多或价格降低而产生的价值。间接外部性的例子包括作为互补商品的计算机软硬件,当某种特定类型的计算机用户数量提高时,就会有更多的厂家生产该种计算机所使用的软件,这将导致这种计算机的用户可得到的相关软件数量增加、质量提高、价格下降,因而获得了额外的利益。

"直接网络外部性"和"间接网络外部性"有时是同时存在的,一个容易理解的例子是互联网用户和网站的建设。连接到互联网的用户越多,互联网的价值越大,老用户得到的额外价值也越高,这是直接的网络外部性;同时,连接到互联网的用户增加时,由于互联网价值的增大,会有更多的人到网上建设新的网站,提高网站的质量,降低使用的价格,这样,互联网用户在这个过程中实际上也得到了新的价值,这就是间接的网络外部性。

**2. 正网络外部性和负网络外部性**

网络外部性本身是包括积极和消极两个方面的。积极(正)的网络外部性,指一种产品对用户的价值随着采用相同产品或者兼容产品的用户增加而增加。消极(负)的网络外部性,指一种产品对用户的价值随着采用相同产品或者兼容产品的用户增加而减少。

在网络经济中,由于正的网络外部性所带来的经济影响相对更大一些,因此正的外部性引起了人们极大的关注,而且它也是网络外部性的主要体现形式。但是,这并不意味着负的网络外部性就不存在,消极(负)的网络外部性也同样会出现,甚至是与正的外部性同时存在。

网络拥塞就是一种能够抵消积极的网络外部性的消极外部性,以视频网站为例,如果在线观看的人增多,它的价值就提高,会有越来越多的人上传视频,老用户就可以得到额外的收益,这时就体现出正的网络外部性。但是如果大家都集中在某一时间段(周末晚上或世界杯期间)在线观看视频,就极有可能出现拥塞,视频的使用者有可能会因为速度太慢而苦恼,这时就出现了负的网络外部性。

### 3.1.3 网络外部性产生的原因

网络外部性产生的主要原因在于网络内部各组成部分之间的系统交互性以及网络系统的正反馈性。

#### 1. 网络系统的交互性

网络效应产生的根本原因在于网络自身的系统性和网络内部组成成分之间的交互性。首先,无论网络如何向外延伸,也不论新增多少个网络节点,它们都将成为网络的一部分,同原网络结成一体,因此整个网络都将因为网络的扩大而受益。其次,在网络系统中,网络内的任何两个节点之间都具有交互性,即使网络的一部分节点消失了,也不影响网络的其他节点之间的正常联系,这就保证了网络效应的普遍意义。

#### 2. 网络系统的正反馈性

正反馈(positive feedback)现象是事物呈现出自发性的扩张或缩小的趋势,也就是我们在第2章提到的"马太效应"——强者越强,弱者越弱。在网络外部性中,正反馈是一种非常普遍的现象。如信息产品一般都具有消费规模的自我扩张性。一旦市场上某种信息产品获得了消费者的广泛认同,这种产品的用户基数就会迅速扩大。当某种信息产品的享有用户基数较大时,同时与该产品相配套的辅助产品种类也会较多,消费者就会预期未来该产品的辅助产品的种类会更多,进而该产品的用户也会更多,消费者所能获得的产品效用会更大。网络企业也是这样,企业的规模越大,市场份额和产量越多,成本就越低,就越能以低成本扩大生产和低价占领市场,企业规模就更大;反之则相反。所以,网络经济并不容易实现均衡,总有一种力量推动你向极端前进:要么灭亡,要么垄断市场。

## 3.2 网络外部性的市场作用分析

### 3.2.1 网络外部性对供求曲线的影响

网络经济环境下,产品供需调整方式与传统一般产业的供需均衡分析有着很大差异,很多情况下,传统经济学的供需均衡分析并不适用于存在网络外部性的产业,图 3-2 和

图 3-3 说明了在存在网络外部性的情况下,网络产业与传统产业市场调整的差异。

在传统经济学中,供求均衡理论是一个最基本的理论,市场均衡是由供给曲线和需求曲线共同决定的。如图 3-2 所示,传统的市场供给曲线给出了经济中所有厂商在每个价格上愿意生产的某种产品的数量,它主要反映价格对供给数量的影响,表现为一条正斜率的倾斜直线。市场的需求曲线给出经济中所有个人在每个价格上所需要的物品数量,如果假定消费者网络规模既定,在消费者边际效用递减规律的作用下,市场需求曲线随着需求数量的增

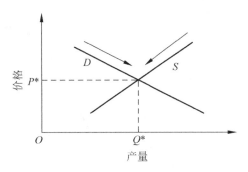

**图 3-2　一般产品的供求曲线**

加而降低,表现为一条负斜率的倾斜直线,市场均衡时的价格就在需求曲线与供给曲线的交叉点。当产品数量少于均衡数量,则需求价格大于供给价格,故生产者将增加产品供给量,直到 $Q^*$ 为止;反之,若产品数量大于 $Q^*$,则供给价格大于需求价格,生产者减少供给量,直到 $Q^*$ 为止。产品的均衡调整是符合马歇尔稳定条件的,即产量一旦偏离均衡,就会在价格的影响下恢复到均衡产量。

网络外部性环境下,强调消费者预期的作用以及用户对其他消费者的观望态度,反映了产品预期销售数量对价格(支付意愿)的影响。由于网络外部性的作用,产品对用户的价值随着采用相同产品或者兼容产品的用户增加而增大,产品的网络用户规模成为市场需求曲线的内生变量。假设消费者偏好一致,并且能够准确地预期打算购买该产品的用户规模,则边际消费者的支付意愿将会呈现随着产品数量的增加而增加的特征。但是这种支付意愿并不会一味地增长,由于负网络外部性以及市场竞争因素的存在,边际消费者会由于对产品及网络过低的评价,而不再加入这个网络,尽管此时网络规模是很大的。因此,消费意愿最终会随着网络规模的增大而趋于降低,需求曲线也就会向下弯曲。

网络经济环境下,对网络外部性表现不太明显的网络市场,传统的供给曲线没受到太大影响;而对于网络外部性明显的产品市场而言,由于需求方规模经济的存在,很多产业呈现出高固定成本(沉没成本)和近乎不变的低边际成本的特征,传统的供给曲线将失去作用。图 3-3 中,横轴代表网络用户规模,纵轴代表消费者的支付意愿(产品的价格)。为方便分析,我们假定供给曲线由生产企业的边际成本(几乎不变)决定,用平行于水平轴的直线 $L$ 表示,它是企业能够承受的价格下限。需求曲线为开口向下的抛物线,抛物线 $D$ 通过原点意味着当网络用户为零时产品自有价值为零。需求曲线反映了随着用户群规模的变化,新用户相应愿意承担的价格,即边际支付意愿。需求曲线的上升来自于网络外部性带来的用户边际支付意愿的上升;下降源于可能的网络拥塞以及信息产品在上市之后竞争逐渐加剧或产品内涵的技术过时,因此用户的边际支付意愿最终也将下降。

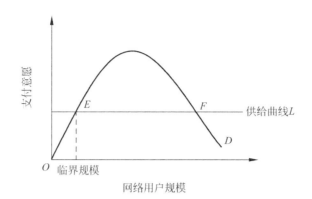

图 3-3　网络外部性产品的供求曲线

抛物线 $D$ 与供给曲线 $L$ 相交于 $E$、$F$ 两点。在 $E$ 点以左,增加一个消费者需要的成本大于消费者愿意支付的价格。随着网络规模的扩大,超过 $E$ 点后,网络产品的网络价值凸显,消费者愿意支付的价格将大于成本,$E$ 点被称为临界规模点(critical mass )。[①]在消费者预期的作用下,网络规模会不断增加,消费者的支付意愿也在不断增加直到最高点。网络规模达到一定程度后,网络效应带来的价值将不断减少(存在网络负外部性,如网络拥塞)。在 $F$ 点之后,由于负网络外部性以及竞争加剧等原因,新增用户的边际支付意愿又将低于增进新用户的边际成本。

### 3.2.2　网络外部性对边际收益的影响

如前所述,市场均衡价格由需求曲线与供给曲线的交叉点决定。在这一点上,厂商的边际成本与边际收益相等。供求曲线反映出经济学中的"边际收益递减"规律,也就是说,厂商每多生产一个产品,市场价格就下降,而生产成本却几乎不变,因此最后市场所带来的收益始终是越来越少。

网络经济将某些传统产业的高固定成本、低边际成本的特征推向普遍,网络外部性突破了"边际收益递减"规律,网络经济表现为边际收益递增。

首先,网络经济生产成本随着网络规模的扩大而不断下降。信息网络成本主要由网络建设成本、信息传递成本和信息收集、处理及制作成本三部分构成。由于信息网络可以长期使用,并且其建设费用及信息传递成本与入网人数无关,只有信息制作成本与入网人数正相关,即入网人数越多,所需收集、处理和制作的信息就越多,这部分成本就会随之增

---

① 临界规模是指网络外部性要引发正反馈过程所必须达到最小的网络规模。网络外部性市场很容易出现一边倒的情况,即没有达到临界规模的网络都将趋近于消失,而实现临界规模的网络则将步入网络规模与网络价值的正反馈。

大,但其平均成本随着入网人数的增加而明显递减。相比之下,信息网络的收益却随着入网人数的增加而同比例增加。网络规模越大,总收益和边际收益就越大。

其次,信息价值的累积增值和传递效应。在网络经济中,对信息的连续投资,不仅可以获得一般的投资报酬,还可以获得信息累积的增值报酬。信息通过累积和处理可以变换,使它的内容和形式发生质的变化,以适应特定的市场需要,从而增加价值。例如,数据挖掘就是从存放在数据库、数据仓库或其他信息库中的大量数据中获取所需的信息,供人们的特定需求使用。另外,信息使用具有传递效应,在信息成本几乎没有增加的情况下,信息使用规模的不断扩大,可以带来不断增加的收益。这种传递效应也使网络经济呈现边际收益递增的趋势。大多数的收费数据库都会因为用户的增多而增加收益。

最后,网络信息在使用规模足够大的情况下,信息的来源就会变成自动生成或自然而然地产生,并且在网络内自动整合,甚至生成层次更高、价值更大的综合性信息。这一切完全由网络自身产生,不用额外去采集和整理。这是一种特殊的系统,每一个使用网络、接触网络的行为,都会被自动记载,自动归类整理、自动存储进入数据库。这样,信息网络的规模越大,自动生成的信息就越多,信息成本就越低,从而网络产生的规模效应就越大。

例如,2013 年,淘宝网利用大数据号脉"双十二",通过大数据,淘宝能够根据每个用户的收藏夹、购物种类、搜索记录、浏览记录,相似推荐等数据,为每一位消费者量身定制自己的需求清单,甚至,跟这一消费者买过同类型产品的人还在买什么别的,这些信息也会成为预测的一个根据。当用户登录"我的 1212"页面,会出现一幅"我的 2013 自画像",呈现消费者在过去一年的消费特征。比如,如果在 2013 年你买的最多的是食品,淘宝会判断你是一个吃货,并从你一年的行为中推算出你的偏好,猜你可能会买的宝贝有哪些,再进行自动推荐。另一个有趣的功能是购物车自动巡航。所有淘宝"车主"们都会发现自家的购物车"活了"。当用户登录自己的购物车,一点击自动巡航键,购物车将在全网范围内自动搜罗一批适合用户的商品,并呈现出来。此外,2013 年"双十二",淘宝将根据不同的人群需求,划分出 200 多个购物场景,在购物的各个环节中推出购物预测,呈现给每位消费者最合意的宝贝,这些分析的有效性得益于大淘宝的大数据优势。

### 3.2.3 网络外部性对市场竞争的影响

网络外部性对市场竞争影响比较明显地体现在标准、用户锁定和市场效率方面。

1. 标准

标准在网络经济中的重要地位正是基于供给方对网络外部性的深刻认识而产生的。与传统市场仅仅局限于产品市场的竞争不同,网络外部性市场的竞争往往体现于标准选择和产品市场两个阶段中。这是因为,网络外部性产业多为技术密集型产业,这些产业中,技术标准往往是最重要的生产要素,采纳不同技术标准生产的产品必然具有相异的产品特性,从而不可避免地影响着产品市场的竞争。这意味着,在网络外部性市场中,生产者在展开产品市场阶段的竞争之前,往往在标准选择阶段已经进行了一番激烈的较量。

标准的意义在于它促进了兼容性和互联性,从而扩大了网络规模,增加了消费者的协同价值,为消费者带来了额外的消费者剩余。一方面,由于产品之间的兼容性最大程度地保证了消费者的投资,促进了消费者的交流,降低了消费者在产品间转移的成本;另一方面,由于网络固有规模的扩大,会吸引更多的消费者进入这个网络,进一步提高了互补品的数量和质量,从而扩大了现有网络的外部性,给消费者带来更大的价值。标准的产生,减少了消费者获得信息、寻找并协调的成本,从而加速了新技术的普及。如果市场上不存在标准,而是有几个互不兼容的厂商在为自己的产品成为标准而竞争,这时消费者的决策就具有很大的不确定性,由于害怕率先尝试新产品而被锁定在一个无法成为标准的产品中,消费者会产生较大的惰性而拒绝采用新产品。而标准的产生既降低了信息搜寻和决策的成本,也加速了新产品和新技术的普及。

当然,标准的诞生也有其不利的一面。一方面,标准的确立是一个复杂的博弈过程,这可能牵涉一家公司未来的生死存亡,因此各个厂商为了使标准有利于自己,不惜花费巨大的资金和人力,造成了大量的浪费;另一方面,一旦标准确立后,由于消费者已经被锁定在一个路径上,厂商就失去了继续进行技术革新的动力。

以第三代移动通信(3G)标准为例,国际电信联盟确定3G通信的三大主流无线接口标准分别是 W-CDMA(宽频分码多重存取)、CDMA2000(多载波分复用扩频调制)和 TDS-CDMA(时分同步码分多址接入)。其中 W-CDMA 标准主要起源于欧洲和日本的早期第三代无线研究活动,该系统在现有的 GSM 网络上进行使用,对于系统提供商而言可以较轻易地过渡,该标准的主要支持者有欧洲、日本、韩国。CDMA2000 系统主要是由美国高通北美公司为主导提出的,它的建设成本相对比较低廉,主要支持者包括日本、韩国和北美等地区和国家。TDS-CDMA 是我国的大唐电信集团提出的,主要支持者是中国移动。

通信标准涉及的专利及知识产权问题,蕴含着巨大的经济利益。就 CDMA 标准而言,任何公司要利用 CDMA 技术生产系统设备和终端,都需要向标准开发者美国高通等公司上交专利费。中国联通选择建设 CDMA 网络,联通每增加一个用户,中国厂商每生产一套 CDMA 设备或 CDMA 手机,都要交专利费,一方面,这种巨大的利润源足以保证高通获得丰厚的市场回报,但也削弱了他们技术革新的动力;另一方面,这种利润却促使其他企业进行自主创新和研发,以期分得一杯羹。

中国的大唐电信集团就是其中之一,他们一直致力于 3G 标准的研究并最终提出 TD-SCDMA 标准,这一标准是由中国第一次提出的,这是中国移动通信界的一次创举,也是中国对第三代移动通信发展的贡献。但实际上,美国 CDMA2000 和欧洲 W-CDMA 两个标准已在全球各地遍地开花,而大唐 TD-SCDMA 的客户主要是中国移动,要催熟 TD-SCDMA 标准,需要投入的资金至少在 10 亿元以上。尽管我国在电信领域拥有独立知识产权的标准意义深远,但企业确实投入了大量的资金和人力,也为此付出了巨大的代价,而这些投入是否能够取得丰厚回报,结果不得而知。

标准确立的另一个不利方面在于,获得了标准的厂商可能继续利用已有的安装基础(庞大用户群),将其他并不优秀的产品作为互补品销售给用户,一旦如此,消费者将发现很难抵御这种策略而被锁定在一种次优的产品路径上。这就在事实上削弱了市场的竞争力度,鼓励了垄断。在网络经济中非常容易出现"赢家通吃"垄断局面的原因就在于此。

网景公司的 Navigator 浏览器一经推出就获得了用户好评,赢得了几乎所有的浏览器市场份额。为了不失去未来在互联网中的市场,微软公司紧急开发了自己的 IE 浏览器并推向市场,但这并不能撼动 Navigator 在浏览器市场中的霸主地位。直至微软公司利用了其在操作系统中的事实标准地位,将 IE 捆绑在 Windows 操作系统上时,Netscape 就再也抵挡不住微软的进攻,在市场中销声匿迹了。标准的威力和对市场垄断的促进作用在这里显露无遗。

### 2. 用户锁定与转移成本

锁定是指由于各种原因,导致从一个系统转换到另一个系统的转移成本不经济,从而使得经济系统达到某个状态之后就很难退出,系统逐渐适应和强化这种状态形成一种"选择优势"并把系统"限制"在这一状态。网络外部性的一个直接效果便是锁定的形成,用户一旦选择某种厂商的商品,即会发生各种效用的沉没,形成专用性投资,以至于将来更换厂商时,需要较大的转移成本。因此对于用户而言,一般不会轻易改变其所属厂商。

锁定产生的重要原因在于转移成本的存在。在网络商品消费中,转移成本包括消费者购买网络商品所形成的沉没成本,使用网络商品所形成的个人效用以及由于使用网络商品所形成的社会效用等。消费者在转换厂商时,必须把这些成本全部考虑进去,除非转换厂商所带来的预期效用超过这些效用的损失,否则,他是不会改变所属厂商的。

对于厂商而言,用户的锁定可能成为其重要的利润来源。厂商们甚至会不惜以成本价甚至更低的价格销售商品,然后从互补品的销售中赚取利润。例如,腾讯的基础软件和聊天功能是免费向用户开放的,但其互联网增值服务,包括会员服务、社区服务、游戏娱乐服务三大类却是收费的,其中 QQ 会员费收入、QQ 行及 QQ 秀等收入占了绝大部分。2009 年第 3 季度数据表明,腾讯互联网增值服务收入为 26.23 亿元,同比增长 87.3%,环比增长 21.6%。[1]

需要指出的是,转移成本是一个动态的概念,从顾客购买产品开始到进行下一次产品转移为止,转移成本是在不断变化的。高的市场份额并不代表着高的转移成本,也不意味着用户已经被锁定,表 3-1 列举了二者之间的关系。[2] 对于已经获得了一个很庞大的用户

---

[1]　http://it.sohu.com/20091111/n268130865.shtml.

[2]　卡尔·夏皮罗,哈尔·瓦里安.信息规则:网络经济的策略指导[M].北京:中国人民大学出版社,2000.

基础的企业而言,如果转移成本不高的话,也不可能从客户忠诚和转移成本中获得收益。一旦提高产品价格,顾客就会转向价格低廉的竞争对手,使高的市场份额丧失殆尽。正如网景公司那样,虽然其一开始在浏览器市场占据了绝对优势的市场份额,但对于消费者而言,由于在 Navigator 和 Internet explorer 之间切换并不需要花费什么成本,因此当微软宣布"永久免费"的时候,网景公司的 Navigator 浏览器自然就不会再有什么市场了。

**表 3-1 锁定和相关转移成本的类型**

| 锁定的类型 | 转移成本 |
| --- | --- |
| 合同义务 | 补偿或毁约损失 |
| 耐用品的购买 | 设备更换,随耐用品的老化而降低 |
| 针对特定品牌的培训 | 学习新系统(直接成本和生产效率的损失)随时间而上升 |
| 信息和数据库 | 把数据转换为新格式,随着数据的积累而上升 |
| 专门供应商 | 支持供应商的资金,如果功能很难得到或维持,会随时间而上升 |
| 搜索成本 | 购买者和销售商共同的成本,包括对替代品质量的认知 |
| 忠诚顾客计划 | 在现有供应商处失去的任何利益,加上可能的重新积累使用的需要 |

### 3. 市场效率

很多案例似乎都表明网络经济外部性对消费者和单个厂商是有利的,但从长期来看,它同样可能破坏市场的效率,扭曲价格体系对资源的配置,使价格不能反应其真实社会价值,从而妨碍市场经济的正常运行。其中,比较明显的是网络经济外部性导致的市场失灵。这种失灵对消费者而言,如果某种产品在市场中占统治地位并产生了网络经济效应,那么消费者可能失去自由选择产品的权利而被迫选择该产品,即使该产品的质量不是最好的,因为放弃选择该产品将会带来更多的不便,诸如兼容问题、产品相关服务问题等。另一方面,对竞争的厂商而言,他们则可以充分利用网络经济外部性的特点,努力扩大使用其产品的用户规模(而非只着眼于产品的质量),一旦行业内某家厂商的产品出现了网络经济效应,就可能导致竞争机制的扭曲,其他厂商的产品质量再好、价格再合理也可能无人问津,这对传统经济学的一般均衡和效率理论提出了挑战。

以腾讯旗下的微信为例,它对整个传统移动通信市场的效率就具有一定的破坏性。一方面,腾讯借助于三大运营商成熟的网络技术"搭便车";另一方面,利用免费使用的模式成功地把三大运营商的用户吸收过来。虽然它们之间不是一种替代关系,但从微信投入市场后,各种统计数据均表明,三大运营商的即时社交工具的流量都有一定程度甚至是较大下降。

不仅如此,微信的出现也产生了网络负外部性。类似微信这样"永远在线"的应用,会不断向运营商网络发出"心跳",这些"心跳"本身没有任何流量,但是会占用运营商的信令通道,如果"心跳"过快过多,就会导致运营商的网络出现问题,甚至瘫痪,从而带给网络非常大的压力。例如,2012年1月,日本最大的移动运营商NTT DOCOMO在东京地区的网络发生故障,在持续4个多小时的故障期间,有252万用户受到影响。NTT DOCOMO事后调查发现,激增的数据流量是导致网络故障的主因。而产生大量数据流量的来源是一款可以免费语音通信的Android应用,会每隔3~5分钟发送控制信令。一旦信令信道发生拥塞,就会引起"雪崩效应",这些终端会不断地重试连接,导致信令信道更加拥塞,最终瘫痪。

# 3.3 网络外部性市场中的竞争策略

## 3.3.1 网络外部性市场竞争的影响因素

影响网络外部性市场竞争的因素可以归纳为以下几个方面。

### 1. 网络外部性强度

网络外部性强度通常用网络外部性系数表示,网络外部性系数越大,市场竞争的结果越倾向于表现为垄断的产品市场结构以及市场形成事实标准的状况,即当两个或者更多的竞争对手争夺正反馈效应很强的市场,只有一个可以成为赢家,从而产生了"赢家通吃"的现象。[①] 这是因为,网络外部性作为一种需求方规模经济,使用相同产品的用户网络规模越大,消费者所获得的效用水平就越高。当市场的网络外部性强度极大时,消费者更看重网络规模带来的效用增加,而较少关注产品本身的质量或性能,这使得拥有更大规模的产品能够吸引更多消费者加入,从而在正反馈机制的作用下最终夺取市场全部份额,成为市场垄断者。例如,用户在选择加入MSN还是QQ时,主要考虑的是加入哪种即时通信网络可以与更多的人通信,加入一种通信网络的已有用户安装基础规模(初始阶段的用户数量)越多,用户就越愿意加入这种网络(当然,因为MSN和QQ都是免费使用的缘故,很多用户都是双重用户。如果二者都实行有偿使用,这种用户安装基础的效应就会更明显地表现出来)。在这种情况下,只要两种产品的用户安装基础不对称,那么网络外部性引发的正反馈机制就可能使用户安装基础大的产品迅速取得具有显著优势的市场份额,并最终成为市场上的垄断者。

### 2. 消费者预期

消费者预期(consumer expectation)在网络外部性的市场上具有举足轻重的地位,它直接决定着产品的最终销售情况,从而影响着产品市场的结构。这是因为在网络外部性市场中,消费者效用往往与产品用户的网络安装基础具有正相关关系,所以消费者在决定

---

① 迈克尔·波特,著.陈小悦,译.竞争优势[M].北京:华夏出版社,1997.

是否消费某种产品时,会对该产品的最终市场规模以及其未来发展态势等进行分析。但现实中,由于存在不确定性、信息不对称等因素,消费者不可能知道产品的最终市场规模,在这种情况下,消费者只能凭借预期。一个理性的消费者在选择所加入的产品网络或做出产品消费决策时,主要对两个方面进行预期。首先,消费者会对产品的未来网络规模做出判断。消费者的这种预期通常是以该产品的当前用户安装基础为判断依据的,因为当前用户安装基础会直接影响未来网络规模的增长。其次,消费者也会对各种技术标准及产品在未来发展的态势和可能的市场地位、辅助产品的可获得性、价格与质量水平做出自己的分析和预期,两方面的预期将直接影响着消费者的消费决策。当消费者预期其他消费者未来都会选择应用某种标准的产品时,他也将选择应用同样标准的产品。

3. 协同

协同(synergy)既表现为消费者之间的协同,也表现为厂商之间的协同。一方面,在网络外部性市场中,消费者的预期并不趋同,这种现象容易引起市场竞争多重均衡或者难以形成均衡的无效率局面,此时消费者的协同就显得尤为重要。消费者之间的协同是指用某种方式使得消费者之间对产品预期的差异减小,从而使得消费者的预期较为统一,有助于市场竞争的均衡形成,有助于减少竞争的均衡出现过度惰性或者过度冲量的无效均衡情形。另一方面,厂商之间的协同强调互补产品生产上的相互协调。由于硬件—软件作为一个消费系统,其市场往往相互影响,一个提供硬件的厂商必须要考虑与之配套的软件的生产,如果没有软件厂商提供的可在其硬件上运行的软件产品,那么硬件对消费者而言就没有任何效用,必将被消费者舍弃。同样的,软件厂商生产针对某一特定硬件产品的软件,如果硬件产品未能得到消费者认可,使用这一特定的硬件产品的消费者数量很少,自然软件也难取得大规模的市场份额。因此,为保证产品系统在竞争中取胜,硬件和软件提供商往往通过各种方式来实现互补部件之间的协同。

## 3.3.2 网络外部性的实现策略

在网络外部性效应显著的产业中,企业主要通过以下三种途径提升自己产品的网络外部性。

1. 扩大消费者的安装基础,获得先发优势

所谓安装基础(installed base or installed user base)即在初始阶段所拥有的消费群体的规模。对于网络产品的消费者而言,只有某一网络产品的消费者的规模达到一定的临界值,网络消费才是有意义的。安装基础越大对于先期消费者的吸引力越大,而进行先期消费的往往是对网络产品的效用评价较高的消费者,一般来说,一旦将此类消费者锁定,一方面其后期消费投入会较多,对于升级和完善的后继产品较为热衷;另一方面先期消费的消费者对于产品的需求较为强烈,对产品的性能相对了解,而且他们大多属于消费

潮流的领先者,所以具有很强的消费示范作用,很大程度影响着身边潜在消费者的消费决策。正因为如此,先入为主进而建立安装基础的优势是网络外部性发展的关键。如果某一网络产品或服务率先推出,有此消费需求的潜在消费者都将选用该产品或服务,其后的消费者就会越看重这一产品,一旦这种优势出现,网络外部效应就会不断加强或自行强化,出现滚动的累积效果,从而进入一种良性循环。

获得先发优势引发正反馈的最好的例子就是亚马逊。1995 年 7 月,亚马逊的创始人 Jeffrey Bezos 意外发现使用网络的人数每个月以 2 300% 的速度增长,在吃惊之余,他预见到网络销售业的潜力,于是辞掉工作,创办了世界上第一家网络书店。公司刚成立时,在一个车房里公办,只有 4 个雇员,3 台服务器。1995 年 8 月,亚马逊卖出了第一本书。两年的沉寂之后,亚马逊如神话般崛起,一举成为全球最大的网上书店。4 年后,亚马逊拥有了 1 310 万名顾客,书目数据库中含有 300 万种图书,超过世界任何一家书店。2009 年,亚马逊更是取得惊人业绩,全年网络零售业务总收入增长了 28%,达到 245 亿美元,净收入增加了 40%,为 9.02 亿美元。[①]

亚马逊之所以获得了如此惊人的发展,很重要的原因在于第一个进入一个全新的市场并引发了正反馈效应。虽然,传统世界的图书零售巨无霸 Barnes & Noble 意识到了互联网对于零售业的重要意义,并大举进军网络零售业,但由于先机尽失,失去了与亚马逊匹敌的筹码。

2. 增加潜在消费者对网络外部性的预期,取得规模优势

对于理性的消费者而言,未来的网络规模是影响其消费决策的另一重要因素。因此,无论是在位企业还是新进入企业都会尽可能运用各种途径影响消费者的预期。其中,良好的品牌和信誉是增强消费者预期的一种有效方法。人们通常认为品牌和信誉优势意味着产品是成熟和完善的,质量和服务是有保障的,因此会吸引更多的消费者。但仅此也是不够的,更长远的做法是使消费者确信该产品或服务在更长的时期内仍能存续并流行。如果企业拥有突出的技术创新能力,能够不断对产品和服务进行完善和升级,这就向消费者发出了强有力的信号,证明该网络外部性是处于上升阶段的,且具有较强的生命周期。

众所周知,中国的 C2C 市场曾经是易趣的天下,而淘宝居然可以后来居上打败易趣,其安全支付理念及其带来的消费预期功不可没。网上购物,用户最担心的就是用户诚信和支付安全问题。如果这两个问题得不到解决,买卖双方往往就会倾向于同城交易,这样就影响着整个网上购物平台的整体性,使单个群体内可选择的商品减少,对网上交易的发展将是毁灭性的打击。为保障交易安全,淘宝设立了多重安全防线,全国首推卖家开店要先通过公安部门验证身份证信息,后来又有了手机和信用卡认证以及每个卖家

---

① http://www.cqvip.com/qk/88257X/201005/33282581.html.

的信用评价和交易记录体系等。更为重要的是,淘宝适时推出支付宝,最大程度地避免了网购欺诈行为发生的可能性。淘宝独特的诚信评估体系和重金打造的安全支付体系极大增强了消费者和网络卖家的预期,很快获得了用户规模优势,从而成功甩开易趣等竞争对手。

3. 提高与其他同类产品的兼容程度,实现间接外部性收益

就消费者而言,一方面,当该产品未与其他产品兼容时,网络外部性只存在于单一产品构建的网络内,而当其实现了与其他产品的兼容时,与之兼容的产品数量越多,兼容的程度越高,意味着网络规模越大,网络外部性也就越大。另一方面,兼容性的提高,增加了消费者购买新产品的可能性。因为,如果新产品不与其他产品兼容,锁定成本很高,消费者会顾虑选择新产品将脱离现有的网络,而兼容性的存在将使得这种顾虑不复存在。这两种截然不同的结果间接影响着企业兼容战略的实施。

微软公司 2009 年 10 月发布了 Windows 7 系统,推出一周内,用户满意度由 64% 提高至 67%,而 2009 年全年微软的用户满意度也提高了 14 个百分点。与 Vista 系统备受冷遇不同,Windows 7 系统一经推出就受到广泛好评,其中很重要的原因就在于新系统具有良好的兼容性。2009 年 9 月 1 日,微软曾宣布说,目前在中国市场已有 91% 的应用程序、92% 的硬件设备和 95% 的网站实现了与 Windows 7 的良好兼容。为了更好实现 Windows 7 的兼容,使消费者获得基于 Windows 7 的最佳使用体验,自 2009 年年初微软就开始与相关伙伴密切合作,通过徽标认证计划、成立硬件评测实验室以及为合作伙伴提供 Windows 7 升级助手、培训和技术白皮书等工具与资源,共同完善 Windows 7 的兼容性。其中,针对国内软件开发商及重要合作伙伴,微软还特别在全国范围内开展"赢在起点计划",以帮助其实现自身产品与 Windows 7 的全面兼容及稳定运行,充分了解并应用 Windows 7 各种新增特性,为最终用户提供更好的用户体验。

国内权威 IT 评测机构 CBSi、华军软件园网站和太平洋电脑网对 Windows 7 的软、硬件兼容性进行了长期跟踪测试,并公布了相关测试结果。CBSi 表示在消费者和中小企业用户经常使用的 1 000 款各类软件产品,91% 的被测软件和应用在 Windows 7 下运行时,都表现出了良好的兼容性。华军测试结果显示,市场上装机必备的 100 种软件都可以在 Windows 7 下良好运行。此外,超过 2 000 个软件公司和个人上传了超过 11 000 款与 Windows 7 相兼容的软件,已经完全满足了 Windows 7 用户的日常使用。太平洋电脑网则表示,截至当前所测试的超过 500 多种主流外设硬件高达 92% 以上皆与 Windows 7 全面兼容。而另据相关测试,95% 的国内主流网站也已经实现了与 Windows 7 的兼容。

同时,Windows 7 在网上银行、安全软件、企业管理软件以及网络游戏等最受用户关注领域内的兼容性也取得了突破性进展。中国金融认证中心联合微软宣布了第一阶段的网上银行 Windows 7 兼容性测试结果,包括中国建设银行、中国工商银行、招商银行在内的多家银行的个人网上银行系统与 Windows 7 率先实现了无缝兼容。国内主流安全厂

商瑞星、金山、江民等,企业管理软件主要厂商用友、金蝶、远光、速达等,游戏厂商金山、盛大、征途、腾讯等也纷纷宣布各自产品与 Windows 7 的良好兼容。[1]

### 3.3.3　即时通信市场的竞争

即时通信市场是一个比较典型的具有网络外部性的市场,全面了解我国即时通信市场竞争将有助于加深我们对网络外部性市场中的竞争策略应用。

1. 我国即时通信市场格局

中国的即时通信(instant message,以下简称 IM)市场在经历了 2000—2004 年前后国内各大门户纷纷杀入即时通信领域和 2006 年前后电信运营商也开始尝试进入 IM 领域两个重要发展时期后,实现了快速发展,产业竞争变得更加激烈。目前,中国 IM 市场主流提供商是腾讯 QQ、阿里旺旺、飞信、MSN,并且形成了明显的一家独大、多家并存的寡头垄断格局。

2. 我国 IM 市场特征

作为交流沟通类网络应用,即时通信和其他通信相比,具有实时性、多方性、费用低廉等优势,随着互联网以及移动网络的日益普及和终端设备对上网的支持,其优势不断加强。企业信息化进程的逐步推进,也使得业内使用即时通信产品协同办公成为趋势之一。另外,互联网的社区化发展强调的是用户间的互动和沟通,即时通信产品作为用户交流的工具,具有黏性大、传播力强等特点,将为互联网的个性化和社区化发展提供有力的技术支持,这也为即时通信市场带来更多的发展机会。我国 IM 市场主要表现为以下特征:

(1) 网络即时通信网民规模增长最多,手机端发展超整体水平

截至 2013 年 12 月,我国即时通信网民规模达 5.32 亿人,比 2012 年年底增加了 6 440 万人,年增长率为 13.8%。即时通信使用率为 86.2%,较 2012 年年底增长了 3.3 个百分点,使用率位居第一。即时通信服务一直是网民最基础的应用之一,其直接创造商业价值能力有限,更多的来自增值服务的开发。[2]

(2) 市场高度集中

根据 iResearch 艾瑞咨询推出的网民连续用户行为研究系统 iUserTracker 最新数据显示[3],2013 年 3 月,腾讯 QQ 日均覆盖人数达 2.2 亿人,网民到达率达 73.9%,稳居行业榜首;阿里旺旺日均覆盖人数达 4 543 万人,网民到达率达 15.5%,位居第二;飞信日均覆盖人数达 1 799 万人,网民到达率达 6.2%,位居第三,见表 3-2。

---

① http://bbs.kafan.cn/thread-550299-1-1.html.
② http://www.cnnic.net.cn/hlwfzyj/hlwxzbg/hlwtjbg/201401/P020140116395418429515.pdf.
③ http://service.iresearch.cn/im/20130426/198418.shtml.

表 3-2　iUserTracker 2013 年 3 月即时通信软件日均覆盖人数排名

| 排名 | 软件 | 日均覆盖人数/万人 | 日均网民到达率/% |
|---|---|---|---|
| 1 | 腾讯 QQ | 21 611 | 73.9 |
| 2 | 阿里旺旺 | 4 543 | 15.5 |
| 3 | 飞信 | 1 799 | 6.2 |
| 4 | YY | 909 | 3.1 |
| 5 | MSN | 630 | 2.2 |
| 6 | 人人桌面 | 375 | 1.3 |
| 7 | 腾讯通 RTX | 266 | 0.9 |
| 8 | Skype | 252 | 0.9 |
| 9 | 腾讯 TM | 236 | 0.8 |
| 10 | 微博桌面 | 151 | 0.5 |

注:日均网民到达率=该网站日均覆盖人数/所有网站总日均覆盖人数

同期,腾讯 QQ 有效使用时间达 36.9 亿小时,占总有效使用时间的 86.8%,稳居即时通讯软件首位;阿里旺旺有效使用时间达 2.5 亿小时,占总有效使用时间的 5.8%;YY 有效使用时间达 1.1 亿小时,占总有效使用时间的 2.5%,三者合计占总有效使用时间的 95.1%,见表 3-3。

表 3-3　iUserTracker 2013 年 3 月即时通信软件月度有效时间排名

| 排名 | 软件 | 月度有效使用时间/万小时 | 月度有效使用时间比例/% |
|---|---|---|---|
| 1 | 腾讯 QQ | 368 793 | 86.8 |
| 2 | 阿里旺旺 | 24 676 | 5.8 |
| 3 | YY | 10 701 | 2.5 |
| 4 | 飞信 | 6 511 | 1.5 |
| 5 | 腾讯 TM | 3 276 | 0.8 |
| 6 | 腾讯通 RTX | 2 301 | 0.5 |
| 7 | MSN | 2 085 | 0.5 |
| 8 | Skype | 1 633 | 0.4 |
| 9 | 人人桌面 | 1 221 | 0.3 |
| 10 | QTalk | 1 064 | 0.3 |

注:月度有效使用时间比例=该软件月度有效使用时间/软件月度有效使用时间

根据日均用户覆盖数来排名,2013 年 3 月,腾讯 QQ、阿里旺旺、飞信这三者加起来占了总人数的 95.6%,市场高度集中。从月度总有效使用时间来看,2013 年 3 月腾讯 QQ 有效使用时间占总时间的 86.8%,排名第一;阿里旺旺、YY 和飞信三者有效使用时间占总时间的 9.8%,前四名加起来高达总时间的 96.6%,市场同样高度集中。

（3）用户同时使用多个 IM 产品

目前，国内 PC 端即时通信行业发展成熟，针对个人和企业用户的 IM 产品种类繁多。移动端的即时通信目前处于跑马圈地阶段，互联网服务商、电信运营商和移动终端厂商也纷纷布局移动即时通信市场，相继推出各自产品争夺用户，这种局面使得用户可以根据不同需求选择不同 IM 产品。在各种 IM 产品未能实现互联互通的情况下，有不少用户已经接受了在不同场合下使用不同的 IM 产品，习惯了使用多个 IM 产品。这也为 IM 市场后进入者创造了机会，他们可以通过提供差异化产品满足某一细分市场的用户需求。

（4）移动即时通信应用持续高温

自 2011 年年底起，即时通信就一直保持着互联网应用使用率第一的位置，特别是在手机端的应用，使用率更是超过了整体的发展水平。《第 32 次中国互联网发展状况统计报告》显示，截至 2013 年 6 月底，我国手机即时通信网民规模为 3.97 亿人，使用率为 85.7%。

首先，即时通信应用的基础功能是满足人类最基本的交流需求，因此较其他应用，即时通信更具大众化，这为其成为互联网第一大应用奠定了用户基础。

其次，由于即时通信应用原先在 PC 端就已拥有庞大的用户基础，手机制造商在出产智能手机时都将其视为标配并内置在智能手机中，这既方便了用户的使用，也提高了用户使用的可能性。

最后，在手机应用中，即时通信应用逐渐加入短信、图片、语音和视频等交互元素及地理位置定位、二维码扫描等功能，使沟通变得更加便捷和有趣，既满足了用户社交的需求，也满足了用户实际生活中的需要；提升用户体验，也带来新用户，增强用户黏性。

（5）综合平台满足用户多种需求

随着厂商对产品功能的不断更新，即时通信产品已越来越符合人们的需求，用户黏性不断增强。而智能手机端即时通信产品的发展，更为即时通信市场注入了更多活力。"手机即时通信产品正改变着人们的社交方式，多种服务和模式的融入使其不再只是简单的聊天工具"。有专家表示，手机即时通信用户规模的增长，壮大了整体即时通信市场的用户规模。

手机即时通信切合了移动社交的特点，使用户能随时随地和朋友进行沟通，加之手机即时通讯中逐渐加入短信、图片、语音和视频等交互元素及地理位置定位、二维码扫描等功能，使沟通变得更加便捷和有趣，"在线"成为一种常态。相较于传统基于 PC 的版本，即时通信工具的功能也日益丰富，逐渐从单纯的聊天工具向综合化平台方向发展，使用户能方便获取丰富资源，呈现出巨大的商业价值。"比如腾讯将小游戏、朋友圈、购物都通过 QQ 账号联结起来，实现了多平台的资源整合"。

（6）企业 IM 发展速度缓慢

互联网个人 IM 的成熟发展和移动 IM 飞速发展相比，我国企业 IM 发展速度慢了很多。沟通的及时与便利使得即时通信工具在受到个人用户欢迎的同时也受到了企业用户的关注,在庞大的企业市场面前,许多互联网厂商希冀将个人 IM 的成功模式复制到企业层面。因此造成以个人 IM 为蓝本打造的企业即时通信一直无法摆脱浓重的个人色彩,而真正企业级的 IM 则是最近几年才有了较大的发展,呈现出应对企业管理需求的即时通信产品。然而国内企业 IM 市场还没有形成真正的强者,腾讯的 RTX(Real Time Exchange,腾讯公司推出的企业级即时通信平台)虽然目前是中国企业 IM 市场的第一位,但是发展也很缓慢,所以 IM 服务提供商应该制定新的企业 IM 战略,为国内企业 IM 翻开新的篇章。

**3. 移动通信市场的激烈竞争**

(1)微信的迅速发展

2011 年 1 月 21 日,腾讯推出微信,2012 年 3 月底,微信用户破 1 亿人,用时 433 天。2012 年 9 月 17 日,微信用户破 2 亿人,用时缩短至不到 6 个月。2013 年 1 月 15 日,微信用户破 3 亿人,用时不到 4 个月。2013 年 5 月,微信用户已突破 4 亿人。"微信"这款产品为何能如此成功? 出色的用户体验固然是重要的原因之一,但腾讯 QQ 的好友资源也是其成功的另一关键要素。

微信的成功,不是偶然。植根于 IM 领域的腾讯发展了这么多年,已经通过 QQ 积累了大量的用户。对于大部分中国人来说,QQ 就是除了手机通讯录之外的另一本"通讯录"。从资源这个角度来讲,微信已经占有了绝对优势。就微信目前的发展态势来看,它正在逐步向"立体合围"的方向发展。现在的微信不光只是即时聊天工具,它还拥有朋友圈,这就革了传统社交网站的命。微信可以和 QQ 上的信息互通,还能接收 QQ 邮箱的邮件,再结合腾讯微博,交友、聊天、查邮件、发微博一条龙,这对于怕麻烦的现代人来说,是再好不过的选择了。换句话说,微信已经一站式整合了 IM、邮箱、微博和线上社交平台这些原本分离的业务,方便、好用的产品自然会受到用户欢迎。

微信已经拥有了巨大的客户群,如何在商业模式上继续产品上的成功是其需要进一步考虑的问题。对于移动即时通信工具,几乎所有国内外的公司还没有找出一个特别清晰的商业模式。但是移动社交、游戏应该是比较清晰的商业模式,海外的同类产品也已经走了一段时间,微信已经在紧锣密鼓地研发和探索,其所拥有的天然优势使得其变现的途径很多。第一,手机游戏,这是腾讯的强项;第二,来自于开放平台的分成,类似于 AppStore 的盈利模式;第三,来自于广告主的付费,如公众账号上的微信营销,利用沟通二维码推出会员卡等;第四,来自于用户的付费,对表情、道具等增值服务进行收费;第五,在移动电子商务、地理位置服务上也有很多收费可能。

微信的成功充分说明了移动即时通信市场是具备网络外部性效应的。用户在随着使用同一产品或服务的用户数量不断增加时所得到的效用也在不断增加,同时这一产品或服务也会吸引更多新的用户。另外,该产品或者服务也会刺激其他商家来开发与产品兼容或互补的产品,通过不断向用户提供服务多样化或价廉的兼容或互补品,从而不断提升用户在使用该产品中所获得的效用。网络外部性通过不同经济网络为用户带来不同方面的网络外部性效应。

(2) 其他移动 IM 工具对微信的"围剿"

微信的异军突起,当然使其他即时通信产品,如 MSN、腾讯 QQ、早于微信推出的同类产品米聊、iMessage,以及神聊、陌陌、飞聊、沃友、口信、友你等几十个类似产品受到强大冲击。与此同时,可以"免费"发短信的微信也颠覆了人们的沟通方式,颠覆了产业格局,导致了利益的再分配,也使传统移动运营商受到前所未有的冲击。面对这一趋势,电信运营商也开始布局一些基于移动互联网的 IM 业务,如移动的飞信、联通的沃聊、电信的翼聊,但这些业务已经在微信的冲击下几近死亡。

目前在移动即时通信市场上,呈现出腾讯(QQ、微信)、中国移动(飞信)、网易＋电信(易信)、阿里巴巴(来往、手机旺旺)、中国电信(翼聊、易信)、小米(米聊)、微软(MSN)"七国之战"的局面。面对强大的腾讯产品,其他 IM 软件依靠自身力量短时间内难以与其抗衡。

(3) IM 产品的互通互联

作为业内的后来者,需要颠覆性的技术和鲜明的产品特色才能保证对龙头有所冲击,这已经是互联网行业的铁律。实际上,这一点并不出乎意料,正如 PC 端的 IM 市场一样,互联网时代任何一家产品都不可能一家独大。搜索上,百度做得最大,但 360、谷歌、搜狗等也占一定市场份额;安全层面,360 是业内老大,但金山、卡巴也有一定的用户;视频方面更是如此,前期两家最大的视频网站优酷、土豆合并后也未能一统江山,市场依旧是群雄割据。可以预见,未来移动 IM 也不是微信一家将来能吃独食,但各自的版图应当稳定。

曾经有人寄希望于 IM 产品的互通互联来弱化腾讯产品的几近垄断。然而作为中国即时通信市场的绝对领导者,腾讯的 QQ 和微信与其他 IM 产品实现互联互通,其受益远远小于损失。虽然即时通信功能是免费提供的,但在这些用户资源的基础上,其他增值业务给其带来了丰厚的经济效益。选择兼容策略,实现互联互通,意味着兼容者要与 QQ 分享用户资源,其他 IM 运营商将分享腾讯庞大的用户群体,这些势必会严重影响腾讯现有的优势地位,是一种不平等的"强弱联合"。基于以上的分析,腾讯不可能支持兼容策略。这种情况下,一些互联网公司采取"结盟"方式,抵制腾讯微信。2013 年 8 月 19 日,网易和中国电信在北京宣布,共同推出移动即时通信社交产品——易信。

事实上,网络产业的自然垄断性决定了不可能由市场调节产生自发的互联互通行为,处于垄断地位的运营商让竞争对手或潜在的竞争对手接入网络,共享现有的网络资源,等于为对手创造条件与己展开市场竞争,这与市场竞争法则和企业的生存发展宗旨是背道而驰的。在当前的市场经济体制下,竞争日益激烈,各大运营商为维持现有的地位,提升竞争优势,决策和行为主要从经济利益角度考虑。在"短期利益"和"博弈心态"驱动下,容易陷入恶性竞争的误区。各运营商在现有的市场环境中,不是共同做大市场蛋糕,而是分羹,争抢市场份额。毫无疑问,这将无益于网络产业的持续发展,需要通过政府建立互联互通制度搭建公平的竞争平台来确保竞争与合作的关系。在市场失灵的情况下,如何通过政府规制实现社会福利最大化将在第10章中得到讨论。

# 【引例回顾】

在具有网络外部性的市场中,竞争者所拥有的消费者网络规模是决定竞争胜负的关键性因素。在正反馈机制的作用下,拥有更多用户的竞争者将进一步扩大用户安装基础规模,表现出强者更强、弱者更弱的特性,从而加大了市场后入者的进入难度。在人口众多的新兴国家,平台商业模式具有更高的发展机会,这是因为:

首先,人口越多,所带来的网络外部性效果越大,即平台模式在人口多的经济体所带来的消费增值性远比人口少的经济体更为强烈。

其次,新兴国家中价格敏感度高的顾客特别多,青睐于便宜或免费的互联网产品,此时若是采取传统单边市场的商业模式,卖方通常难以降价;因为一旦对唯一的收入群体降价,毛利损失将落在自己身上。然而,如果采取双边市场的平台模式,卖方可以针对某一群敏感度高的顾客提供免费或者是补贴战略,再吸引另一些使用群体付钱。

最后,新兴国家常见的同质化竞争导致供应链的利润降低,当大家都想扩增市场占有率时,价格必须越杀越低;但若利用平台模式的网络外部性所带来的效用则可能实现增值效果。

# 【关键术语】

外部性　　　　　　　　　　externality
网络外部性　　　　　　　　network externality
直接网络外部性　　　　　　direct network externality
间接网络外部性　　　　　　indirect network externality
正反馈　　　　　　　　　　positive feedback
临界规模　　　　　　　　　critical mass
边际收益递减　　　　　　　diminishing marginal revenue
消费者预期　　　　　　　　consumer expectation
协同　　　　　　　　　　　synergy
安装基础　　　　　　　　　installed base
即时通信　　　　　　　　　instant message

# 【课后案例】

## 微信支付 VS 支付宝——电子支付的转移成本究竟有多大

### 一、微信推出微信支付

2013年6月17日,微信推出支付功能,它是由腾讯公司知名移动社交通信软件微信及第三方支付平台财付通联合推出的移动支付创新产品,旨在为广大微信用户及商户提供更优质的支付服务。

微信支付出来了,媒体疯狂报道和渲染其对支付宝的威胁,而马云也感到了压力。微信支付是近年来少有的让阿里巴巴网络有限公司(简称阿里巴巴或阿里)感到紧张的产品,微信已经数亿的用户规模,而且活跃度极高,取代了短信作用,这种普及力度甚至超过支付宝在PC端的普及程度,一旦微信找到微信支付规模化应用的最佳策略,支付宝就很容易被边缘化,这并不是危言耸听。最近一年里,支付宝近乎疯狂地在推广他们的支付宝钱包,阿里巴巴系推出微淘、千牛、来往等一系列移动端工具,抢占移动支付的市场地位是阿里巴巴的重要防守战,阿里巴巴明白支付宝在其战略中的位置,一旦支付宝败阵下来,公司就会节节败退。

但也有人说,支付宝太强大,即使要做支付平台,腾讯也难有作为。的确,支付宝公司2014年2月8日发布的最新数据称,截至2013年底支付宝实名用户已近3亿,[①]这个数字,在国内基本上也就算是垄断了,腾讯再做自己的支付平台,还能有机会吗?抛开其他因素,一起来看看,对于电子支付,用户转移成本有多高?

### 二、什么是用户转移成本

用户转移成本可以分成两部分:固有转移成本和附加转移成本。固有转移成本,即单纯直接转移这个服务的成本;附加转移成本,也就是转移这个服务所导致的连带成本。各种平台的固有转移成本基本相当,而附加转移成本各有不同,好的平台总是会积累更高的附加转移成本。

用户转移成本越高,用户黏度也就越高。高转移成本必然带来用户锁定。因此,从既有服务提供商的角度来看,他们会不断想办法尽量增加用户的转移成本,以增加用户黏度。而从潜在服务提供商的角度来看,则会尽量降低用户的转移成本,方便用户从其他平台转移到自己的平台上来。

### 三、电子支付的用户转移成本分析

1. 电子支付的固有转移成本分析

从固有转移成本来看,电子支付的用户转移成本并不高。电子支付的根基是银行,对

---

① http://www.d1com.com/vas/vendor/87754.html.

于电子商务而言,即是银行提供的网上支付平台。像支付宝这样的第三方平台归根结底还是平台之上的平台,就像 SP 与移动这样的运营商的关系一样,银行才是掌握生死大权的真正大佬。只要用户体验够好,把钱临时存在支付宝或者其他某某宝里面,没有本质的区别。因为我们通常都只会在消费的时候才把钱打进去,本质来说钱还是在银行里面,某某宝只是一个临时支付的工具而已。

### 2. 电子支付的附加转移成本分析

电子支付的固有转移成本较低,这是既有电子支付平台所不愿意看到的,因此他们会想出各种办法提高其附加转移成本。那如何抬高客户的附加转移成本呢?那就是提供更多的,不可转移的服务,比如某些特别的,对手无法提供替代品的服务。一旦培养用户形成用户习惯,用户转移成本将到达峰值。

以支付宝为例,与银行合作推出的支付宝卡通就是其提高附加转移成本的一大杀手锏。支付宝卡通就是将用户的支付宝账户与银行卡连通,不需要开通网上银行,就可直接在网上付款,并且享受支付宝提供的先验货,再付款的担保服务,可以让用户在网上付款就和在超市购物刷卡一样方便。这种战略是很可怕的,一旦用户使用上支付宝卡通,其用户转移成本就会变的很高,因为用户的钱是直接存在这张卡里的。卡与人的生活息息相关,因此支付宝就可乘机融入用户的生活,一旦形成用户习惯,用户转移成本将变得高不可攀。可以预见,随着各种推广模式的逐渐成熟,电子支付的用户转移成本在未来将会越来越高。

同时,电子支付还有一个很重要的特点,那就是用户不会那么介意多一种支付方式的。就像开店的时候不会在意在淘宝开店的同时又在京东开个店面一样。这样一来,就可以降低用户转移成本问题的影响,因为用户可以不需要转移,只是增加维护成本而已。

### 3. 移动支付对于双方都是新应用,降低了总的转移成本

事实上,支付宝的优势更多的体现在 PC 端。在 PC 端,连续多年腾讯从未给阿里巴巴带来过多大威胁,而在移动端,情形则大不一样。正如马化腾所说:"移动互联网远远不止是一个延伸,这是一个颠覆,看过去的 PC 互联网都已经不算太互联网了,移动互联网才算得上是真正的互联网。"正是因为移动互联网与 PC 互联网迥异的生态,腾讯才得以借助产品创新在移动电商上站得住脚。

2013 年的"双十一",除了阿里巴巴的 350 亿元成交额让人震惊之外,微信支付的小试牛刀也给不少人带来了惊喜,微信支付接入的易迅网在"双十一"这天成交 8 万单,成交额为 39 万元。当然这个交易额与支付宝手机支付 113 亿元的数额并不是一个量级,但这却预示着腾讯电商在移动端不会再像 PC 端那样无法给阿里巴巴带来任何威胁了。从某种程度上,双方站在了同一起跑线上,从这个意义上讲,电子支付的用户转移成本尚不高,但会逐渐增高。移动支付的使用习惯是支付战争的核心战役。谁先抢占和培养了移动支

付习惯,谁就是胜利者。以用户为中心,不断提高用户体验,加强交易安全和第三方担保力度,电子支付新平台,仍大有可为。

(案例来源:作者根据 http://www.tmtpost.com/78292.html 内容改编而成。)

**案例分析问题**

1. 分析网络外部性对国内电子支付市场竞争的影响。

2. 讨论一下微信支付和支付宝各自的竞争优劣势以及可以采用的竞争策略。

# 【思考与讨论】

1. 什么是网络外部性? 它对市场竞争产生了哪些影响?

2. 分析我国 IM 市场的用户锁定和转移成本。

3. 尝试列举有关网络系统负反馈的案例。

4. 分析消费者预期是如何影响网络外部性发挥作用的。

# 第 2 篇

## 市场结构与运行

# B&E

# 第 4 章

# 市场结构及其均衡分析

## 【学习目的】

通过本章学习,你应该能够:

- 了解四种市场结构的类型
- 掌握不同市场结构类型的特征及其效率分析
- 叙述电子商务对市场结构的影响

# 引例：中国在线旅游，市场格局或临变局①

"在线旅游"这个服务业态成型于 2003 年，以携程国际有限公司(简称携程)上市为标志，派卡及电话逐步取代门店销售成为旅游产品销售的新渠道。作为当时旅游市场的主要商业模式，携程以呼叫中心为主的 OTA 成为中国在线旅游产业的研究方向。所以携程模式一开始就是中国在线旅游市场的主流模式，而携程也曾是在线旅游市场当之无愧的老大。

然而激烈的市场竞争导致酒店和航空行业内的收购、兼并、重组进一步加速，而互联网作为酒店、机票营销平台的功能日益得以凸显，似乎形势发生了翻天覆地之变。中国互联网络信息中心(CNNIC)发布的《2012—2013 年中国在线旅游预订行业发展报告》显示：在线旅游市场的格局正在被重塑。"去哪儿"、"驴妈妈"等垂直旅游平台带来的价格竞争，淘宝、京东等大型电商平台的介入，以及航空公司和酒店大力发展的直销业务都在侵蚀着携程、艺龙等传统 OTA 的市场份额。此外，途牛网、乐途旅游网、悠哉旅行网等新兴网站正在借助资本力量迅速崛起，深耕市场打造品牌。从整体上看，整个在线旅游预订行业的市场竞争愈演愈烈。这一点不仅可以从各家产品线上看出端倪，在凸显网站流量的Alexa 的数据中亦能看出。根据 7 月份 Alexa 的监测数据显示(图 4-1)，2013 年 7 月份用户覆盖数排名前十位的在线旅行网站分别为：去哪儿网、携程旅行网、同程网、途牛网、乐途旅游网、艺龙旅行网、欣欣旅游网、马蜂窝网、驴妈妈旅游网和一起游网。

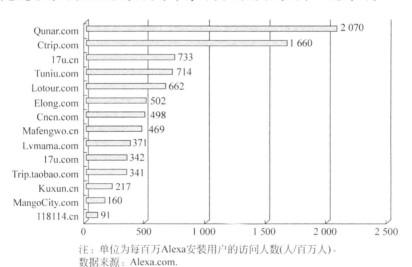

注：单位为每百万Alexa安装用户的访问人数(人/百万人)。
数据来源：Alexa.com.

**图 4-1　主要在线旅行网站业务用户覆盖数(2013 年 7 月 1 日—7 月 31 日)**

---

① 案例系作者根据 http://www.gscn.com.cn/tourism/system/2014/02/28/010607191.shtml 内容改编而成。

由以上的数据可以看出,前三甲之间的差距较大,位列第一的去哪儿网优势较为明显;排名第四到第十之间的差距较小,竞争更加激烈。随着行业发展,OTA 企业优势将逐渐被弱化已成为不争的事实。品牌差异已经逐渐被缩小,用户将更多关注重点放在信息的多样性和准确性上。因此,谁最了解用户需求,能拿出有针对性的产品,谁就最有可能在此轮竞争中获得成功。

尽管去哪儿网和携程网的用户覆盖率较高,但整个在线旅游市场的激烈竞争却使未来的市场格局不甚明朗。事实上,传统的市场可以分为完全竞争、完全垄断、垄断竞争和寡头垄断四种结构,而网络经济领域的垄断和竞争却不再泾渭分明,市场结构表现为一种竞争性垄断。本章的任务是识别传统市场的四种基本结构,比较它们对电子商务的潜在影响并剖析竞争性垄断结构所具有的市场特征。

# 4.1　市场结构与均衡分析理论

市场经济的两个重要方面包括厂商的竞争结构和均衡结果的性质。经济学理论分析市场结构(market structure)的主要原因在于厂商的利润是由收益和成本决定的。其中,厂商的成本主要取决于厂商生产技术方面的因素,而厂商的收益则取决于市场对其产品的需求情况。在不同类型的市场条件下,厂商所面临的对其产品的需求情况是不同的,所以,在分析厂商的利润最大化决策时,必须区分不同的市场结构。影响市场结构的基本因素主要有:产品的差异、交易双方的总体规模、交易双方的信息结构、政府对市场的管制力量等。

均衡分析(equilibrium analysis)是典型的市场结构分析方法。在经济学中,均衡最直接的含义被看成是"力量的平衡",或者用来表示没有内在"改变倾向"的一种状态。所以,均衡最一般的意义是指经济体系中一个特定的经济单位或者经济变量在一系列经济力量的相互制约下所达到的一种相对静止并保持不变的状态。

市场供求均衡是均衡分析的一个重要方面。在市场均衡的条件下,每个人或企业都实现了各自的利益最大化。同时市场均衡意味着所有经济当事人的行为都是相互协调、相互兼容的,作为他们共同行为结果的交换比率即价格,使供给和需求达到相等,即市场出清(markets clear)了。市场一旦处于均衡状态,需要对均衡的效率影响进行评价,即评价短期和长期如何利用稀缺资源。

在市场结构和均衡理论讨论的基础上,产业组织研究者对若干行业的市场结构进行经验性的研究,由此产生了结构—行为—绩效模式(structure-conduct-performance paradigm),简称 SCP 范式。SCP 方法认为,结构、行为、绩效三者之间存在单向的因果关系,即市场结构决定企业的市场行为,而企业行为又决定市场运行的经济绩效,至于市场结构则是由一些基本条件决定的,如生产的技术条件及规模经济性、消费者需求及其特征等。它将这些现实世界的结果按静态微观经济效率标准检验。其目的是评估结构和行为特征在稀缺资源最佳利用方面所起的作用有什么不同。

　　网络经济环境下,现实世界的市场和厂商更加复杂,更加强烈地互相影响着,承受着更大的外部竞争压力。这种复杂性使得仅用单向因果视角来分析竞争显得不足。正因如此,SCP方法综合考虑了对研究电子商务具有潜在价值的各种主要经济变量。该方法不回避重要的经济问题同时高度关注关键性的市场争议点或分歧因素。上述产业组织的方法只要不陷入单向因果关系讨论,对于电子商务分析是很有帮助的。下面将简略地介绍基本微观理论以及如何将其应用于电子商务的研究。

# 4.2　完全竞争

## 4.2.1　完全竞争及其特征

　　完全竞争(perfect competition)也称为"纯粹竞争",是一种不受任何阻碍和干扰的市场结构,指那些不存在足以影响价格的企业或消费者的市场。这种市场结构是经济学中理想的市场竞争状态,具有以下特征。

　　1. 产业集中度很低

　　市场拥有众多的买者和卖者,每个卖者提供的产品数量与每个买者购进的产品数量在市场总量中所占的比例很小,因此市场集中度很低,没有一个买者或卖者对市场价格有显著的影响力。价格是由市场总供给和总需求决定的,对于每个买者或卖者而言,只能是价格的接受者,而不是影响者。

　　2. 产品同质性高

　　市场内每个企业生产的产品几乎是同质的无差异产品,产品之间具有完全的可替代性,因此如果其中一个企业提高产品价格(无论幅度多大),所有的消费者都会转而购买其他企业的产品,即该产品的需求价格弹性趋于无穷大。

　　3. 资源可自由进入和退出市场

　　市场中不存在资金、技术或法律的进入和退出壁垒,新的企业进入该市场或原有的企业退出这个市场都是完全自由的。换句话说,在该产业的预期利润率很高的情况下,就会有许多企业试图进入;而如果产业的利润率下降到低于正常水平时,企业也会不断退出。

　　4. 完备信息

　　所有的买者和卖者都掌握与交易有关的一切信息。例如,顾客和生产企业全都知道各个企业的价格,企业不仅知道自己的销售收入和成本函数,而且也知道其他企业的销售状况和成本函数等。完备信息使交易双方能够充分比较,择优淘劣并促进竞争。同时,完备信息还使买卖双方都能做出最优的决策。

　　5. 没有非价格竞争

　　消费者可通过价格和对产品的亲自观察来决定购买。相同的产品也降低了产品差别或广告对消费者的影响。

大多数农产品市场接近于完全竞争的状态,除此之外,现实社会中几乎没有一个行业市场真正具备以上 5 项条件,所以说完全竞争只是一个理想的经济模型,但从这一模型中得出的结论不仅对于解释和预测现实世界的行为比较有效,而且有助于我们理解经济中重要部门的资源配置的一些基本原理。

### 4.2.2  完全竞争厂商的短期均衡

在微观理论中,时间可以分为短期和长期。短期内,至少一种资源的供给不变而其他资源供给是可变的;但在长期,所有资源的供给都是可变的。在短期中,生产过程遵循边际收益递减规律,即在固定成本不变的情况下,增加一单位可变成本导致的产出增加规模最终将递减。这是因为在短期中,投入一单位的可变成本只有越来越少的固定资本可供利用。

微观理论也假定厂商追求利润最大化(通过总收益减去总成本来衡量)。对于厂商来说,这个目标体现为短期利润最大化规则。根据这一规则,生产应在边际成本等于边际收益时进行(MC＝MR),即多生产一单位产品增加的成本(边际成本)恰好等于从该单位产品的销售中获得的增加收益(边际收益)。完全竞争的短期成本收益关系如图 4-2 所示。边际成本曲线 MC 向右上倾斜表明,短期生产过程由边际收益递减的力量主导,即使以不变的工资率增加一单位可变劳动,也会导致上升的边际生产成本。相应地,边际成本的上升将向上推动单位成本曲线,包括平均总成本(ATC)和平均可变成本(AVC)。在收益方面,完全竞争的厂商是价格接受者,因此,它只能以产品市场的供给与需求决定的均衡价格 $P_e$ 销售所有它希望销售的产品,这一价格与厂商的边际收益相等,也与厂商所面对的需求曲线和平均收益相等。结果,实现利润最大化的产量取决于不断上升的边际成本,直至它与边际收益线相交。完全竞争厂商短期实现利润最大化的均衡条件是:MR＝MC。其中,MR＝AR＝P。在短期均衡中,厂商可能获得经济利润,或者仅获得正常利润,也可能遭受经济损失。

1. 厂商获得经济利润

假定厂商处于短期均衡状态,在 MR＝MC 处进行生产,我们来关注厂商是否获得利润。如图 4-2 中 A 点所示(第一种均衡),如果在 A 点对应的产出水平 $Q_1$ 上,厂商每单位收益或者平均收益 $AR_1$ 超过了每单位总成本或平均总成本 ATC($AR_1$＞ATC),那么按照机会成本来衡量,厂商获得了经济利润(economic profit)。

经济利润是指厂商的收益与它的成本之差,这里的成本包括最有利的另外一种厂商资源的机会成本。经济利润从本质上是超额利润,超过正常利润的那部分利润,也就是说,经济利润是厂商或个人生产经营产生的会计利润减去机会成本后的利润。在厂商的理想生产状态下,机会成本(opportunity cost)衡量的是其他可供选择的资源最佳用途的价值,包括充分的报酬以补偿和保持企业家提供的服务。如果只考虑实际的投入产出形

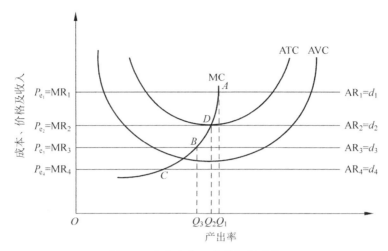

图 4-2　完全竞争厂商的短期均衡

成的会计利润,而不考虑机会成本,经营活动有可能是非经济的。如某人做生意1年可以赚10万元利润,但如果他打工可以挣15万元的工资,从机会成本角度来看,这1年其经济利润就亏损了5万元。

$Q_1$产出水平是在$MR_1$线和MC交叉处体现的,在那里厂商以均衡价格$P_{e_1}$销售$Q_1$数量的产品,此时,$AR_1 > ATC$,企业的利润要优于它在其他任何情况获得的利润。在长期,即当资源都可变且允许进入时,经济利润的存在将会吸引新厂商进入该行业。当进入发生时,新厂商将增加产品供给,降低市场价格,于是较多的利润随竞争而消失。

2. 厂商遭遇经济损失

经济利润不是短期经营中的唯一可能。如果平均收益 AR 低于平均总成本 ATC,厂商会遭受经济损失(economic loss)。在这种情况下,厂商无法弥补其全部机会成本。如果资源用于其他次优选择,则可获得更多的收入。尽管遭受损失,企业并不一定要停产,这种情况在$MR_3$线和边际成本曲线的交叉处得到体现(第二种均衡)。如图4-2中 B 点所示,厂商会在均衡价格 $P_{e_3}$ 上销售产量 $Q_3$,只要平均收益超过厂商的平均可变成本($AR_3 > AVC$),短期内厂商仍会继续生产,因为产出的销售额仍大于可变成本,这些收益抵消了厂商的一部分固定成本,而这些固定成本在短期内无法避免。因此,在短期进行生产会使损失降到最低。

但是,如果出现了$MR_4$线上 C 点所示(第三种均衡)的情况,即平均收益低于平均可变成本($AR_4 < AVC$),厂商应明智地选择停止生产,因为这样损失将不会超过企业的固定成本。持续的短期损失在长期中不会继续,因为厂商和资源将退出该产业在别的产业中寻求更多的利润。厂商的离开会降低产品供给,从而提高市场价格,消除损失。

3. 厂商获得正常利润

正常利润通常是指厂商对自己所提供的企业家才能的报酬支付。从机会成本的角度说,它是厂商生产成本的一部分,以隐形成本计入成本。当平均收益恰好等于平均总成本时,厂商获得了补偿企业家的正常利润(normal profit)。如图4-2所示,$MR_2$直线和边际成本曲线 MC 相交于 $D$ 点(第四种均衡),此时,厂商以均衡价格 $P_{e_2}$ 销售 $Q_2$ 数量的产品,$AR_2 = ATC$,厂商获得正常利润。对厂商而言,此时的结果和在别的情况下一样,如果厂商不能够通过改变工厂规模来降低生产成本,获取规模经济(economies of scale)的话,这种状态可以作为短期均衡,也可以作为长期均衡。因为在这一点上,进入和退出都没有动力,没有一种资源的重新配置状况可改善厂商的利润前景。在长期,所有完全竞争的厂商和行业将会被吸引到平均收益等于平均总成本这一均衡点上。

### 4.2.3 完全竞争的效率分析

如图4-3所示,行业成本不变的水平长期供给曲线 LS 与市场需求曲线 $D$ 相交于 $E$ 点。由 $E$ 点可知,市场的长期均衡价格和长期均衡产量分别为 $P_e$ 和 $Q_e$。就 $P_e$ 而言,它等于厂商的 LATC 曲线的最低点($P_e = LATC_{min}$)。这表明,在完全竞争市场的长期均衡点上实现了生产效率(productive efficiency),厂商的生产成本降到了最低水平,长期平均成本 LATC;同时,长期均衡价格也降低到了这一最低水平。就 $Q_e$ 而言,它表明在完全竞争市场的长期均衡点上实现了配置效率(allocative efficiency),均衡产量既等于市场上所有消费者的需求量之和,又等于市场上所有厂商的供给量之和,所以市场刚好出清,既不存在供不应求,也不存在产品过剩($P_e = MR = MC$)。更重要的是,此时,一方面,所有的厂商都以最低的成本提供产品,并且都获得最大利润(尽管利润为零);另一方面,所有的消费者都以最低的价格购买产品,并且各自实现了最大效用。

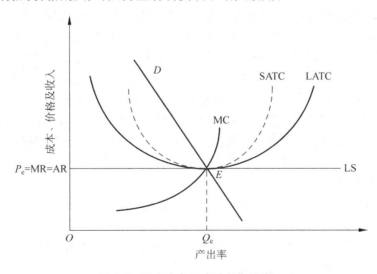

**图4-3 完全竞争厂商的长期均衡**

从以上的分析可得出这样一种推论,在无法操控价格且竞争激烈的情况下,众多小厂商将达到长期均衡,这种均衡可以满足特定的有关资源最佳利用的效率检验。然而,作为有效利用稀缺资源的主要方式,完全竞争也存在一些局限性。第一,完全竞争的市场条件在现实生活中很难成立,缺乏实践意义就成了完全竞争市场形式最根本的局限;第二,众多小企业的生产规模较小,不能进行规模生产,生产成本高,而且,这些企业无力引进先进的生产技术和设备,生产的效率难以有较大的提高;第三,完全竞争市场可能忽略生产过程中产生的溢出成本(spillover costs),比如环境污染;第四,消费者可能期望产品多样化,同时通过多种方式来满足其独特需求。第五,因为模仿和市场进入都比较容易,一些利于技术进步的冒险行为得不到应有的奖励和鼓励。尽管有这些局限性和限定因素,一般观点认为完全竞争市场能够带来预期的结果。

## 4.2.4 电子商务与完全竞争市场

许多乐观的分析家曾经断言,网络经济所创造的虚拟交易市场——网上交易将彻底改变人类的生活方式。微软公司总裁比尔·盖茨甚至向全世界各国的领导人许诺要创造一个"没有摩擦力的资本主义",即通过利用互联网,各市场主体、个人都能平等地获取充分的信息,从而创造出人类第一个"完全竞争市场"。互联网真具有如此神奇的功能为人类创造一个完全竞争市场吗? 对这一问题的回答可能是仁者见仁,智者见智,但是至少有两方面的原因会阻碍完全竞争市场的建立。

### 1. 网络市场存在实际的进入壁垒

完全竞争市场中不存在资金、技术或法律的进入和退出壁垒,而网上市场存在着实际的进入壁垒。表面上,各企业进入网络市场非常容易,通过网站确实具有公平的机会向消费者提供自身的产品和服务信息,而且现在网络服务提供商也很多,他们可以帮助企业制作出非常精美、实用的网页。只要肯下功夫,一个小杂货店的主页可做得比一个大名鼎鼎的公司的主页还漂亮,更吸引顾客。另一方面,消费者在网上也有公平的信息获取机会,搜索引擎的使用使消费者在产生购买欲望时,他可以在网上找到成千上万的供应商。但实际上,面对令人眼花缭乱的网页界面和似乎都同样优秀的商家,消费者往往感到无所适从,难以抉择,此时他就会考虑一些其他的因素。在影响消费者网上购物的诸多因素中,对顾客购买行为起决定作用的往往是企业的既有品牌价值,而不是企业在互联网上诱人的广告。这就意味着,传统企业上网,它既有的市场地位、经济实力和品牌价值并没有改变,也将随之进入网上市场,而对完全的电子销售商而言,即使参与竞争,也与实体经营商站在不同的起跑线上,这种品牌价值本身就是一种进入壁垒。

除此之外,网站的运营与维护、宣传与推广,需要巨额的费用,这也为企业的网站经营构筑了资本进入壁垒。例如,淘宝击败易趣,依赖于阿里巴巴超过3.5亿元的投资,而拍拍则依赖于既有的腾讯QQ的品牌价值和技术支持。

2. 各市场主体利用网络优势的能力不同

网络市场的优势在于企业不但可以通过网格,直接接触成千上万的用户,而且能随时与遍及各地的贸易伙伴进行交流合作,从根本上缩减商业环节,降低运营成本,并提高运营效率。同时,互联网能够将有价值的信息迅速传递给厂商,为厂商创造一个商机无限的网络发展空间。但是网络的介入,使企业竞争更多建立在服务基础之上,除产品本身因素外,订单处理能力、配送能力等服务因素也凸显重要性。也就是说,基于网络的市场竞争不可能没有非价格竞争。对于规模较小、实力较弱的企业,即使获得平等的机会,也可能因生产能力和订单处理能力等因素限制而遗失商机。例如,一些中小 C2C 网站不能与四大巨头抗衡的原因也包括其服务器的处理能力不强。

# 4.3　垄　　断

## 4.3.1　垄断及其特征

从市场结构特征和产出效率上看,垄断(monopoly)是与完全竞争完全相反的另一种极端状态。微观经济学对垄断的定义是对市场上某一劳务或商品的供给进行独家控制。目前在我国公共事业产品,如电力、自来水等属于垄断行业。

垄断的通俗解读就是独占,其实质是市场控制力的滥用。所谓滥用市场控制力,是指拥有市场控制力的经济主体或其联合体凭借其市场控制力,在特定市场中限制竞争,或违背公共利益,或损害其他经济主体和消费者利益的行为。这些行为不仅损害了非垄断企业和消费者的利益,损害了资源配置效率,还扰乱了市场秩序和自由企业制度,因此,垄断是市场经济的宿敌。

首先,垄断损害了相关交易者的正当利益。垄断组织采取对购买者抬高价格或对供应者人为压低价格、搭配销售、强制交易、维持转售价格等行为,使相关交易者遭受不应有的经济损失。

其次,垄断破坏了公平竞争的市场秩序。如果市场秩序混乱,市场运行无规则可循,市场机制就难以发挥作用,企业根据市场供求来灵活调节生产经营也就不太可能。垄断通过限制交易自由、限定销售区域等行为,破坏了公平竞争的市场秩序。

再次,垄断破坏了自由企业制度。企业自由的实质就是承认市场主体人格的完全独立,保障其自主地参与市场活动,选择经济行为,包括开业自由、经营自由、决策自由、人事管理自由等具体内容。企业自由的实现也必然以竞争机制的有效运行为先导。垄断通过设置新企业的进入壁垒、打击和排挤中小企业等行为,破坏了自由企业制度。

最后,垄断造成资源配置低效率。垄断价格是被人为扭曲了的价格,这种价格不能客观真实地反映商品或资源的稀缺程度和市场供求状况,它会给商品生产经营者提供虚假的市场信息,对生产和消费均会产生误导,从而造成社会资源的浪费。垄断企业往往通过限制产量来提高价格,造成生产能力的闲置;垄断企业可以通过垄断价格获取垄断利润,不再承受激烈的市场竞争所造成的压力,不再努力进行技术革新和采用先进的科学技术,不去致力于降低成本和提高产品与服务质量,可能会妨碍科学技术的发展与进步。

### 4.3.2 垄断的效率分析

#### 1. 垄断的短期效率

垄断行业中,垄断者面向全部的市场需求并对物品价格实施总的控制。这样,垄断厂商可通过制定最有利于厂商而不是购买者的价格剥夺消费者优先选择的权利。不过,即使垄断者是一种特定产品的唯一生产者,他们也同完全竞争的厂商一样,要依据 MC＝MR 的利润最大化的原则确定最优产出水平,只是因为垄断者享有对产品的定价权,他才可以在市场需求曲线上选择一种产生短期经济利润的价格。这种关系如图 4-4 所示,在均衡价格 $P_e$ 和均衡产量 $Q_e$ 的交汇点 $E$ 处,平均收益超过了平均总成本(AR＞SATC)。短期经济利润体现了一些有价值的效率结果,如因承担风险而对企业家的创新补偿。尽管如此,在短期,因为替代品可能会出现,所以拥有垄断地位也并不总能保证经济利润的存在。例如,操作系统的垄断者现在可以获取巨额利润,但是随着技术进步,当出现不需要操作系统的计算机时,这种局面就会改变,从而使操作系统的垄断者逐渐丧失获利的机会。

#### 2. 垄断的长期资源非效率

由于进入壁垒的存在阻碍了新厂商进入垄断行业,利润可在长期内持续并破坏了市场在效率创造方面的作用。这种持久性经济利润(persistent economic profits)扭曲了收入分配、进而削弱了市场效率。垄断价格越高,越多的消费者的收入就被自然增加到垄断所有者的腰包,这使得垄断所有者可以对市场生产的消费品组合有更高水平的控制。所以在长期,垄断是典型的生产无效率和配置无效率。

长期中,因为 $P_e$＞LATC$_{min}$。厂商没有必要为了获得最低的长期生产成本而寻求相应的工厂的规模,垄断者在增加的收益和因产出水平提高而增加的成本间进行权衡。通常情况下,由于销售更多的产品需要降低价格,即使平均总成本会随着产出水平提高而减少,但是平均收益会下降得更快。因此,在长期中增加的产出降低了总利润。在没有竞争压力的情况下,利润的下降使厂商失去通过降低成本来获得更大的规模效率的兴趣。

垄断生产也导致配置无效率,因为从最后一单位产品获得的价格大于生产该产品的边际成本($P_e$＞MC)。垄断产品的社会价值远远高于资源的其他最优利用,尽管消费者希望有更多的产品供给,但垄断者为了提高价格以实现利润最大化,就不顾消费者的意愿,把生产限制在社会最佳水平以下。此外,在垄断市场中,由于缺乏持久的竞争压力,垄断企业自身存在着"垄断者惰性",它们没有足够的动机或激励去进行创新,而且技术创新可能会使现存的设备在完全折旧前就报废。所以就创新行为来说,垄断是低效率的。

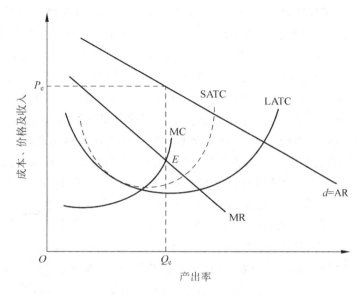

图 4-4　垄断的短期和长期效率

### 4.3.3　电子商务的垄断市场：操作系统

　　网络经济环境中,信息产业成为主导产业,信息技术产品成为市场上的主导性产品。由于信息产品的特征和高度的技术竞争,网络经济领域的垄断与竞争不再泾渭分明,可以说,网络经济里竞争和垄断双双被强化,市场结构表现为一种竞争性垄断结构。这种市场的开放度越高(进退无障碍),竞争就越激烈,技术创新的速度也就越快,所形成的行业垄断性就越强,集中度也就越高;反之垄断性越强,集中度越高,市场竞争反而越激烈。[1] 与传统的自然垄断结构不同,网络经济下的垄断并没有表现出过高的垄断价格和低于合理水平的垄断产量,也没有在让消费者付出了尽可能高的代价的同时,减少社会福利;相反,它却表现为向消费者不断提供性能更高、价格更低的产品。

　　以微软为例,微软对个人电脑操作系统的市场支配力接近于垄断(截至 2009 年 9 月, Windows 产品控制了全球约 92％的个人计算机操作系统市场[2]),但它出售给 OEM 厂商的 Windows 价格平均为 40～50 美元,与历史价格及其他操作系统的现行价格相比,这个价位是比较低的。之所以出现垄断厂商一反常态的低价位定价现象,主要原因有两个:网络效应和竞争性垄断的市场结构。

　　一方面,网络产品的学习效应和传递效应决定了网络产品的用户越多,该产品的价值

---

[1]　李怀,高良谋. 新经济的冲击与竞争性垄断市场结构的出现[J]. 经济研究,2001(10).

[2]　http://hi. baidu. com/guoguo6688/blog/item/df3089519d268d12367abe11. html.

越大。由此形成的正反馈效应促进用户网络的自我扩张,从而使得该产品市场占有率呈指数方式增长。由于这种效应,该垄断者就有动力降低垄断产品的价格以扩大用户网络。

另一方面,网络效应又加大了整个市场的竞争程度。从表现形式上来看,网络经济环境下,很多市场结构可以通过"竞争—垄断—更高程度的竞争"这一不断优化循环的过程,使高度的竞争与高度的垄断结合在一起。对于这种新的市场结构,新古典主义理论框架很难解释或不能做出完全对应的诠释,经济学家将这种结构称为竞争性垄断市场结构:一种竞争与垄断程度都得到强化、市场开放程度很高的市场结构形态。

与其他产业相比,网络市场中的垄断企业受到的竞争压力更多,垄断更具有暂时性,他们时时刻刻受到现实和潜在竞争的威胁。在网络产业中,现有厂商可能拥有优越的市场地位,但同样要面对激烈的竞争,这迫使他们不能完全实行垄断定价。要想维持其市场地位,就必须给自己的产品制定一个适当的价格,给潜在进入者持续的压力,阻止其达到或接近临界规模水平。同时,网络经济下,技术创新是决定市场份额的重要因素之一,即使靠技术优势一时抢占了市场份额,一旦技术创新停滞了,这种优势可能很快就会丧失,传统的靠掠夺性定价来获取市场份额的方法已经行不通了。因此,客观市场结构条件限制了垄断厂商的定价。以软件市场为例,相关研究表明,当市场中不同的应用软件由众多厂商提供而进入壁垒较低时,对应用软件的总需求越大,软件的品种就会越多,价格会越便宜。因此,由于操作系统价格的信号效应,这种联系会增加操作系统的需求弹性,从而使操作系统垄断者的定价比其他情形更接近于边际成本。可见,处于竞争性垄断市场结构下的垄断厂商,通过限产和提高价格的方法来获取经济利润是行不通的,只有通过不断提高产量和降低价格的途径来维持生存。

# 4.4 垄断竞争

## 4.4.1 垄断竞争及其特征

现实的市场既不是完全竞争的,也不是完全垄断的,而是竞争和垄断同时存在,市场价格中既具有竞争因素,又具有垄断因素,即垄断竞争。垄断竞争(monopolistic competition)的市场结构特征包括企业众多、产品差异化(product differentiation)、非价格竞争(nonprice competition)和市场进退容易。

1. 企业众多,企业具有自主决策性

在垄断竞争行业中,许多厂商进行运作,虽然没有数以千计的完全竞争厂商,但是也至少有数以百计的厂商。由于企业数量较多,每家企业都只占很小的市场份额,因此单个企业产销量的变化对于其他各个竞争者的影响是微不足道的。假设某一家企业决定稍微降低其产品的售价以扩大销售量,其他竞争者有可能会丧失一部分顾客,但该企业所扩大的销售量在整个市场上本来所占份额就很小,再分散到众多竞争者之中,使得其他竞争者并不会明显感受到这种影响。因此,垄断竞争者的有关决策是可以独立作出的,即它们在决策时往往并不考虑对手的反应,竞争对手太多,很难明确地考虑。

2. 产品差异化

这些数以百计的厂商均能生产与竞争对手有差异的产品,产品差异使得竞争厂商在一定程度上具有对某一产量产品的定价能力。

如图 4-5 所示,如果消费者相信,一个垄断竞争的厂商的产品和其他厂商的产品相比是独特的,或者其他厂商的产品是比较次的替代品,那么拥有独特产品的厂商就会利用他们的这种信念。该厂商可以在没有失去所有消费者的情况下,把它的产品价格定在其他竞争厂商之上,比如从 $P_{e_1}$ 增加到 $P_{e_2}$(如果是完全竞争的厂商这样做就会丧失所有的消费者)。例如,众多消费者认为,苹果手机的用户体验更好,能带给用户很好的操作舒适度;故障率和病毒侵蚀率也低,因而苹果公司就可以因此对 iPhone 制定更高的价格。即使许多消费者仍然买较便宜的手机,苹果公司获得的利润仍是可观的。但是处于垄断竞争的厂商必须处理好与替代品的关系,即使是较次的替代品,因为与垄断市场中没有合理的替代品不同(垄断市场中,消费者要么选择继续从垄断者那里以高价购买商品,要么完全不买产品),在价格上涨的情况下,垄断竞争市场中的消费者可以容易地找到替代品,所以如果因为提高价格而失去客户的话,垄断竞争厂商将比垄断厂商失去的更多($Q_{e_1}Q_{e_2垄} < Q_{e_1}Q_{e_2竞}$)。

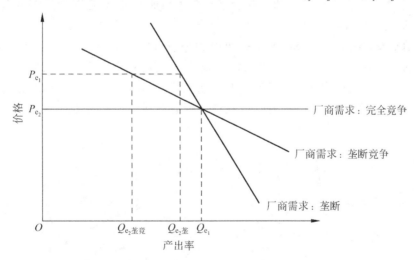

图 4-5　垄断竞争中的产品差异化

3. 非价格竞争

产品差异化的潜在收入会激发厂商从事广泛的非价格竞争。差异的形式多种多样,包括质量、款式、颜色、品牌、服务、销售地点以及担保条件等。厂商可以制定自己的促销策略、通过广告激发购买者的感受或形成被认可的品牌。非价格竞争的目标是建立对产品的消费者忠诚(customer loyalty),降低购买者对价格提高的敏感性。厂商此时的目的不是销售更多的产品,而是以更高的价格销售产品,从而获得更高的总利润。

4. 市场进退容易

与完全竞争中一样,在垄断竞争中,进退市场和模仿也是容易的。因此,短期经济利润的存在吸引了新厂商进入该行业,这些新厂商在长期中会竞争掉全部或大部分的经济利润。这种趋势使得大多数厂商只能获得接近正常利润的收益。1999年,搜狐公司推出新闻及内容频道,奠定了综合门户网站的雏形,开启了中国互联网门户时代。但现在的新浪、网易、腾讯、新华网、人民网、中国网等门户网站从网站形式到内容均与搜狐网无大异。经过十年的发展,我们很难判定这些门户网站之间究竟是谁在模仿谁。

### 4.4.2 垄断竞争的效率分析

1. 垄断竞争的短期均衡

垄断竞争企业不仅可以通过调整产品价格,而且可以通过扩大产品的差异化来增强垄断力量并增加垄断利润,且在均衡状态下,达到利润的最大化。不过短期内,企业不能改变现有规模。与完全竞争市场不同,产品差异使企业面对一条向下的需求曲线,如图4-6所示。均衡时的产量由边际成本曲线和边际收益曲线的交点决定,此时边际成本MC=边际收益MR。由于此时的产品价格高于平均成本,使企业获得经济利润。

2. 垄断竞争的长期非效率

从长期来看,如图4-7所示,由于行业中的企业可以自由进入或者退出,只要存在超额经济利润,必然导致更多的企业进入,使得最终所有行业内的企业在长期的经济利润等于零。长期均衡仍然要求MC=MR,同时长期平均成本曲线LATC与需求曲线$d$相切于$E$点,这时超额利润消失,既无企业进入,又无企业退出,市场中的企业个数达到均衡数量。

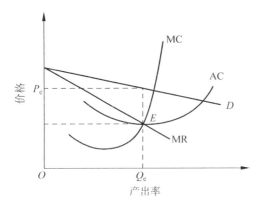

图4-6 垄断竞争下的短期均衡

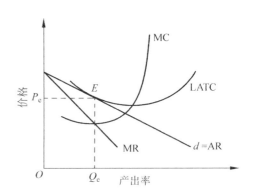

图4-7 垄断竞争下的长期非效率

根据两个长期效率条件,垄断竞争的厂商生产是无效率的( $P_e$＞LATC$_{min}$)。出现这种结果有两个原因:首先,市场需求被厂商过分细分,每个厂商提供很小差别的产品,致使长期中不可能实现最佳的厂商规模;其次,不同产品都有其独特性,意味着一些消费者即使价格轻微上涨也会坚持购买他们喜爱的产品。其结果是,负斜率的需求曲线使得厂商不可能在 LATC$_{min}$ 得到长期内解。

垄断竞争厂商的配置也是无效率的( $P_e$＞MC)。由于经济利润的诱惑加之进入容易,许多供给者不断地进入市场,促使产品价格下降到垄断水平以下,仅仅留下了厂商需求曲线和长期平均总成本曲线的相切处的正常利润,但是均衡价格仍高于边际成本。在高于 $Q_e$ 的任何产出水平上,正常利润( AR＜LATC)的丧失,阻碍了公司进行扩大生产。即使社会支付了高于边际成本的价格,并且希望得到更多的产品供应,扩张不足的现象也会出现。

尽管与完全竞争相比,垄断竞争似乎是一个次优的市场结构,但是它却为消费者提供了更多的选择机会。完全竞争市场极其单调,所有产品看起来、闻起来、感觉起来、听起来都一样。垄断竞争市场将允许购买者根据他们独特的、善变的品位和偏好来购买。即使消费者超出其支付能力或支付了略高价格造成了一点浪费,这种行为却能满足个人的兴致。所以,假定其他条件不变,选择机会的增加会提高人们购买物品的满意程度。

### 4.4.3  电子商务的垄断竞争:行业垂直 B2B

B2B 是电子商务按交易对象分类中的一种模式,指企业与企业之间通过互联网进行产品、服务及信息的交换。B2B 电子平台一般以信息发布与撮合为主,主要是建立商家之间的桥梁。

当前国内的 B2B 领域主要存在两种模式:一种是行业垂直类 B2B 电子商务网站,针对一个行业做深、做透,此类网站可以聘请传统行业内专家、学者,在专业上更具权威性、精确性;另一种则是水平型的综合类 B2B 电子商务网站,基本涵盖了整个行业,在广度上下功夫,这类网站在品牌知名度、用户数、跨行业、技术研发等方面具有行业垂直类 B2B 网站难以企及的优势,不足之处在于用户虽多却不一定是客户想要的,在用户精准度、行业服务深度等方面略有不足。

与国内综合类 B2B 电子商务网站阿里巴巴、环球资源及慧聪等网站的寡头垄断不同,行业垂直 B2B 电子商务网站则更接近于垄断竞争状态。正如前文所言,相对于综合类 B2B 来说,垂直类 B2B 最大的不同和优势就是它的专业性。据易观国际《中国线上B2B 市场用户调研报告 2008》的研究发现,专业性是客户选择垂直类 B2B 的首选原因。[1]这种专业性特点也决定了不同网站的差异性,因此,垂直类 B2B 要想在 B2B 电子商务市

---

① http://tieba.baidu.com/f? kz＝647910298.

场中获得生存的空间,加强专业性和差异化是至关重要的。我们以两个垂直类 B2B 电子商务网站为例来探求一些差异化方法。

1. 中国化工网

中国化工网建立于 1997 年,是由网盛科技创建并运营的国内第一家专业化工网站,也是目前国内客户量最大、数据最丰富、访问量最高的化工网站。中国化工网建有国内最大的化工专业数据库,内含 40 多个国家和地区的 2 万多个化工站点,含 25 000 多家化工企业,20 多万条化工产品记录;建有包含行业内上百位权威专家的专家数据库;每天新闻资讯更新量上千条,日访问量突破 1 000 000 人次,是行业人士进行网络贸易、技术研发的首选平台。

中国化工网的网站特点在于其丰富的行业资源和权威的专家支持。中国化工网与中国石油和化学工业协会也有着密切的合作关系。在该网站上有一个"会展"模块,里面既有丰富、及时的会展资讯与会展推荐等信息,又有其独特的会展代理功能。特别值得一提的是,由它自己主办的《国际化工展》在国内外多个大型化工展会免费发行。2007 年的发行量突破了 10 万余册,《国际化工展》的出版和发行受到了国内外化工专业人士的一致好评,并成为全球化工买家采购中国化工产品的重要渠道。

除了有丰富的行业资源支持,中国化工网也有权威的技术专家"坐镇"。聘请知名的技术专家,带动技术人员的积极参与,为寻求技术问题解决方案和获取专业知识的网络用户解决问题等。这些举措不但能使网站聚集人气,也给网站增加了更多的权威性和专业性。在网站"专家"模块里,有化工行业各个方向的特聘专家 400 多名,以大学教授和企业工程师为主,并附有详细的个人信息介绍。网站会员只要登录就可以就化工方面的技术问题进行咨询,专家给予回复。中国化工网为特聘专家颁发化工网特聘专家证书、提供个性化的专家展台、为特聘专家的技术成果转让等信息给予优先发布,并以固定广告形式进行重点推广,特聘专家更有机会参加化工网的研讨会和行业峰会。这样,特聘专家通过化工网获得了成就感,进一步提高了自己的知名度。而化工网也因特聘专家增添了更多的专业色彩。

2. GlobalSpec 电子商务网站

GlobalSpec 是全球三大顶级采购网站之一,致力于为全球工业和电子行业的采购工程师和技术工程专家提供产品和供应商信息。目前全球已有 420 万注册用户在使用 GlobalSpec,每天有超过十万名来自制造业、经销商、系统整合商等专业采购、市场部人员及工程师运用 GlobalSpec,同时世界 500 强中已有超过 110 家工业和电子类的制造商通过 GlobalSpec 在全球范围寻找优质的产品和优秀的供应商。2006 年与 2007 连续两年 GlobalSpec 荣登全球最具影响力的商业媒体评比活动之一的 Media Power 50 网站类前十名。

与中国化工网类似,GlobalSpec 也拥有丰富的行业资源,其强大的会展合作伙伴包括世界规模第一的展览会 CeBIT、全球最有影响力的展览会汉诺威工业博览会、南美最大的仪器和自动化等领域的专业展会 ISA Show、中国最具代表性的工业博览会之一工博会等。它的协会合作伙伴包括致力于提升工程和技术教育的美国工程师教育协会、打造全球最大的专家协会 IEEE 等。通过与 IEEE 的合作伙伴关系,GlobalSpec 拥有超过 100 万份技术档案索引,包括杂志文章和会议报告,更加强了 GlobalSpec 工程师社区的信息功能。

除此之外,GlobalSpec 专业搜索也尽显其网站专业之风。GlobalSpec 拥有专业买家资源,是全球唯一可以用规格作为搜寻产品的专业平台。SpecSearch 搜索是 GlobalSpec 的基础服务,也是准确、快速地搜索到产品的关键。目前,SpecSearch 搜索已经发展成为一个拥有 1.8 亿项产品规格参数的在线目录。与阿里巴巴主要依靠产品和公司名称查询不同的是,尽管 SpecSearch 搜索提供的也是一种在线目录式的服务,但是它还提供了进一步用产品规格参数搜索的查询方式。例如,一位工程师或者技术型买家需要寻找一种锂电池(Lithium Batteries),当他在 GlobalSpec 上用"Lithium Batteries"搜索后就会看到一个分类十分细致的表格,在这个表格中 GlobalSpec 为工程师们提供了有关锂电池的众多规格参数信息,包括电压、电池容量、工作温度范围、电池的种类、标准,甚至工程师还可以用电池的具体用途来对电池进行搜索,这样搜索出来的结果准确度自然很高。相反,如果在阿里巴巴对锂电池进行搜索。搜索的结果页面中会出现上万条相关的产品信息,如此庞大的搜索结果,不要说对于一般的买家,就是对于精通该产品技术的技术工程师来说,也是一个让人头痛又无奈的结果。

由此可见,专业性是垂直类 B2B 电子商务网站的特点和优势所在,也是客户选择垂直类 B2B 电子商务网站的首要因素。因此,如果能在专业性上下足功夫,相信垂直类 B2B 电子商务网站将会发挥其优势,从而在竞争激烈的电子商务市场中占据一席之地。

# 4.5　寡头垄断

## 4.5.1　寡头垄断及其特征

寡头垄断(oligopoly)是现代产业组织理论中市场结构的第四种基本形态,寡头垄断的市场结构有一点与垄断竞争相类似,即它既包含垄断因素,也包含竞争因素。但相对而言,它更接近于垄断的市场结构,因为少数几个企业在市场中占有很大的份额,使这些企业具有相当强的垄断势力。寡头垄断企业的产品可以是同质的,也可以是有差别的。前者有时被称为纯粹寡头垄断,后者则被称为有差别的寡头垄断。寡头垄断的市场特征包括以下几点:

### 1. 市场存在明显的进入障碍

寡头垄断的市场存在明显的进入障碍。这是少数企业能够占据绝大部分市场份额的必要条件,也可以说是寡头垄断市场结构存在的原因。最重要也是最基本的因素是这些行业存在较明显的规模经济性。如果这些行业中要容纳大量企业,则每家企业都将因生产规模过小而造成很高的平均成本。规模经济性使得大规模生产占有强大的优势,大公司不断壮大,小公司无法生存,最终形成少数企业激烈竞争的局面。对试图进入这些行业的企业来说,除非一开始就能形成较大的生产规模,并能占据比较可观的市场份额,否则过高的平均成本将使其无法与原有的企业相匹敌。

2. 企业之间相互依存

寡头垄断最突出的特征是企业之间存在着很强的相互依存性或激烈对抗的竞争,而且这种相互依存关系是被明确认识到的。某一家企业降低价格或扩大销售量,其他企业都会受到显著影响,从而作出相应的对策。这就使得任何一家企业作出某项决策的时候,都必须考虑其竞争对手的反应,并对这种反应作出估计。

3. 倾向于非价格竞争,竞争结果具有不确定性

在寡头垄断下,价格竞争的潜在不利后果导致公司更倾向于通过非价格竞争的手段来刺激销售并建立消费者忠诚。非价格竞争往往会因产品自身特性以及客户群的不同(消费大众或者是企业用户)而变化。当客户群是易受影响的消费大众时,企业会进行大量的广告宣传和形象设计,如化妆品、食品。当客户群是企业用户时,企业很少通过炫目的广告刺激销售,更多是通过技术和战略的联合进行竞争,如钢材等原材料。

此外,由于寡头垄断企业之间存在很强的相互依存性,使其在经营上有着与其他类型的企业不同的重要特点,即寡头垄断者的某项决策会产生什么结果完全取决于其对手的反应。因此,寡头垄断者的竞争结果具有很大的不确定性。对实践中的企业来说,这种不确定性使其决策的难度相应提高。

### 4.5.2 寡头垄断的效率分析

传统市场结构理论认为,在寡头垄断下,价格竞争的潜在不利后果会经常迫使寡头垄断者想方设法避免价格竞争,并且采取协调定价的方式而不是把价格作为竞争的武器。寡头们意识到,周期性价格战的最大受益者是消费者而不是生产者,因此,他们会寻求通过合作定价来和平共处。为了达到这个目标,厂商寻求各种协调定价(有些是合法的,有些是违法的)行为。厂商们满足于依靠非价格手段保护并扩大市场份额。于是,产品价格就会超过边际成本,造成配置无效率,厂商的生产规模也不是最有效率的。

20世纪80年代初,美国兴起了一种新的市场结构理论——可竞争市场理论。该理论认为,良好的生产效率和技术效率,在传统理想的市场结构以外是可以实现的,而无须众多竞争企业的存在。这种市场结构可以是寡头垄断市场,甚至是独家垄断市场,但只要保持市场进入的完全自由,只要不存在特别的市场进出障碍,潜在竞争的压力就会迫使任何市场结构下的企业采取竞争行为。在这种环境条件下,包括自然垄断在内的高集中度

的市场结构仍然是能够和效率并存的。

网络经济条件下产品的资源特点和技术特征强化了网络经济条件下的垄断效应。信息产业的垄断地位的形成主要不是源于垄断行为,而是基于技术竞争,特别是技术创新。也就是说,网络经济条件下,垄断的形成恰恰在于竞争程度更高和竞争环境无障碍。竞争程度越高,垄断程度也就越高,甚至形成寡头垄断;而垄断程度越高,竞争就越激烈,创新的频率也就越快,因为垄断地位所带来的经济利润是最强有力的激励。一般说来,在技术创新频率较高的情况下,技术创新越是集中在少数企业甚至个别企业身上,就越形成寡头和垄断,少数企业或个别企业就越容易长期占据垄断地位。反之,技术创新越呈发散型,处于垄断地位上的企业更换频率就越快。垄断与竞争在网络经济中的结合,就形成了网络经济条件下的寡头垄断市场结构。

1. 网络经济条件下,寡头结构是一种寡头竞争均衡,而不是寡头垄断行为的均衡

网络经济条件下的寡头,是一种通过激烈竞争形成的均衡,这种结构是通过高度竞争与高度垄断相结合而形成的,而不是通过寡头企业之间的合谋形成的。这种结构更有效率,它可以促使企业展开全方位的竞争。事实上,网络经济下的垄断市场结构是通过这种市场上大企业的较高的运营效率形成的。在网络经济条件下,不存在任何其他妨碍有效竞争的不可逾越的障碍,技术竞争是唯一起决定作用的竞争形势。市场份额是由创新的频率决定的,谁能创造出消费者认可的产品,谁就会占据市场上的主要份额,然而,创新一旦停滞,它的市场地位就可能被其他创新者代替,从而失去主要的市场份额。可见,在网络经济条件下,最后形成的寡头均衡结构,一定是竞争的均衡,而不是垄断的均衡。

2. 寡头结构更易实现网络经济条件下的规模经济和范围经济

根据经济学理论,只要企业运营形成固定成本,生产要素在合理匹配的情况下就会产生协同作用,长期平均成本的最低点决定着企业生产的"最佳规模"范围,固定成本越大,企业规模经济范围就越广。

厂商规模成本函数的部分可加性概念对规模经济给出了更加合理的解释,为不完全竞争均衡市场的效率增进功能提供了扩展的理论解释。成本函数的部分可加性是说单一企业生产某个行业中所有各种产品的成本小于多家企业分别生产这些产品的成本之和。成本函数的部分可加性使得市场对某行业的产品需求量,只要独家生产和供给该产量时的平均成本低于两家或多家厂商分别生产该产量时的平均成本,那么两家或多家厂商分别生产该产量就不具备效率优势。因此,真实经济世界中的行业集中度提高是规模经济规律和成本函数的部分可加性效应共同作用的结果,是资源配置效率的体现,绩效决定着市场结构,而不是相反。

网络经济的主要资源是信息,信息产业的特点是早期投入即固定成本或沉淀成本巨大,而信息制造、使用和销售具有可重复性,信息的复制成本几乎可以忽略不计,且能重复销售和重复使用,也就是说信息产品的平均成本递减,且规模经济的区间不受物质元素的

限制趋向于无穷大。这就使得网络经济下,寡头市场更易实现规模经济。同时信息技术之间的相容性,在同一种技术平台上,可以开发数种信息产品,这就使得网络经济下更易实现范围经济。

**3. 寡头市场结构可以避免社会福利损失**

传统经济学理论认为,任何垄断市场结构,包括寡头结构都将降低资源的配置效率。不过,威廉姆森曾经运用局部均衡福利经济学的分析工具来进行兼并的福利权衡。依据威廉姆森的模型,垄断一方面会带来经济效益,由于存在规模经济,企业通过兼并等行为会造成边际成本下降,这种成本节省应带来效率的增长,对消费者有利;而垄断的代价是企业垄断力量的增强,对消费者不利。垄断的总效应就是这两种方向相反的效果的总和,是否对消费者有利要视情况而定。

在网络经济时代,市场竞争已不主要表现在价格竞争上,所以价格垄断对市场的影响已大大减少;制约经济增长的主要矛盾是需求创造,它受制于消费者的消费欲望,只有不断创造出适合市场需求导向的新产品,才能刺激消费者的潜在消费欲望,增加需求量。而这种创造,需要的是敏锐的洞察力,不断的创新力,只有适应市场需求,才能形成经济垄断力量。这种经济垄断是凭借新技术、新工艺、新产品所形成的,是在满足消费者潜在欲望即效用最大化的基础上实现的,它本身意味着市场的高效率和技术的不断进步,这种垄断不仅没有造成消费者利益的损失,反而大大增加了消费者剩余。如前所述,在网络经济时代,价格主要取决于消费者的价值判断,价格持续走低是一个必然趋势。经济权利已经逐渐由生产者转向了消费者,垄断企业必须实施"客户导向"战略,在质量、品牌、服务等方面迎合客户的需求。总之,客户经济时代的到来和消费者主权的确立,垄断完全有可能降低总福利损失而加大规模经济的优势,从而减少传统意义上垄断的弊病。

**4. 新经济时代寡头有利于技术创新**

西方主流经济学认为,垄断包括寡头垄断是由于寡头垄断能够通过合谋、控制市场等手段获得高额利润,从而使企业不思进取、技术停滞等。对此持相反观点的是"熊彼特假定"和"加尔布雷思观点"。熊彼特认为,大企业是适合技术创新的。因为,垄断或大企业能够承担创新风险,而且对垄断利润的追求可以成为创新的激励机制;大企业对创新的追求增进了竞争,竞争必然走向垄断;完全竞争的小厂商无法为 R&D 支付最佳费用。美国制度经济学家加尔布雷思从对大企业和小企业的比较优势的总结中进一步得出大企业是最适合于技术创新的观点。

在网络经济时代,竞争主要集中于技术竞争,技术是企业成败的关键因素,只有具有资金优势的企业才能根据市场需求迅速变化的特点不断地为研究与开发投入大规模的资金。同时,信息产品的生命周期一般来说都很短,任何公司的创新型产品推向市场都只有一个短暂的垄断,很快就会被更新的、更具有技术优势的产品所替代,在这种被熊彼特称之为"创新性毁灭"的创新竞争中,企业不但要把生存立足点放在发明创造上,而且还要坚持不懈地进行创新速度的革命;不但要针对同行企业的产品创新,攻击对方的毁灭性创造,而且更要以自己为对手,进行老产品的创造性毁灭。这样的竞争格局必然导致在资本和技术密集的产业领域形成寡头垄断的市场结构。在网络经济时代,只有实现从制造领域规模经济向研发领域规模经济的转变,才能提升产业效率。在以技术竞争为主导的时代,垄断不但没有抑制技术进步,反而在更激烈的竞争中加速了产业进步的实现。

### 4.5.3　电子商务的寡头垄断:搜索引擎服务

搜索引擎(Search Engine,SE)是指根据一定的策略、运用特定的计算机程序从互联网上搜集信息,在对信息进行组织和处理后,为用户提供检索服务,将用户检索相关的信息展示给用户的系统,主要包括全文索引、目录索引、元搜索引擎、垂直搜索引擎、集合式搜索引擎、门户搜索引擎与免费链接列表等。

中国搜索引擎市场形成于 1996—2000 年前后。一方面,国内各大门户纷纷杀入搜索引擎领域。1996 年 8 月成立的搜狐公司是最早参与做网络信息分类导航的网站;1998 年2 月,搜狐推出分类目录搜索引擎,是当年 Yahoo! 的中国版;1997 年 6 月创立的网易也推出全中文搜索引擎目录;1999 年 2 月 2 日,新浪网开始推出新一代中文搜索引擎"新浪搜索"测试版,10 月 9 日,推出了高级搜索。另一方面,专业搜索引擎网站也开始尝试运营。1999 年 9 月,雅虎中国网站正式开通;1999 年底成立于美国硅谷的百度以超链分析技术为基础,推出新一代中文搜索引擎;2000 年 9 月 12 日,Google 也开始启用中文搜索服务;2002 年 9 月,由中国网、慧聪国际等共同打造的中国搜索联盟,为门户提供搜索技术,2003 年 8 月推出搜索门户,命名为中国搜索。近几年,搜索引擎领域实现快速发展,产业竞争非常激烈。目前,中国 SE 市场主流服务商是百度、奇虎 360、搜狗、搜搜、Google、有道和必应等,并且形成了明显的百度一家独大,多家并存的寡头垄断竞争格局。

1. 市场高度集中

目前,百度是中国 SE 市场的绝对领先者,无论是用户知名度还是首选份额,百度的各项指标都表现良好。根据中国互联网络信息中心(CNNIC)发布的《2013 中国搜索引擎市场研究报告》,截至 2013 年 12 月,搜索引擎整体搜索首选率份额百度占 86.7%,排名第一。搜索引擎在搜索网民中的知名度(在提示情况下,知道某搜索品牌的网民数占整体搜索网民数的百分比),百度以 99.1% 位居第一,谷歌搜索以 86.8% 的比例位列第二,搜狗搜索(77.3%)、360 搜索(74.5%)、SOSO 搜搜(63.9%)、雅虎搜索(62.8%)分别位列第三至第六位;其他品牌都在 43% 以下。在 PC 搜索首选份额方面,百度份额 85.6%,第二名、第三名分别为 360 搜索和搜狗搜索,份额数据为 10.1% 与 2.3%。[①] 相比之下,Google、微软必应、雅虎及有道等,它们占 SE 用户的比重很小,增长速度也较慢,目前对

---

① http://www.enkj.com/idcnews/Article/20140127/4521.

改变中国 SE 市场格局的影响力较弱。

**2. 市场进入存在较大壁垒**

从竞争进入壁垒来看,技术主导型的搜索引擎市场进入壁垒较高,加上市场格局初步稳定,国内中小搜索引擎厂商进入困难。奇虎 360 和搜狗能够跻身 SE 市场并且取得比较成功的运营效果,很大程度上依赖于二者主营业务的庞大客户群。奇虎 360 是基于杀毒软件,搜狗是搜狐旗下的产品,二者庞大的用户基础使得他们可能在一开始进入 SE 市场就能形成较大的用户规模,并占据比较客观的市场份额(2013 年 9 月,搜狗与搜搜合并,聚合搜狗搜索与腾讯搜搜精华的"新搜狗"影响力更强),从而成为百度最大的竞争对手。此外,从用户使用习惯来看,网民主动更换搜索引擎的意愿不强。2013 年下半年,仅有 2.2% 的搜索网民更换了常用搜索引擎,更换比例不高。这种情况下,其他企业想要进入这一市场,难度可想而知!

**3. 渠道竞争加剧**

从搜索引擎用户使用习惯来看,网民主动更换搜索引擎的意愿不强,更换常用搜索引擎的人群中,因导流工具而改变常用搜索引擎的比例较高,主要为浏览器和导航网站的改变。基于这种现实,各主流 SE 软件纷纷探索通过导流性渠道增加市场份额。2013 年 3 月,搜狗悄然发布 2.0 版本的智慧版搜狗 PC 输入法。在这一新推出的输入法中,一个主要的更新是加入名为"心有灵犀"的新功能。新功能下,当用户在搜索引擎页面输入关键词时,搜狗输入法的候选词栏会根据关键词的不同,向用户提供相应的迷你搜索结果。比如搜索某个电视剧,用户刚打出电视剧名,搜狗输入法给出这一电视剧相应的收看链接。这意味着,搜狗输入法用户在搜索时,有很大可能打出关键词就能获得搜索结果,而不需要按下搜索按钮。也就是说,搜狗正通过输入法对搜索引擎完成了截流。这是一个鲜明的信号:搜狗终于在赖以成名的输入法工具上,找到一种可以直接起效的方式,投入到搜索引擎份额的竞争之中。显而易见的是,输入法理论上比浏览器更接近用户一步,也就更能从搜索引擎的虎口掘食。类似地,360 搜索之所以能在短期内就在搜索引擎市场获得不少的市场份额,很大程度上也是靠它浏览器的渠道优势。

**4. 手机搜索发展迅速,竞争将进一步加剧**

2013 年,国内搜索市场发生了显著变化,最明显的体现在 PC 端搜索增长放缓,移动端搜索蓬勃发展,网民对手机搜索的依赖程度加深。一方面,2013 年,手机搜索使用率提升至 73.0%;另一方面,网民使用手机搜索的频率增加,2013 年平均每天使用手机搜索一次以上的手机网民占了 54.5%。不仅如此,网民在手机端搜索时使用的输入方式明显变化,表现在使用二维码扫描输入和语音输入进行搜索的比例大幅度上升。2013 年,使用过二维码扫描输入进行搜索的手机网民比例从 2012 年的 7.9% 上升到了 25.1%;[①]使

---

① http://www.cnnic.net.cn/hlwfzyj/hlwxzbg/ssbg/201401/t20140127_45980.htm.

用过语音输入进行搜索的手机网民比例从 12.7% 上升到了 22.1%。2013 年部分搜索 APP 集成语音以及二维码扫描输入功能,加上即时通信、微博等 APP 也都绑定了这些输入功能,带动了网民使用这些新的输入方式,并在搜索信息时使用。语音、二维码扫描输入使移动搜索更加便捷。

与 PC 端搜索引擎相比,移动搜索的市场竞争格局尚不明朗。但是近期随着 360 对移动端搜索的重视,搜狗与搜搜的联合,移动搜索市场一家独大的局面是很难出现的。搜狗、360 自身的渠道手段会直接遏制百度移动搜索的优势,用户在使用移动搜索的过程中也很难察觉是哪个搜索引擎。渠道的优势,在移动端会更加明显,光是渠道,就足以出现三足鼎立之势。

在移动 SE 还没有形成规模时,SE 市场的在位者、后进入者通过创造新的盈利模式、更经济的服务纷纷涉足这片蓝海。SE 争夺战,谁能笑到最后? 结果不得而知!

# 【引例回顾】

引例的分析说明了中国旅游在线市场较为活跃,市场结构特征很难用传统的四种类型进行描述。事实上,在这种结构下,竞争和垄断双双被强化,其市场的开放度越高(进退无障碍),竞争就越激烈,技术创新的速度也就越快,所形成的行业垄断性就越强,集中度也就越高;反之垄断性越强,集中度越高,市场竞争反而越激烈,因此表现为一种竞争性垄断结构。

虽然这些旅游网站模式不尽相同,但无一例外都为旅游者和酒店、航空公司搭建了一个直接沟通的平台,这也让直销模式的推广成为可能。综合起来,大体上在线旅游行业需要在以下 3 种模式上进行突破:

(1) 传统在线旅游预订网站,主要为用户提供机票、酒店的预订服务,以收取佣金为主,属于航空公司、酒店的分销渠道。拥有规模效益的携程旅行网在业内已瓜分了主要的市场份额,其他中小企业很难在规模上与它们抗衡,唯一的途径就是通过细分市场、创新服务为客户提供差异化的服务。

(2) 旅游点评网站,主要为用户提供酒店和目的地点评参考,为旅行者提供开放性的分享平台,增加用户互动和访问量,以收取网站媒体广告为主,属于航空公司、酒店直销平台。

(3) 旅游比价搜索网站,主要为用户提供垂直搜索服务,以收取网站媒体广告为主,包括酷讯网等。用户通过"比价搜索"来选择服务提供商,使得旅游产品的价格更为透明。

因此,升级 OTA 模式是对现有旅游资源的整合与旅游链条中的价值再造,在线旅游渠道商把遍布各地的酒店与航线等旅游资源汇集到网络平台,一方面可以大量节省旅行者在信息搜索方面的时间;另一方面酒店和航空公司也乐于以"协议"价格将客房资源交给旅游渠道分销商来销售。

# 【关键术语】

| | |
|---|---|
| 市场结构 | market structure |
| 均衡分析 | equilibrium analysis |
| 市场出清 | markets clear |
| 结构—行为—绩效范式 | structure-conduct-performance paradigm |
| 完全竞争 | perfect competition |
| 经济利润 | economic profit |
| 机会成本 | opportunity cost |
| 经济损失 | economic loss |
| 正常利润 | normal profit |
| 规模经济 | economies of scale |
| 生产效率 | productive efficiency |
| 配置效率 | allocative efficiency |
| 溢出成本 | spillover costs |
| 垄断 | monopoly |
| 持久性经济利润 | persistent economic profits |
| 垄断竞争 | monopolistic competition |
| 产品差异化 | product differentiation |
| 非价格竞争 | nonprice competition |
| 消费者忠诚 | customer loyalty |
| 寡头垄断 | oligopoly |
| 搜索引擎 | search engine |

# 【课后案例】

## 旅游网站的垄断竞争

我国国内旅游市场空间很大,在短短10年时间内,催生了许许多多旅游公司,其中在线旅游市场,提供旅游信息的中国网站超过5 000家,其中有300多家是专门的旅游网站。大致看来,国内旅游网站主要或潜在竞争对手可以分为五类,如图4-8所示。

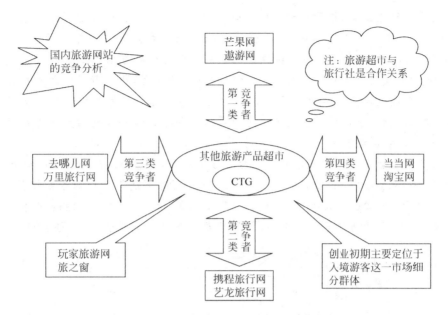

**图 4-8　国内旅游网站主要或潜在竞争对手**

1. 第一类主要竞争者分析

第一类竞争者主要是依托传统的旅游企业而建立起来的旅游分销商,如遨游网、芒果网等。随着互联网的普及、金融支付体系的不断完善和人们消费习惯的改变,一些规模较大的旅游分销商纷纷设立自己的分销网站,这类网站主要由从事团队旅游业务的传统旅行社投资组建,如中青旅投资的遨游网、港中旅投资的芒果网、广东新泰集团和国旅总社投资组建的华夏旅游网,也有网站由传统的酒店、机票分销商投资组建,如黄金假日、金色世纪、商之行,该类网站的功能以发布其旅行社的团队旅行线路为主,并且提供酒店的预订,或者机票的预订。该类具有以下显著特点:

- 管理团队更多是来自于传统的旅行社业务,公司架构具有相应的独立性;
- 网站更多是对传统旅行社核心团队旅游产品的补充,并作为传统分销渠道的补充;
- 产品和市场具有较强的地域性,本地化特色显著;
- 产品和服务体系更多是基于传统业务平台,并不具备独立的服务平台;
- 网站功能相对单一,以产品发布功能为主。

第一类的传统旅游分销商在传统业务人才、供应商关系等方面具备一定的优势,但其在资金、品牌、服务网络方面的劣势也同样明显,在向在线业务的转变过程困难比较大。

2. 第二类主要竞争对手分析

第二类竞争者主要是一些新兴的旅游分销商,他们没有或者很少拥有线下资源,如携程、艺龙等。携程和艺龙较早涉足在线旅游行业,运用高明的资本运作手段,使得在日趋竞争激烈的在线旅游上,显示出新生代的朝气和力量。他们在资金方面的实力强大,在供应商(尤其是在酒店方面)、品牌、合作伙伴、分销渠道、客户资源等方面所树立的重重壁垒,这也给后来者一个警示:在在线旅游行业所提供的产品与服务日趋相似、竞争日趋加剧的今天,如何找到差异化的市场定位,提供差异化的服务,决定着后来者的命运。

这一类在线旅游企业相比于第一类,传统业务人才、供应商关系处于劣势,且其产品和服务高度同质化,所以提供优质的服务及准确的信息是这一类网站生存的关键。

3. 第三类主要竞争者

第三类竞争者主要是一些新崛起的旅游搜索引擎,如去哪儿(www.qunar.com)和万里旅行网(www.go10000.com)等。这些网站努力在模仿欧美成功的旅游搜索引擎的盈利模式,即 CPC 模式(即 Cost Per Click,按照每一点击收费),这类网站的前途不可限量,由调查显示网民获得旅游预订信息中,旅游搜索引擎仅次于网络广告(图 4-9)。

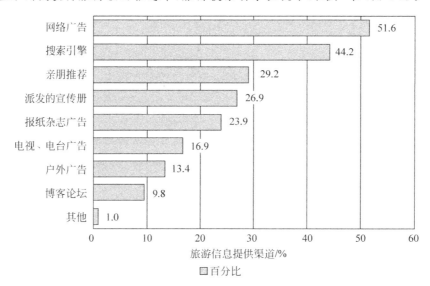

图 4-9 网民获得旅游信息的渠道①

然而,这类网站的前途似乎跟其本土化过程相联系,这类搜索引擎的商业模式在中国的开展似乎是困难重重,原因有以下几点:

(1)机票方面:中国的国内机票预订引擎目前全部采用中航信的系统,其系统与国外 GDS 在运价管理与组合等方面确实有着不小的差距;中国航空公司在运价体系、航线网络、中转联程航班编排等方面还需要很大的提高和优化;以上诸多因素造成了各家在线旅游公司以中航信系统为基础开发的航班查询系统在国内运价和航班选择等方面的差

---

① 2005 年 11—12 月 iUserSurvery 在 51 家网站联机调查获得。

异性几乎是微乎其微(虽然如携程等公司已经开发了自己的本地运价管理系统)。在国际运价管理方面,中航信和国内各家航空公司的功能相对比较薄弱,无法为用户提供更多差异化的选择,国外 GDS 目前尚未在中国获得合法的经营许可。以上因素造成了旅游搜索引擎在机票预订方面无法为用户提供多样化的航班选择和价格差异性。

(2) 酒店方面:中国各大在线旅游公司目前大多采用酒店前台现付体系(commission model),而大多数酒店为了维持其价格的稳定性,基本对所有在线旅游公司提供一致的前台现付价格(其价格的差异性更多体现在对酒店预订公司后返的佣金奖励方面,大多以每月实际入住间数或者收入为基础),以上因素造成了旅游搜索引擎在酒店预订方面无法为用户提供太多的价格差异性。

(3) 由于对中国搜索引擎业目前存在的恶意点击的现象(即部分搜索引擎通过人为提高点击率而夸大搜索效果)和对搜索引擎效果的疑虑,部分在线旅游公司对与采取 CPC 模式的旅游搜索引擎的合作持有保留态度,双方之间的合作也大多采取的是 CPT 模式(Cost Per Transaction,按照每一成功的交易收费),极大地降低了旅游搜索引擎的收入来源。

(4) 旅游搜索引擎的商业模式注定了其必须首先通过强大的市场和广告攻势来扩大品牌和知名度,中国旅游搜索引擎品牌的成熟和发展还需要漫长的时间去积累。

4. 第四类主要竞争者

第四类竞争者主要是从事其他 B2C 或 C2C 业务的电子商务公司,它们同时涉猎在线旅游业务,如当当网、淘宝网。2006 年 3 月,中国领先的在线购物公司当当网宣布将进军在线机票预订业,其管理团队希望凭借当当网多年所积累的丰富的客户资源和在线旅游预订经验挑战携程和艺龙的统治地位。可以预见,随着中国在线旅游市场的不断成熟和发展,将有更多的从事 B2C 业务的成功的电子商务公司进入这一巨大市场淘金。

这类公司在电子商务运营方面经验丰富,也具备一定资金实力,但是其管理层应该充分认识到:携程和艺龙的成功并不仅仅是靠"资金+技术",其对传统服务体系(包括呼叫中心)、配送体系(包括配送流程的管理及资金安全监控)、供应商关系等方面的精心培育绝不是一日之功;吸取携程和艺龙成功的经验,耐心地构造服务体系应该成为当当网们的重中之重。

5. 其他旅游产品超市主要竞争者

第五类竞争者主要是其他旅游产品超市公司,如旅之窗(http://www.tabimado.net.cn/)和玩家旅游网(http://www.gootrip.com)等超市概念的旅游平台,其模式类似美国成功的在线旅游平台 Travelzoo(www.travelzoo.com)。该类网站集纳上百家旅行社的近千条线路产品并在网站上发布。其建立了全新网上即时订房模式,拥有面向大众提供互联网即时旅行预订服务的系统,集订房、观光信息、地图、社区等于一体,改变了传统的订房中心模式,不要电话,不用等待确认,即可实现网上即时订房服务及相关旅行信息的提供。盈利模式类似于购物中心(shopping mall),靠收取客户的租金盈利,预订者必须与旅行社接洽完成交易。

这类竞争者和旅游搜索引擎本身不参与实质性的旅游产品的交易,避免了在服务网络和产品体系方面的巨大投资,但这对他们同样是个劣势。对服务流程和客户服务没有任何控制力,其服务商如果无法保证服务质量或者及时处理客户投诉会给这类搜索引擎带来声誉和品牌上的不良影响。寻求与门户网站的合作甚至被其并购似乎是这两类网站发展的最佳途径,美国著名搜索引擎 Kayak、Sidestep 等相继被美国在线及 Yahoo 收购就是最好的佐证。

表 4-1 国内主要旅行网站类型及特点

| 类别 | 代表企业 | 优势 | 劣势 |
|---|---|---|---|
| 依托传统的旅游企业建立起来的旅游分销商 | 遨游网、芒果网 | 传统业务人才、供应商关系 | 资金、品牌、服务网络 |
| 新兴的旅游分销商 | 携程、艺龙 | 资金、品牌、合作伙伴、分销渠道、客户资源 | 没有或者很少拥有线下资源,传统业务人才、供应商关系 |
| 新兴的旅游信息搜索公司 | 去哪儿网、万里旅行搜索网 | 欧美成功模式模范,有发展前途 | 中国商业环境的制约 |
| 从事其他 B2C 或 C2C 业务的电子商务公司 | 当当网、淘宝网 | 客户资源、电子商务运营经验 | 服务体系 |
| 其他旅游产品超市公司 | 旅之窗、玩家旅游网 | 即时预定 | 服务质量 |

综合分析目前新一代的国内在线旅游公司,主要的竞争者或者潜在进入者,在旅游行业已经积累了一定的资源,占有了特定客户群体,具有了一定的营运经验。但可以发现它们与携程和艺龙在走着高度同质化的商业模式,采取了完全类似的市场推广手段(包括派发会员卡及与航空公司、银行、电信、移动等公司的合作方式),但携程和艺龙巨大的先行者和资金优势将是新一代在线旅游公司难以攀越的一座大山,只有走出不同的发展模式,追求产品和目标市场定位的差异化,开发高效实用的技术平台,采取实效而独特的市场推广手段,高度重视客户服务和预订体验,才能够在这场激烈的竞争中生存和发展。

(案例来源: http://www.chinavalue.net/Article/Archive/2008/6/5/119036.html.)

**案例分析问题**

1. 你认为中国目前的旅游网站竞争市场属于哪种结构? 理由是什么?
2. 根据目前的旅游网站市场结构,你认为市场的长期效率如何?

# 【思考与讨论】

1. 选择一个你熟悉的在线旅游网站,分析其业务类型的特点。
2. 登录课后案例中提及的几个网站,综合分析各网站业务的差异化。
3. 查询国内相关的第三方支付工具,分析国内第三方支付市场的市场结构及特点。

# B&E

# 第 5 章

# 网络经济下的市场结构变化

## 【内容提要】

## 【学习目的】

通过本章学习,你应该能够:

- 理解网络经济下市场结构的新变化
- 掌握进入壁垒概念和类型
- 分析不同类型的进入壁垒对电子商务市场结构的影响
- 掌握合并概念及其类型
- 解释合并对电子商务竞争的潜在影响

# 引例：易信、来往，用"微信"打败微信可能么[①]

PC 端入口争夺战还未结束，移动端战火就早已打响，BAT 等巨头们纷纷投入这场无硝烟的斗争中。微信作为腾讯占领移动端入口重要的战略产品，无疑也是 2013 年最热门的应用，然而这款产品似乎自诞生以来就在口水战中长大。

腾讯庞大的业务体系一旦和微信构成 O2O 闭环，将对其他互联网巨头们构成巨大威胁，一时间围剿、抱团的声音不断，为了共同的目的，多少昔日的敌人如今成了战友。与此同时，为了阻击微信，捍卫自己的江湖地位，微信又多了两个"同胞兄弟"——来往和易信，为这场争斗增添了更多看点。

**1. 微信：独大背后的强势与纠结**

微信自发布以来，增长势头一直不减，"高速"成为其专有代名词。从 0 到 1 亿用户，微信用了 14 个月时间；从 1 亿到 2 亿用户，微信用了 6 个月时间；从 2 亿到 3 亿用户，微信用了 4 个月时间……随后，微信用户数量稳固地以每 5 个月增长 1 亿的速度迈进。2013 年 10 月，微信用户数终于突破 6 亿。用户数量的不断提升也让腾讯对微信蕴藏的巨大商业价值蠢蠢欲动，在经过长时间的用户积累和不断试水之后，微信终于亮起了獠牙，在 2013 年 8 月 9 日发布全新 5.0 版本。

5.0 版本绝对是微信历史上最具里程碑意义的版本，除了公众号折叠、扫一扫等常用功能的改善以外，还加入了重磅的游戏中心、支付功能等。这彻底改变了微信的模式，使其摇身一变成为全新的商业、生活、娱乐综合体。其涉及的范围从购物、政府公示、生活类服务乃至保险理赔、金融理财等无所不包，几乎是人们现实生活在移动互联网上的全面延伸。在微信提供的所有服务中，微信是唯一的入口，形成了闭环，支付功能的添加为微信打造全新的移动帝国奠定了基础。

微信展示出了其在移动端强大的统治力，在其他移动社交应用还处在积累用户、扩展社交圈的时候，它已经将线下零售商、线上电商、家电、视频等企业通过微信的"语音识别"、"地理位置"、"上传图片和视频"等九大接口应用连接起来，让人看到一个真实可触的"O2O"新世界。而且，在未来微信还将进一步开放更多接口，打通线上线下，形成移动端的生态系统，随时创造并满足用户瞬间产生的需求。而用户始终会注意到，微信是其唯一的入口。

不过，在 2013 年微信也不是一帆风顺，虽然已经呈现出颠覆的力量，但仍然不完美。微信官方曾表示，微信支付已经向证券、保险行业开放。如果真是如此，那么如何打造一个分级制的支付安全体系将是其最大的挑战。对此，微信方面仍然无法给出一个具体的

---

① 案例系作者根据 http://www.tmtcm.cn/a/yejie/guandian/2013/1211/318.html 内容整理而成。

答案。此外,微信在交友方面也有不良口碑,青少年难以避免地成为受害群体。从这方面来看,微信依旧是"潘多拉魔盒",一经打开便无法控制。如何规避潜在的危险,是微信仍需不断努力的目标。

**2. 来往:突破壁垒,阻击微信一家独大**

来往于 2013 年 9 月 23 日正式推出。截至 11 月 21 日,注册用户数突破 1 000 万,日活跃用户数增长了 500％。来往用户建的扎堆数已超过 10 万大关,其中千人以上大扎堆超过 1 500 个……来往之所以能够在短时间内有如此快的增长速度,就是因为阿里巴巴高层和团队放下身段,以挑战者身份进行营销。为了来往,马云一反以往的低调,接连不断地炮轰微信:"宁可死在来往路上,也绝不活在微信群里"、"蚂蚁拱大象,先拱拱看",11 月 21 日,马云庆祝"来往"满月时还说,阿里巴巴做来往挑战"微信"是要"把不可能变成可能"。

其他高层也不甘示弱,阿里巴巴集团 CEO 陆兆禧明确提出"无线优先"战略,要求集团全体员工"all in"无线,产品和应用都优先考虑无线应用,他还经常亲自回复粉丝关于来往使用中的问题,甚至将阿里巴巴员工拉用户的数量定为年底能否拿到红包的一个KPI(关键绩效指标),并表示公司愿意为来往付出任何代价。营销手段也充满了诱惑的意味,甚至打出"古有三千妓女下江南,今有十万女郎上来往"这样的旗号,让十万淘女郎入驻来往。同时与"双十一"活动挂钩。到 11 月 7 日中午 12 点,已经累计有近 2 000 万个"双十一"红包在来往上被领取,总金额近 4 000 万元。

马云以及阿里巴巴从上到下的员工之所以如此焦急,就是因为整个阿里集团正将移动战略布局的重点押宝在来往上,正是因为他们感受到来自微信的巨大压力——其支付功能已经打通线上购物、O2O 模式等重点节点,已经有无数商家参与,并吸引千万消费者。当移动互联网的大潮来临时,基于 PC 端互联网的商业模式正面临着"死在沙滩上"的风险。相对于移动端的电子商务,原先的电子商务模式便成为了传统模式。

阿里巴巴推出来往,除了是一种防守策略外,从更长远的战略布局来看,正是为移动端生态圈的布局打基础。在移动互联网时代,阿里巴巴的电商基因或许是其能够胜出的最大障碍,这是因为在移动互联网时代,电子商务、娱乐、社交媒体等聚合在一起,它们之间的界线越来越模糊,只做电子商务已经不能完全满足用户的需要。来往就是阿里巴巴跳出电子商务生态圈,站在更高点的制胜法宝,一旦其能动摇微信的统治地位,对于阿里巴巴来说将是全新的机遇。

**3. 易信:生存是首要大事**

2013 年 8 月 19 日易信上线,其实它的发布日期颇为不幸,前面是微信已经累计了数亿用户,并在 10 日前发布具有革命意义的 5.0 版本,后面是一个月后阿里巴巴的重磅产品来往上线,易信夹在其中,颇为凄凉。作为电信和网易共同推出的即时通信应用,为了狙击微信,易信简直无所不用其极,"丧心病狂"地提供免费短信、免费流量、免费语音流量、免费国际漫游电话、免费贴图、高清语音、200人大群等多项优质服务来招揽用户。尽管如此,目前易信的用户还是不超过 5 000 万,和微信的 6 亿用户相比仍然不是一个重量级。

不仅如此,易信还有着许多硬伤。第一,易信没有核心竞争力,微信的核心竞争力自然在于其无所不在、黏性极强的社会关系网,来往的核心竞争力在于其具有口碑的电商基因;第二,易信未来的发展方向不明,在微信开通支付功能,玩转线上线下的生活,在来往依托淘宝,大玩购物的时候,易信却还停留在只能和好友联系的地步,这让人情何以堪?易信已经落后了好几步,想要继续追赶,也变得愈发困难。

尽管微信并非国内第一款移动 IM 产品(米聊是小米科技出品的国内第一款免费移动 IM 工具),但却是行业的真正领跑者。随着越来越多的后继者进入,这会给中国的移动 IM 市场带来怎样的格局,我们拭目以待。不过,面对强大的微信,来往和易信的征途一定不会平坦,我们不妨试着从"进入壁垒"这个限制电子商务竞争的结构性因素进行一些定性的分析。

# 5.1　网络经济下市场结构的新变化

20 世纪 90 年代以来,信息技术的发展促使网络经济逐步取代工业经济,日益成为社会的主导经济形态。网络经济条件下,经济呈现出显著的网络化、知识化特征,扩展企业和虚拟企业的出现促使企业之间的诸多行为从市场转向网络,企业行为从单向的利益争夺转向双向的利益创造和分享。作为网络经济的显著特性,网络效应也极大地影响着企业的行为和绩效,颠覆了传统的竞争模式。由此,合作竞争成为网络经济下企业间关系的本质属性,也使网络经济下的市场结构呈现出新的变化。

## 5.1.1　市场结构呈现多层次复合性特征

在传统工业经济中,最终产品由单个企业生产,因此单个企业的边界和每个产品市场的边界都是清晰的,因而可以方便地对市场集中度进行准确测量,进而确定该市场属于何种结构。在网络经济中,生产链条突破了单个企业的边界,多个行为主体以网络为边界参与到产品生产过程中。正是由于"网络组织"的出现,经济中通行的是企业之间甚至产业之间的网络分工,产业间、产业内或行业内分化与融合的现象同时并存,最终产品在生成前被细分为许多个子产品,并在不同企业内部生产。这种分工合作模式突破了单一企业甚至单一行业或产业的界限,出现了从企业层面看是一种产品市场结构,从产业或行业层面看则是另一种产品市场结构的新特点。换句话说,网络经济条件下的市场结构不再是单一结构,而是双层或多层复合结构。网络组织(如虚拟企业)作为一个整体,其市场地位由其内部的各个企业的市场地位共同决定,即该网络组织的市场地位是网络内部各个企业市场竞争力或市场地位的集成。此外,在网络和企业两个层面上,由于潜在网络和企业子产品(模块)供应商的存在,隐藏在这种不完全市场结构背后的竞争不仅无时不在,而且异常激烈,它们在两个层面上展开,只不过表现得不太明显而已。

以通用汽车与丰田汽车的竞争为例,表面上看,这是两家公司之间(企业层面)的竞争,但实质上却是分别以通用和丰田为核心企业的两条供应链间(网络组织)的竞争。在北美市场,通用与丰田竞争激烈。2005 年底,丰田宣布将把它正在加拿大建造的新装配厂的产能提高 50%,而此时的通用却正在年度巨额亏损的泥潭中苦苦挣扎。调查表明,通用对其供应链上的供应商成员关注不够,2005 年 10 月,通用最大的零部件供应商德尔福宣布破产,导致通用公司宣布将裁员 3 万人,产能大幅减少。与之相比,丰田与其供应商的联系要比通用紧密得多,这从丰田汽车供应商在火灾之后齐心协力挽回损失的行动中不难看出。可见,通用在北美失败的原因之一在于它作为供应链上的核心企业,未能和其供应商德尔福共同应对德尔福的破产危机,使得通用所在的供应链在与其他供应链的竞争中落于下风。因此,作为供应链中的核心企业,自身的成败一定程度上也要依赖于所处供应链的整体竞争力和经营绩效。

### 5.1.2  市场结构表现出暂时性垄断态势

传统产业组织理论认为,某一行业的垄断市场结构一旦形成,则在相当长一个时期内很难改变。这是因为,在传统工业经济条件下,资本要素在所有要素中处于统治地位,劳动力、企业家才能以及技术等均处于从属地位。加之产品中知识与技术的含量较低,技术创新的速度或频率也较低。此外,自然资源的专用性和稀缺性也导致产业的生命周期较长。

网络经济中,资本要素的地位下降,劳动力、企业家才能等要素地位相对上升,尤其是技术要素,上升速度最快,处于决定性地位。此外,产品对自然资源的依赖性变得相对较小,产品的知识含量与技术含量也远远高于传统产品。因此在新的条件下,只有不断地进行知识创新和技术创新,才能保持企业的市场势力或垄断地位。由于网络效应、用户的锁定效应等新的经济特征的出现,这种基于网络和企业两个层面上的市场势力或垄断的形成有其必然性。但是,这种垄断并不必然地抑制和排斥竞争,也并不必然地阻碍技术进步,处在网络和企业两个层面上的垄断者仍然面临着潜在竞争者的严峻挑战和激烈竞争。这是因为,技术创新速度的不断加快,知识产品生命周期的持续缩短以及产品更新换代速度的愈益加快,使得任何一个企业都不能长久地拥有一项垄断技术,企业只有竞相开发和创造新产品,才能在竞争中站稳脚跟。所以,网络经济下的市场势力或垄断只是一种基于知识创新和技术创新优势所形成的暂时垄断,唯有竞争才是永恒不变的,它与垄断交替出现,共生共存。

易趣的经历从某种程度上反映了这种暂时性垄断的态势。1999 年成立的易趣曾经占据着国内 90% 的 C2C 市场份额,而且拥有良好的品牌优势和用户基础,易趣由此在中国网络卖场中拥有了近乎垄断的优势。然而2003年,淘宝横空出世,新生的淘宝凭借着"免费"与"支付宝"两颗利齿,不断蚕食易趣的份额,最终彻底打败eBay易趣,成为当前中国C2C领域的巨人。2009年,淘宝在C2C市场占据了超过80%的份额。[①]

### 5.1.3 技术创新推动市场结构不断演进

传统工业经济认为,市场结构对创新行为只起单向的静态决定作用,而技术创新对市场结构的反作用则不十分明显。这是因为一旦技术创新领先企业占据了市场地位,由于进入壁垒高,其他厂商便无力进入该市场,这就使得在位厂商能够长时间独占市场。而且外部竞争威胁小,在位厂商进行技术创新的动力也不足。这种状况会一直维持到产业的衰退阶段,或者垄断厂商迫于盈利考虑进行技术创新,或者潜在的厂商进行创新完成对旧有厂商的替代。

网络经济给技术创新赋予了打破垄断的天然特性,为产业组织结构优化增添了强劲的内在动力。技术创新所引起的市场结构变化具有明显的阶段性,随着阶段的变化,垄断程度发生相应的强弱更迭。第一阶段,市场垄断程度由低到高。当技术创新领先企业成功地完成了一次技术突破之后,它将凭借创新优势和网络效应逐步取得市场地位。在该阶段,市场结构遵循着从完全竞争到垄断竞争再到垄断的路径变化。第二阶段,市场垄断程度由高到低,市场中遍布着潜在竞争者,当他们通过创新成功进入市场时,原有在位厂商的垄断地位被打破,市场呈现垄断竞争格局。该阶段市场结构遵循着从垄断到竞争性垄断的路径变化。第三阶段,市场垄断程度在新的起点上由低到高。在潜在竞争者和在位垄断者展开的创新博弈过程中,无论何方胜出都会导致市场结构垄断程度的回升,因此,该阶段市场结构将遵循着从竞争性垄断到垄断的路径变化。

## 5.2 网络经济下的市场进入壁垒

### 5.2.1 进入壁垒的概念

在产业组织理论的发展过程中,基于不同的理论主张和分析方法,相继形成了三个主要的理论学派:结构主义学派、效率学派和新产业组织学派。各个学派在进入壁垒(barriers to entry)的含义和进入壁垒的影响因素上存在着不同的认识,因此形成了不同的观点。结构主义学派从在位企业的角度出发,认为进入壁垒是在位企业拥有的相对于潜在进入企业的成本优势;效率学派从新进入企业的角度出发,把进入壁垒定位在新企业承担的高于在位企业的成本这一意义上;新产业组织理论的策略性进入壁垒理论则强

---

① http://www.it.com.cn/news/hlw/cn/2009/05/26/11/530880.html.

调在位企业的主动性,利用在位优势实施策略性行为阻止进入。

事实上,进入是潜在企业的进入,进入壁垒应该是对潜在企业而言的,它进入某一产业既要承担在位企业曾经付出的成本,也有可能要面对策略性进入壁垒,付出高于在位企业的成本,还可能有制度性等意想不到的困难,这些都可以是潜在企业实施进入的障碍。由此,进入壁垒可宽泛的定义为:使进入企业难以成功进入某一产业的相关因素。更具体地说,这些因素使在位者能持续地获得超额利润率,并使整个产业处于高度集中的结构状态。

### 5.2.2 进入壁垒的分类

根据进入壁垒的一般理论,进入壁垒可以分为结构性进入壁垒(structural barriers to entry)、战略性进入壁垒(strategic barriers to entry)和制度性进入壁垒(institutional barriers to entry)。[①]

#### 1. 结构性进入壁垒

结构性进入壁垒主要是指由行业的供给技术特点和市场需求偏好特点所形成的客观存在的一种使进入者处于不利地位的因素,如生产和需求上的规模经济、消费者的偏好和品牌忠诚、先动优势以及学习效应等。这种在位者的优势并不是在位厂商有意识地造成的,而是厂商在利润最大化的经营过程中自然产生的。产业组织理论中的结构主义学派所分析的进入壁垒主要是指这些因素造成的进入壁垒。

#### 2. 战略性进入壁垒

战略性进入壁垒主要是在位厂商为了保持在位者在市场上的垄断或寡头地位而采取的有意识地阻止潜在进入者的策略。这些壁垒本质上是人为的,由企业故意的行为所引发,使进入者处于不利状态。这种进入壁垒的深入分析主要是来自于新产业组织理论的研究,主要包括产品差异化、可置信威胁及维持过剩生产能力等。

#### 3. 制度性进入壁垒

制度性进入壁垒主要是指政府通过制定政策、法律法规或其他社会制度因素对潜在企业进入某个产业而设置的障碍,如专利权和著作权以及政府特许经营等。

## 5.3 结构性进入壁垒对市场结构的影响

### 5.3.1 绝对成本优势

#### 1. 绝对成本优势解析

绝对成本优势(absolute cost advantage)是指在任何产量下,产业内的在位厂商总能以低于潜在进入厂商的平均成本来经营同样的产品,在位厂商相对于潜在进入厂商在长

---

① 李太勇.网络效应与进入壁垒:以微软反垄断诉讼案为例[J].财经研究,2000(8).

期平均成本上总拥有绝对的成本优势。为了便于说明问题,我们假定,在位厂商和进入厂商的长期平均成本不随产量发生变化。如图 5-1 所示,在任何产量水平下,在位厂商的长期平均成本曲线 $LAC_{ex}$ 都低于新进入厂商的长期平均成本曲线 $LAC_{en}$,市场需求曲线 $D$ 为向右下方倾斜的直线。根据第 4 章所述,如果在位厂商为了实现短期利润最大化,它会按需求曲线上 MR＝MC 对应的产量定价。我们不妨假定图中的 $Q_e$ 和 $P_e$ 为这一对应的产量和定价,只要垄断价格短期内能够产生经济利润,且价格 $P_e$ 大于进入厂商的长期平均成本($LAC_{en}$),那么在长期内就可能吸引新企业进入,从而导致竞争加剧,经济利润分流。这种情况下,在位厂商可以重新对产品进行定价,新的价格既要能够阻止新企业的进入,又要保证自己在尽可能长的时间里维持垄断控制。在位厂商可以采用限制定价 $P_1$,使 $P_1$ 恰好等于潜在进入企业的长期平均成本($P_1＝LAC_{en}$)。$P_1$ 对应的产出水平为 $Q_1$,这时,如果潜在进入厂商选择进入市场,其仅能获得超出 $Q_1$ 部分的剩余需求量,而且要以低于 $P_1$ 的价格进行销售。为了更直观地表示进入厂商的生产是从零开始的,我们将潜在进入厂商的剩余需求曲线 $Q_r$ 左移使之与纵轴相交于 $(0, P_1)$ 点,从图 5-1 中可以看出,除了 $Q＝0$ 外,潜在进入厂商在任何产出水平下,其价格(也是平均收益 AR)都低于其长期平均生产成本($LAC_{en}$),即 AR＜ $LAC_{en}$。因此,尽管在位厂商可以获得每单位产品为 $AB$ 的经济利润,但是潜在进入厂商进入市场却不会有利可图,因此在位厂商相对于潜在进入厂商在长期平均成本上总拥有绝对的成本优势。

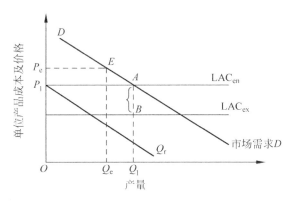

图 5-1    绝对成本优势分析

2. 绝对成本优势来源

在位厂商的绝对成本优势的主要来源一般包括:

(1) 在位厂商控制了优良的生产技术,这种生产技术受专利法或厂商自己的严格的保安制度所保护,因而其他厂商很难得到这种技术;

(2) 在位厂商排他性地拥有最优质的生产所需的资源;

(3) 潜在进入厂商不能得到与在位厂商相同质量及相同成本的生产要素,如高级管理人才、原材料及其他必要的生产设备等；

（4）进入厂商在筹集必要的进入资金时，与在位厂商相比可能处于不利的地位。如由于新进入厂商的规模、声誉劣势和资本市场或信贷市场的不完全所引起的高贷款利率，或者所筹资金不能达到所需的规模。

3. 美国高通的绝对成本优势

美国高通公司（QUALCOMM）是一家以码分多址（CDMA）数字技术为基础，开发并提供富于创意的数字无线通信产品和服务的企业。高通公司成立之初主要从事无线通信业，提供项目研究和开发服务，同时还涉足有线的产品制造。

1989年，高通公司研发出用于无线和数据产品的码分多址（CDMA）技术，并随即向市场推出基于该技术的手机；与此同时，高通公司也向其他手机厂商授权有偿使用该技术。由于技术上的垄断性，使得高通公司拥有了绝对成本优势，但恰恰也是绝对成本优势的存在，使得高通后来退出了手机销售市场，转向发放CDMA专利许可。因为高通公司意识到，从长期利润考虑，CDMA技术的最大价值在于成为无线信号发送的行业标准。如果高通继续从事基于这一技术的手机生产，其他手机厂家会很明显地意识到自己在竞争中的劣势，那么它们就很有可能选择其他替代技术，如TDMA或GMS技术。如今，高通已拥有3 900多项CDMA及相关技术的美国专利和专利申请。高通公司已经向全球超过130家电信设备制造商发放了CDMA专利许可。20多年间，高通凭借其开拓创新的技术和锐意进取的精神引领着人们的沟通、工作和生活方式的变革。如果高通坚持其手机产品的绝对成本优势，要想获得如此大的收益是不可能的。

## 5.3.2　规模经济

开篇引例中提到的微信、来往和易信对移动IM市场的占领都显示出了强劲的急剧扩张性，表明了这些企业非常重视规模。事实上，无论来往，还是微信，抑或是易信，它们在IM市场的驰骋很大程度上得益于阿里巴巴、腾讯QQ以及网易和电信的庞大用户群。规模经济对于电子商务企业而言具有极大的价值，足以构筑阻止新进入者的强大壁垒。

1. 规模经济壁垒解析

规模经济（economies of scale）是指随着产量的增加，产品的平均成本不断下降的一种状态。对于规模经济显著的产业，潜在进入者往往难以一下子达到使生产成本和交易成本最低的最小经济规模量（minimum efficient scale，MES），这就使企业因不能获得规模效益而使成本较高，竞争力较低。

实际上，在位厂商与进入厂商都存在规模经济的问题，即使是相同的规模经济，由于在位厂商进入市场在先，存在时间上的优势，因此它获得规模经济所付出的成本要比后进入厂商先进行成本的分摊。换言之，进入厂商进入时的产品平均成本要高于同期在位厂商的平均成本，所以也就存在进入壁垒。如图5-2所示，长期平均成本曲线LAC在产出水平达到最小经济规模 MES 之前是近乎于陡直向右下倾斜的,这表明单位成本会随着产量大幅下降,而在超过 MES 的产量上,新增产品的单位成本基本不变。图中平均成本曲线描绘了 MES 为 1 000 单位的产业的新进入企业所面临的成本劣势。该产业的在位企业经过多年努力,都已达到或超过了最小经济规模 1 000 单位,其长期平均成本为 $LAC_{mes}$,而新企业进入产业之初,其生产能力只有 200 单位,远远没有达到最小经济规模,其平均成本为 $AC_{en}$,其成本差异为($LAC_{mes}-AC_{en}$),从而使新企业因不能利用规模经济而使成本较高、竞争力较低,构成规模经济壁垒。

不仅如此,在市场需求有限的情况下,如果剩余市场需求不足以容纳一个按规模经济生产的新厂商,而这一新厂商却以规模经济的产量进入,那就会导致产品的过度供给,使产品价格下降,这样该新厂商进入市场不久后就可能亏损。如果该厂商以小于规模经济的产量进入,则其产品的平均成本会比在位厂商高,因此进入厂商也无法成功地进入。我们可以用图 5-3 加以说明,假定在位厂商的市场需求曲线为 $D$,且在价格 $P_{ex}$ 和产量 $Q_{ex}$ 点上,在位厂商可以获得经济利润。如果新企业因为经济利润而进入,那么市场需求 $D$ 就可能被这两个企业共分,这样,每个企业只能获得一半的市场需求,各自的需求曲线变为 $d$。在需求曲线 $d$ 上,两个企业都无法找到涵盖其全部平均成本的价格($d$ 与 LAC 没有交点),结果潜在进入者就不敢冒险进入市场。因为它意识到,即使市场中存在持续的经济利润,但对于新进入企业而言,与在位厂商共享市场是无利可图的。

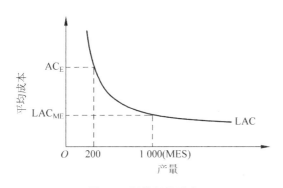

图 5-2　规模经济壁垒

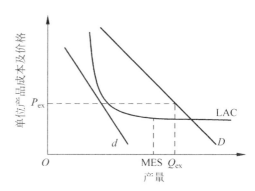

图 5-3　规模经济壁垒分析

**2. 规模经济成为进入壁垒的条件**

效率学派认为,规模经济作为一种生产技术的特点,在位厂商与进入厂商之间不存在成本不对称问题,因此规模经济不是一种进入壁垒。然而通过前文分析,我们知道,规模经济确实可以成为行业的进入壁垒,但有几个重要因素决定了这种进入壁垒能否成功地起作用。

第一,需求必须限制在分享市场便会两败俱伤的水平上。如果进入者能够增加市场需求,使需求曲线 $D$ 向右移动(相应地,需求曲线 $d$ 也会向右移动并与 LAC 相交),那么这一壁垒就失效了。

第二,规模经济必须建立在大规模产出的基础上。相对于整个市场需求而言,如果企业在较低的产出水平上就可以达到最小经济规模量 MES,那么许多企业在进入之初就可能达到 MES,从而避免规模劣势。

第三,成本曲线必须足够陡峭以阻止进入。有些情况下,即使存在规模经济,但随着产出的增加,平均成本降低并不明显,那么对新进入者而言,这就意味着在低于最小经济规模时进入市场的代价也很小。

3. 阿里巴巴的规模经济壁垒

1999 年 3 月,马云以 50 万元人民币创办阿里巴巴,为企业电子商务交易提供服务。经过飞速发展,阿里巴巴 2009 年的营业收入增长了 29%,达到 38.75 亿元人民币,[①] 2013 年,阿里巴巴 1688 平台日均成交额达 3 亿元。[②] 阿里巴巴之所以成功,就在于它们在长期的经营管理过程中形成的强大规模优势。传统经济中的企业,要想进入一个全新行业,将要面临诸多问题,特别是进入壁垒的制约,如资金壁垒、技术壁垒、信息壁垒、政策壁垒等。电子商务的出现,使任何企业和个人都可以开展网上贸易,轻松进入这个行业,传统意义上的进入壁垒变得不再明显。但是,网络企业想要盈利却要受到规模经济的限制。一般说来,规模经济越显著,行业中原有达到规模经济标准的企业具有的优势就越大,新企业就越难盈利。截至 2012 年 6 月 30 日,阿里巴巴中国交易市场拥有小企业业务注册用户数为 5 480 万名。[③] 如此大的规模有效降低了企业的单位成本,也形成了客户锁定和高额的转移成本,这些对于后来的竞争者而言无疑是一道巨大的进入门槛。

### 5.3.3  必要资本量壁垒

1. 必要资本量壁垒解析

必要资本量(capital requirement)是指进入企业成功进入某产业所必需的资本量。必要资本量可以包括在前文分析的绝对成本优势壁垒中,但这里我们将其从绝对成本优势中分离出来,主要是因为高的必要资本量与规模经济存在紧密的联系,而其他的绝对成本优势壁垒不一定与规模经济有关。对于一个想要进入某个行业市场的潜在竞争厂商而言,其有效进入(进入的规模和利润足以补偿进入的风险)的一个充分必要条件,就是其进入时所能筹措到的资本或其自有资本能够满足在目标行业生产 MES 产量所需的资本。当然,一个产业的 MES 越大,要成功进入该产业所需的资本量就越大,因此实力弱小的潜在进入厂商就不可能进入。在厂商自有资金有限的情况下,潜在厂商要进入资本必要量大的产业最终只能求助于资本或信贷市场。

---

① http://www.sjejia.cn/bbs/archiver/? tid-2046. html.

② http://www.199it.com/archives/182796. html.

③ http://company. zhaopin.com/P2/CC0001/2791/CC000127917. htm.

当新厂商向外部资本或信贷市场融资时,资本必要量就很容易与绝对成本优势联系起来,因为新进入厂商通常要以高于在位厂商的利率筹措资金,也就是说,新厂商进入会面临绝对成本壁垒。

2. 资本市场的借贷障碍

为什么潜在进入厂商的资金获取成本会高于在位者的获取成本呢? 这主要可以归结为两方面的原因,即风险和交易成本。贷方之所以向新厂商索取更高的利率,首先是为了补偿新厂商容易破产而可能导致贷款无法回收的风险。根据经验分析,新厂商进入后的失败率确实比在位厂商的失败率要高。因此,在位厂商与进入厂商相比,前者在融资上就存在成本的不对称优势。另外,在竞争激烈的市场中,潜在进入者试图仅仅凭借相当于MES的资本量而立足于市场,风险显然是很高的。因为一旦进入市场,新厂商只有在经营销售规模上不逊色于在位厂商,才有可能在市场上站稳脚跟。这样的话,有效进入一个新产业的资本需要量就必须在 MES 的基础上进一步提高,即这一壁垒将会更高。这种叠加的资本需要量越大,能够获得所需资本的潜在进入厂商数也会越少。进而,能够成功跨越此进入壁垒的进入厂商也会越少。不过,随着资本市场和信贷市场的日趋完善,资本必要量的进入壁垒会逐步降低。

3. 网络公司破产与资本壁垒

美国在 2001—2002 年经历了"科技灾难"。2000 年 3 月,股票市场在达到顶点之后,歇业倒闭的.com 公司的数量迅速上升。[1] 随后股票价值的下跌切断了创业企业 IPO(首次公开上市)的资金来源,这也造成了 2001 年年底 762 家.com 企业的破产。2000 年第一季度仅有 5 家企业倒闭,那时.com 公司破产迹象并不明显。然而,在 2000 年的后三季度,这一数据大幅增长,以至于在 2000 年总共有 225 家.com 公司关门,在最后的两个月内有99 家停止营业。2001 年前 6 个月,破产速度继续增大,为 2000 年的两倍多。Wevmergers.com 指出,这两年破产数量恰好等于估计中获得正式资助的 7 000~10 000 家互联网公司的10%。这些新生电子商务网站的纷纷关闭,损失了大量的资本。金融市场低估了这类创业企业的真正风险,早期为这类风险投资提供融资的创业资本家对此教训刻骨铭心。从 1996年到 2000 年,对.com 企业来说,资本的方便之门是大开的。但 2001 年以后,可以明显看出,即使新创业的电子商务企业仍有资金可用,但其资本的使用也受到了严格限制。

# 5.4   战略性进入壁垒对市场结构的影响

很多情况下,在位者也可以通过有意的策略行为主动实现阻止进入的目标,这些策略行为构成战略性进入壁垒,具体包括产品差异化、可置信威胁和掠夺性定价等。

---

① http://www.webmergers.com/editorial/article.php? id=46.

### 5.4.1 产品差异化

1. 产品差异化内涵解析

产品差异化(product differentiation)主要源于市场中的消费者对相关厂商产品的消费偏好的差异。产品差异表现在质量、品牌、性能、外形、信誉和售后服务等许多方面,它使同一产业内不同企业的产品减少了可替代性。

产品差异程度可以用反映产品可替代性的需求交叉弹性(cross elasticity)来衡量。交叉弹性就是某一产品(A)的需求量变化率与另一产品(B)的价格变化率之比,可用公式表示为

$$交叉弹性 = \frac{A产品需求量变化的百分比}{B产品价格变化的百分比}$$

当B的价格发生变化而A的价格不变时,如果A的需求量有较大变化,则两种产品的交叉弹性较大,说明A和B有较高的可替代性;反之,交叉弹性小,说明两种产品之间的可替代性较低。将同一产业不同企业产品的交叉弹性加以比较,就可以了解产业内产品差异壁垒的高低。

2. 产品差异形成壁垒的原因

产品差异化壁垒的核心内容就是在位厂商要在消费者心目中建立一种真实的或虚构的差异,以使自己的产品区别于竞争对手,从而降低产品的可替代性,在消费者心中建立偏好优势。这种偏好优势是时间的函数,而且具有一定的积累效应,这对于先进入市场的在位厂商来说,客观上可能已经具有了优势。因为在位厂商进入市场的时间越长,消费者对在位厂商的产品所积累的偏好就越多,他们对在位厂商产品的忠诚度也可能越高。相反,对于新进入市场的厂商来说,由于还没有得到消费者的认同,所以消费者短时间内不太可能对它形成一定的偏好,新进入厂商获取或转移这种偏好需求所需花费的成本也就可能越高。

除此之外,形成产品差异的诸多因素有助于形成进入壁垒,也源于以下原因:

第一,企业的品牌或标识会受到商标法的保护。如果企业足够幸运,使其产品品牌成为同类产品的代名词,那么这种混用就会抑制其他企业进入市场以及吸引消费者的能力。例如,说起"浏览器",多数人第一反应往往是微软公司的IE浏览器。类似的,对国内相当一部分用户而言,百度已经成为电子商务搜索引擎的同义词。这种情况下,其他厂家想要进入浏览器或者搜索引擎市场,就要考虑这些品牌的强大影响力。

第二,新企业要进入产品差异大的产业,不仅要花费巨额的资金研究和开发新产品,或购买专利权生产产品,而且要花费大量的促销和广告费用以提高产品和企业的知名度,树立良好的企业形象和产品形象。这意味着新企业进入产业之初其生产成本和交易成本要大大高于产业内原有企业,这也使许多潜在进入者望而却步。

### 3. 唯品会的差异化壁垒[①]

创立于 2008 年的唯品会,是一家专门经营大幅折扣名牌商品的 B2C 网站,它以低至 1 折起的价格售卖名牌商品,覆盖时装、配饰、鞋、美容化妆品、箱包、家纺、皮具、香水、3C、母婴等,每天 100 个品牌授权特卖,确保正品、确保低价。短短的 5 年时间,唯品会实现了爆炸式的增长。根据唯品会 2012 年第四季度财报,其该季度净利润为 630 万美元,成为中国首家实现盈利的垂直电商。从上市破发到今天变身为 16 亿美金市值的公司,唯品会可以说是中国最不可思议的电商之一。因为专营折扣商品,唯品会一度被业内人士诟病为清理库存的下水道,那么这一"下水道"通过数年的发展,是如何率先实现盈利的? 这主要得益于其首创的"名牌折扣+限时抢购+正品保险"的商业模式,加上其"零库存"的物流管理以及与电子商务的无缝对接模式。

（1）差异化定位,填补市场空白

与其他大中型 B2C 网站不同,唯品会将自己定位于一家专门做品牌特卖的网站。在我国,"特卖"主要停留在商场的个别促销上,专业特卖场非常少见,专攻特卖的 B2C 网站更是几乎没有。用户购买打折产品的诉求长期存在却一直得不到满足,于是市场出现了空白区域,唯品会正是瞄准了市场空白带来的商机,将自己定位于专门提供品牌特卖的网站,低至 1 折的品牌购物模式确实迎合了多数消费者品牌与优惠兼得的心理。

唯品会定位于品牌特卖,也为各个品牌商提供了一个体面地处理库存的平台,解决供货商自身所面临的问题,从而保证了货源的供给。2012 年,中国服装品牌的库存危机浮出水面,品牌供应商和唯品会之间的互利共赢关系更加紧密——供应商提供价格低廉的商品,唯品会提供一个平台帮助供应商消化掉这些库存。可以说,唯品会选择"品牌特卖"这片蓝海是其成功的关键一步,上游有品牌供应商持续、稳定地提供低价货源,下游是渴望能够以最低的价格买到知名品牌产品的消费者,充当了整个链条中长期缺失的一个重要纽带。而且,唯品会的聪明之处还在于,虽然是一个专门做特卖的网站,但却不像商场甩卖那样给消费者一种非常廉价的感受,纯粹地成为一个尾货清理场。为了让消费者有更好的消费体验,让品牌供应商的库存消化得更为体面,帮助品牌商家消除库存只是唯品会的一部分业务,唯品会现有的经营商品中,也包括销售一些品牌当季新品以及网络特供品。

（2）独特的经营模式,成功实践"饥饿营销"

找到了市场中的一片蓝海,是唯品会迈向成功的第一步。在经营模式上,唯品会选择了"闪购"这种国内还不太常见的方式。通俗地讲,"闪购"就是限时限量的抢购模式,属于饥饿营销的一种手段。饥饿营销是指企业有意控制某种产品的出货量,来掌握供需关系、制造市场上相应产品紧缺的事实,来达到维持产品更高销售价格或促进商品销售的目的。

---

① 根据 http://www.chinasspp.com/News/Detail/2013-5-16/140839-1.htm 内容改编而成。

与传统的品牌打折特卖的方式不同,唯品会的这种限时抢购的模式能够保持产品在消费者心中的新鲜度,每天推出不同品牌的抢购,不停地刺激着消费者,甚至会让其上瘾,养成一种每天关注有什么品牌在进行特卖抢购的习惯。同时,对于消费者而言,限时限量抢购还意味着不是任何时候都有如此优惠的价格,让消费者以低价获取心仪的商品的同时还不降低该品牌在消费者心中的高端形象,让消费者感觉物有所值。另外,这种闪购模式与淘宝网的"秒杀"相比也有着很大不同,在货品供应量上比秒杀活动多得多,而货品抢购不集中于短到一秒的时间,这样可以让消费者在这里既有相对充裕的时间选购,又必须珍惜时间,抓住机会选购。

除了给消费者带来新鲜刺激的抢购乐趣外,闪购模式还为供货商和唯品会的存货管理带来了便利。闪购模式具有大进大出、大量进货、大量出货、大量退货的特点,可以帮助供应商较快处理库存商品,有助于唯品会的加快周转,从而避免了货源不足带来的困惑。另外,限时限量抢购模式,为供货商提供了一个专门消化存货的平台,由于特卖时间有限,且并非当季新品,可以有效避免与实体店冲突,还可以有效提升销售业绩。过了限时抢购时间,特定品牌一周内就会从仓库中撤出,唯品会会在 2 周内与厂家结算,帮助厂家快速回笼资金。同时还能减轻厂家资金压力。

（3）完善的配套服务,真正吸引和留住顾客

依靠"正品低价"的口号和"限时抢购"的模式,唯品会吸引了千万用户注册消费,然而,这两点还不足以保证消费者的持续消费。除了形式上的创新,完善的配套服务组合也成为其打造"回头客"的关键。

以物流环节为例,物流运作可以说是中国电商比拼输赢的关键节点,完善的物流体系成为核心竞争力之一,唯品会没有采用厂商直接发货的模式,而是选择了自有仓储模式,有效加强了对物流环节的控制力度,大大提升了发货的效率。如果依靠厂商直接发货,唯品会就无法有效地对物流环节的服务进行掌控,厂商发货慢、快递公司服务差等并非自身的原因很有可能会影响到唯品会的形象,而自主管理派送则有效地降低了这种风险。

另外,让很多消费者对于网络购物有所顾虑的很大问题在于退换货问题,特别是这种短时间内做出的购买决定,样子不喜欢、尺码不合适等问题都让消费者感到纠结。唯品会为顾客提供了相对完善的退货体系,除了贴身产品几乎所有的商品都能够 7 天无条件退货,在满足相关要求时连退货所产生的运费都不用消费者自掏腰包,申请退货的流程也非常简便,在网上能够很快完成操作。除此之外,唯品会还融入 SNS 模式,为会员提供包括品牌订阅、购物分享、邀请朋友、积分换礼等丰富的功能,将其打造成集购物、交友于一身的新型购物网站,为顾客提供了一个舒畅的购物环境,也为唯品会带来更多利润。

唯品会令人垂涎的利润率已使其成为同业争相模仿的对象。凡客、天猫、当当、京东……加入闪购作战的巨头越来越多。有业内人士分析指出,商业模式遭到同业的疯狂复制或将给唯品会造成冲击,行业可能很快由蓝海变为红海。不过,虽然看似简单,这种模式却

也有着它的"护城河"。

2011年9月,天猫品牌特卖频道上线;2012年4月,当当网推出线上奥特莱斯。这两项业务跟唯品会都是正面竞争。但即使天猫和当当网坐拥上千万的用户,它们依然未能扼杀唯品会的崛起。

早期与唯品会一同抢夺闪购市场的还有俏物悄语、魅力惠、聚尚网、佳品网等网站。在唯品会上市前的2011年,这些闪购网站还没有拉开太大的差距,它们各自拥有相当数量的合作品牌商。但是两年过后,唯品会脱颖而出,其他网站逐渐掉队。

2012年,唯品会的合作品牌商为2 759个,上线品牌数约5 800个,唯品会上单款商品的平均销量不到10件,这里面的"款"还包括不同的颜色和尺码。而其年吞吐510万SKU,甚至远超许多大型综合B2C商城,可见闪购是一种库存极其"宽而浅"的商业模式。

唯品会与品牌商的合作流程通常是这样的:经过筛选后,唯品会圈定合作对象,与他们签订年度合作框架,合作框架里面会确定品牌商与唯品会的年度合作次数。2012年,平均每个品牌商在唯品会推出了10.6场特卖会,单个品牌年均上线5次。在特卖会推出前,唯品会的选品人员会到品牌商仓库里面挑出上线的产品,品牌商随后将这些货品发送到唯品会指定的仓库。目前,唯品会负责选品的商品组人员超过300人。产品在唯品会入仓以后,唯品会在后台将商品信息录入系统,同时拍摄模特照片、修片,最后以特卖会的形式正式推出。唯品会的四个分站每天推出约25场各不相同的品牌特卖会,每场特卖会持续5天。特卖会结束后,唯品会将消费者的退货和未售完库存按照约定退还给品牌商。

搞清楚闪购的商业模式和运作流程以后,唯品会的许多特点就能得到解释。唯品会真的是"闪"购。因为单款商品的库存极少,消费者必须得抢。闪购定时上新的策略虽然给后台系统带来了压力,增加了基础建设的成本,但节约了消费者逛的成本。这也解释了为什么闪购大部分的成交来自上线后的头两个小时。但这种冲动型消费也带来了副作用:唯品会整体的退货率约为20%,服装品类的退货率更是高达28%。由于唯品会给予消费者15元的退货运费补贴,这增加了唯品会的物流成本。

唯品会只退不换。因为唯品会的SKU极浅,消费者因颜色、尺码等不满意而产生的换货需求并不一定能得到满足,而且会拉长公司与品牌商的结算周期,所以唯品会并不提供换货服务。唯品会分仓分站,目前分别在广州、上海、北京、成都四个城市建立了仓库,相应地开通了4个分站,这4个分站每天推出的特卖会各不相同。同样因为闪购的SKU极浅,唯品会很难将同一款产品在不同的仓库间分仓存放。而为了尽可能地降低配送成本,跨区配送不被鼓励。所以,品牌商的产品在哪里入仓,就在哪里上线,即"分仓分站"模式。这也是闪购与团购很重要的一个区别:团购的库存窄而深,闪购的库存宽而浅。2011年12月,唯品会推出团购频道,但团购的成交占比不到5%。闪购的基因并不适合团购。

理论上讲,唯品会的仓库每隔5天就要100%地更新一次库存,而且是零(零散)进零出,这对仓库的吞吐能力提出了很高的要求。这也是我们认为虽然唯品会的仓储费用相对高,但缺少进一步优化空间的原因。唯品会在仓储方面进行了大量的投资,现已成为唯品会的核心竞争力之一。另外,唯品会平均每天上架的商品超过一万款。每一款商品都需要拍照、修片、录入商品信息,这会带来极大的工作量。因此,唯品会自主研发了"商品信息管理系统",以提高内容生产的效率。

唯品会的闪购模式很难学。虽然"年轻"的唯品会的商业模式与盈利的可持续性尚有待进一步观察,其对大型电商平台进入相应市场的防御能力也还需要时间来检验,但唯品会营销的每一步都紧紧围绕消费者的需求和心理进行,将消费者牢牢把握在手里,这一点其他电商很难做到。

### 5.4.2  可置信威胁

可置信威胁( credible threats)是指在位企业通过承诺某种行动改变自己的收益函数,使得潜在进入厂商认为在位厂商的威胁确实可信,从而迫使在充分考虑这一威胁的情况下作出相应的选择。通过可置信威胁,在位企业便建立了一种战略性进入壁垒。如有企业胆敢进入,在位者一定会重拳出击,即使是非理性行为,遭受亏损,也要向潜在进入者发起全面攻击。

最为广泛引用的有关进入阻止的文献,都认为在位企业会使用过剩生产能力来阻止潜在厂商的进入。Spence 最早提出了关于生产能力参数的数理模型,分析了在位企业会使用过剩生产能力来阻止潜在厂商的进入。生产能力直接与规模经济性有关,管理控制方面的规模经济性是确立生产能力极限的基础。对于规模经济显著的产业,新企业往往难以筹措到能实现最低限度的生产和销售所需的巨额资本,因而难以一下子达到使生产成本和交易成本最低的适度规模,这就使企业因不能获得规模效益而使成本较高、竞争力较低。同时,如果新企业的进入增加了产品供给量,就可能引起市场供给过剩,进而造成生产能力过剩,加剧企业间的竞争。使得本来就缺乏竞争力的新企业难以应付这种情况,结果常常造成生产能力的闲置。这些都会抑制新企业进入产业市场。

大多数电子商务市场都具有这样的成本特征:固定成本很高,边际运营成本却很低。对于新企业而言,进入市场直接同市场主导者竞争会变得极其困难。因为,在位企业可能会临时降价,大肆进行广告宣传,或者开发一系列能够击败进入者的诱人产品或服务。一般而言,只要在位企业有采取此类行为的迹象,或者表示出威胁,就可以吓跑那些潜在进入企业所需的金融支持者。在网络产业中,规模确实是阻止新企业进入的优势。

### 5.4.3  掠夺性定价

掠夺性定价(predatory pricing)一般是指拥有市场支配地位的企业为了排挤竞争对手而故意以明显不合理的低价格(通常是低于成本的价格)销售商品,等到竞争对手退出市场后,再抬高价格、获取垄断利润的行为。掠夺性定价有别于一般意义上的竞争性定价,它对市场竞争缺乏积极作用,是一种反竞争的低价,因此许多国家都会对掠夺性定价行为进行管制。各国法律判断掠夺性定价的标准基本一致,即判断定价是否在产品平均成本以下。

在网络经济中,企业从事掠夺性定价的可能性大大高于传统经济。由于存在网络经济效应,企业的竞争主要是获得用户数量。在市场上还未形成标准时,企业要展开标准之争,其主要策略之一就是以渗透定价(以低于成本的价格甚至零价格或负价格来销售产品)等策略来建立庞大用户群,以形成市场的实际标准。在企业的产品成为市场标准后,为了阻止进入者,企业可能会继续使用渗透定价的策略,此时企业的行为就是掠夺性定价,因为一旦成功阻止进入者进入,企业就能够在将来的竞争中处于有利位置。不过,与传统经济不同,实施低价是网络经济中常用的竞争策略,但是它的壁垒效果似乎并不明显。经济学研究表明,在市场中存在网络外部性时,优势地位企业实施掠夺性定价的策略并不能总是有效地消除市场中的竞争者和阻止进入者。[①] 例如,在我国的C2C市场上,即使淘宝一再实施免费策略,也没有阻止"拍拍"和"有啊"的进入。

# 5.5　制度性进入壁垒对市场结构的影响

很多西方学者将政府的政策、法律等因素归入结构性壁垒当中,不做重点研究。但对于中国这样的转轨经济国家,虽然经过了多年的市场化改革,但相对于西方成熟的市场机制来说,还远未成熟,过去计划经济的行政化、高度集中的体制痕迹依然存在。在这种双重机制相互交叉作用的体制中,市场机制的表现形式也必然有它的特殊性,在进入壁垒方面也有它的某些特殊性。除了与西方发达市场经济国家中相类似的政策法律等因素之外,还具有一些由计划经济向市场经济过渡时具有的特殊制度性壁垒,如所有制壁垒等。

就网络经济而言,专利权壁垒和所有制壁垒产生的行业进入阻碍作用比较明显。

## 5.5.1　专利权壁垒

1. 专利权及专利制度

专利制度是指利用法律和经济的手段保护和鼓励发明创造推动技术进步的管理制度。这个制度的核心是《专利法》,即根据《专利法》对申请专利的发明创造的内容向社会公开,进行发明创造的信息交流和有偿转让。[②] 在国内,对专利制度最为关注的是法学界,但是,如果把专利制度纳入经济学的视野中,能更好地分析制度背后产生的经济利益

---

① 张小强.网络经济的反垄断规制[D].重庆:重庆大学,2006.

② 唐雪明,王正祥,方惠英,诸葛健.生物学发明及其专利保护[J].生物技术通讯,2002:13(2).

冲突及其经济后果,有利于深入认识专利制度的本质。

专利权是指专利主管机关依照专利法授予公民、法人或其他组织在一定期限内依法享有的对该专利制造、使用或者销售的专有权和专用权。从经济学上分析,新的权利对应于新的经济力量而产生。随着共同财产资源价值的增长,人们越来越可能确定对它的权利。也就是说,假定某一财产的界定成本不变,如果这一财产所能带来的价值增加,那么对这一财产的产权进行界定的激励就会增加,这一财产也就会被界定得更清晰。专利权这种权利产生的根源在于其自身经济价值的提高。人们发现,拥有明确的、排他性的专利权给自己带来的收益将超过维护这种权利的成本,因此人们就愿意付出一定的代价去获得这种权利。[①]

2. 专利权进入壁垒的特点

(1) 强约束性

专利制度下市场进入壁垒源自于专利制度本身的法律保障。专利制度是由国家强制力加以保证的产权制度,有很强的法律约束力。与其他进入壁垒相比,由此形成的进入壁垒进入难度加大,垄断地位更为巩固,而且法律救济手段和救济程序,都更为完善,可以充分保障专利权主体的权利。

按照我国的专利制度,发明人做出发明创造之后,经过专利局按法定程序审查,对符合规定的发明创造授予专利权,这便使发明人获得了实施其发明创造的专有权。也就是说,其发明创造已被承认作为财产而受到法律保护。2000 年修订的专利法进一步扩大了专利权主体的权利,赋予"专利权"一种"绝对权"的民事权利的法律地位,明确规定任何单位和个人都不得侵犯专利权,并将禁止的范围扩大到许诺销售等专利权实施的范围,增加了专利权人的许诺销售权,这就使专利权主体遇有单位或个人未经许可,为生产经营目的制造、使用、许诺销售、销售、进口其专利产品,或者使用其专利方法以及使用、许诺销售、销售、进口依照该专利方法直接获得的产品时,有权禁止他人进行此类侵权活动,而且还有权禁止一些销售前的推销或促销行为,充分保护专利权主体的权益。

(2) 公开性

专利公开性主要是指发明人要想取得专利权,必须将技术原理及其应用进行公开,让专利技术成果社会共享的一种制度。这种公开是一种充分的公开,公开到本领域普通技术人员能够实施的程度,即该领域具备一定技术能力的人员能够按照说明书中记载的具体实施方式,不经过创造性劳动便能实施的程度。专利公开制度本意是通过信息公开将技术加以推广,可以减少技术的重复投入和对技术商业机制的利用。因此,对专利申请人而言,是以公开其发明创造为代价,来换取国家给予的法律保护。在这样的专利公开制度下,市场进入壁垒是相对公开透明的技术难度。潜在进入者可以通过参阅专利文献,详细

---

① 李霞. 网络型产业进入壁垒问题研究[D]. 北京:北京邮电大学,2006.

了解产业技术最新动态,掌握进入该产业需要的知识配备和技术储量,从而对是否进入、何时进入做出科学的评估。

（3）时效性

专利制度下市场进入壁垒最终通过成本和产品差异壁垒表现出来的重要原因之一就是时效性。专利制度保护期制度给予任何专利一定时间范围内的保护,超过这一时间长度,专利就成为人类共同拥有的非垄断性知识。因此,专利制度下市场进入壁垒不是无限期的,在位厂商不能凭借专利权永远获取垄断利润。在专利的有效期限内,创新成果受专利保护;在期限外,专利失效。一般而言,专利保护期越长,垄断利润越多,反之,垄断利润越少。我国《专利法》规定,发明专利权的期限为20年,实用新型专利权和外观设计专利权的期限为10年,均自申请日起计算。

3. 电子商务与专利权壁垒:高通的CDMA标准

专利制度下的市场进入壁垒往往被认为是一种技术壁垒。潜在企业要进入市场,不仅要有一定的资金投入,还要有特殊的技术投入。如果这些技术被在位厂商所独占,尤其是专利技术,就具有绝对排他性,即未经专利人许可,其他任何人都不能实施该专利技术,这样潜在厂商要想进入该行业,就不可避免地遇到技术障碍,从而排除在产业外部。

网络经济下,标准和专利权的结合让这种技术障碍得到强化。技术标准是法律保护的一种私权。两者之间本质的区别,使得人们难以将技术标准与专利权自然地联系起来。但事实上,随着科学技术的快速发展,技术推广手段的日益丰富(主要是标准化)和知识产权保护的不断完善,技术标准和知识产权在越来越多的领域中有了密切联系。技术标准规定了市场准入条件,需要专利的支撑。专利权一旦进入技术标准,就会在市场准入方面形成技术垄断,排斥不符合技术标准的产品,从而达到获取巨额利润和排斥竞争对手的目的。技术标准只能利用某些技术方案实现,而这些技术方案受到专利权的保护,如果不采用这些专利,技术标准就无法实现。当技术标准的制定无法绕过专利权的保护范围时,专利的所有人就表现为独占地享有其专有权,从而对技术标准中专利的使用收取使用费。通过专利许可,技术标准的所有者也借此实现占领和垄断市场的目的。所以,专利的所有者和技术标准的制定者都处于绝对优势的地位。

前文提及的美国高通公司是设置标准壁垒的高手,它使CDMA技术成为了无线信号发送的行业标准。如今,高通已拥有3 900多项CDMA及相关技术的美国专利和专利申请。高通公司已经向全球超过130家电信设备制造商发放了CDMA专利许可。高通的成功不是因为它运用CDMA技术做成了最好的手机,而是因为它把自己的CDMA技术做成了C网手机的行业标准。靠着这一壁垒,它的市场垄断地位一直得以很好的保护。

### 5.5.2　所有制壁垒

1. 所有制壁垒的表现形式

所有制壁垒主要是指部门和地方的行政主管机构以直接控制隶属于自己的国有企业为基础,利用各种手段制造部门和地区垄断,限制其他市场主体进入本部门或本地所控制的市场范围,人为制造市场进入的壁垒。如中国移动、中国联通以及中国电信市场对我国移动通信市场的垄断。

此外,政府往往也会利用对资源的控制权对不同性质的企业给予差别待遇而形成的制度性进入壁垒。由于国家行政部门拥有对一个产业所需资源的控制权,因此,在所属企业对其部门存在正向利益关系的情况下,这些部门就可以利用手中的资源控制权,对非嫡系企业采取歧视性手段,排挤其他企业的进入,或者提高其他企业进入的绝对成本或必要资本规模,或者是使这些企业进入后处于不利地位,最终只能无功而返。这种进入壁垒与前面章节所分析的提高对手的成本比较相似,只是这里的行为主体不是来自于企业的策略性意图,而是来自于利益相关的行政机构,是一种非市场的行为。这种对资源的控制,如对进入审批权的控制或对广播、电信领域的频率控制等,可以利用种种理由拒绝其他厂商的进入。

2. 所有制壁垒与 3G 牌照发放

3G 是英文 3rd Generation 的缩写,指第三代移动通信技术。1995 年问世的第一代模拟制式手机(1G)只能进行语音通话;1996—1997 年出现的第二代 GSM 、CDMA 等数字手机(2G)增加了接收数据的功能,如接受电子邮件或网页;第三代手机则将无线通信与国际互联网等多媒体通信结合起来,它能够处理图像、音乐、视频流等多种媒体形式,提供包括网页浏览、电话会议、电子商务等多种信息服务。为了提供这种服务,无线网络必须能够支持不同的数据传输速度,也就是说在室内、室外和行车的环境中能够分别支持至少 2Mbps (兆比特/每秒)384kbps(千比特/每秒)以及 144kbps 的传输速度。

与其他行业的营业执照一样,3G 业务也得有国家有关部门许可才可经营。2009年1月7日,工业和信息化部为中国移动、中国电信和中国联通发放 3 张第三代移动通信(3G)牌照。其中,批准中国移动增加基于 TD-SCDMA 技术制式的 3G 牌照(TD-SCDMA 为我国拥有自主产权的 3G 技术标准);中国电信增加基于 CDMA2000技术制式的 3G 牌照;中国联通增加了基于 WCDMA 技术制式的 3G 牌照。此举标志着我国正式进入 3G 时代。有了 3G 牌照,三大运营商就能运营手机的视频电话、手机宽带、手机电视等新型的手机业务和功能。而其他未获得 3G 牌照的企业则只能望着"牌照"兴叹。

# 5.6　合并对市场结构的影响

网络经济时代,高科技和高投入是紧密联系在一起的,竞争越来越需要巨额资本的支持,资本扩张是网络经济发展的一大趋势。资本扩张的实现途径有两个:一个是企业的内部资本扩张;另一个是企业的外部资本扩张。企业的内部资本扩张,是通过从企业内部积聚资本来实现的;而企业的外部资本扩张,是通过从企业外部获取资本来进行扩张。企业的外部资本扩张,可以通过兼并、收购、银企商合作、建立大型企业集团、建立跨国公司等途径实现;其中,企业合并是实现企业外部资本扩张的最重要的途径。

## 5.6.1　合并及其分类

### 1. 合并的定义

企业合并(merge)是资本集中从而市场集中的基本形式,主要是指两家以上的公司依契约及法律归并为一个公司的行为。与合并类似的概念是收购或兼并(acquisition),它是指一家企业通过购买或接管另一家企业的资产和经营的行为。在本书的讨论中,我们不具体区分合并和兼并,把它们统称为合并。

合并包括吸收合并与新设合并两种形式。吸收合并,又称为有续合并,是指在两个或两个以上的企业合并中,其中一个企业因吸收了其他企业而成为存续企业,而被吸收的企业则因丧失了法人地位而不复存在的合并形式。新设合并,又称创新合并,是指两个或两个以上企业通过合并在新的基础上形成一个新企业,而原有所有相关的法人地位均消失的并购形式。可见,兼并等同于吸收合并,合并即新设合并。通过合并,合并前的多家企业的财产变成一家企业的财产,多个法人变成一个法人。在很多国家,企业合并只要不带来垄断弊端,就被视为合理,甚至受到政府政策的鼓励;但可能导致垄断的企业合并,会受到反垄断政策的干预。

### 2. 合并的分类

合并主要可以分为三大类:横向合并、纵向合并和混合合并,每一大类还包括一些子类型。

（1）横向合并

横向合并(horizontal merger),又称水平兼并,是指处于同一行业,生产和销售同类产品或生产工艺相近的,或处于同一加工工艺阶段的具有竞争关系的企业之间的合并行为。企业进行横向合并主要是为了组成一个更大规模的企业以便形成规模经济,同时获得尽可能多的市场份额。这类合并直接导致竞争者数量减少,市场集中程度提高,合并后企业的市场渗透力和影响力也得以增强,其反竞争效果在几种合并形式中最为明显。在网络企业中,网络服务提供商、网络基础设施供应商、网络设备提供商、专业性网站等处于不同技术层次的网络企业为在各自所处的技术层面获取规模经济,可以进行横向合并,表 5-1 列示了一些这样的合并案例。

表 5-1  网络横向并购典型案例

| 日期 | 收购方 | 目标方 | 所处行业 |
|---|---|---|---|
| 2003 年 9 月 | 法国电信 | Orange SA(电信公司) | 网络基础设施供应商 |
| 2004 年 8 月 | 亚马逊 | 卓越(网上商城) | 网络中介商 |
| 2005 年 1 月 | 甲骨文 | 仁科(企业软件公司) | 网络服务提供商 |
| 2005 年 1 月 | 博客中国 | 博客动力(博客服务商) | 专业网站 |
| 2007 年 8 月 | 宏基 | Gateway(PC 生产商) | 网络终端设备生产商 |
| 2007 年 9 月 | 华为 | 3COM(网络设备提供商) | 网络设备提供商 |

资料来源:潘卫华,网络并购的动因、效应与风险分析[D].上海:华东师范大学,2009(10).

(2) 纵向合并

纵向合并(vertical merger),又称纵向一体化或是垂直合并,是指同一产业链条内上下游经营者之间的合并。一般认为,纵向合并行为有利于提高技术效率,促进研究与开发,增强企业同供应商或是买主的讨价还价能力等。在网络企业中,网络基础设施供应商、网络设备提供商、网络软件提供商、网络服务提供商在生产技术上存在彼此连续的关系,这些部门分别构成了网络产业结构中的一个链条。表 5-2 列示了一些纵向合并的案例。

表 5-2  网络纵向并购典型案例

| 日期 | 收购方 | 收购方所处行业 | 目标方 | 目标方所处行业 |
|---|---|---|---|---|
| 2003 年 11 月 | Yahoo 香港 | 门户网站 | 中国 3721 | 网络服务提供商 |
| 2004 年 2 月 | 新浪 | 门户网站 | 深圳网兴科技公司 | 网络服务提供商 |
| 2005 年 10 月 | eBay | 网络中间商 | Skype | 网络服务提供商 |
| 2006 年 12 月 | Google | 网络服务提供商 | Youtube | 专业网站 |
| 2007 年 3 月 | 思科 | 网络设备提供商 | 美国网讯公司 | 网络服务提供商 |
| 2009 年 9 月 | Dell | 网络设备提供商 | Perot Systems | 网络服务提供商 |

(3) 混合合并

混合合并(conglomerate merger),主要是指合并各方主体既非竞争者又不属于同一产业链,而它们的产品分别属于有一定联系的市场时的合并。混合合并可以再分成三个子类型:产品扩张型合并、市场扩张型合并和纯混合型合并。产品扩张型合并发生在两个生产互补产品的企业之间。市场扩张型合并出现在生产同一种产品但在不同的、非竞争的市场上进行销售的两个企业之间。从传统意义上来说,这些企业存在地区差别,但就电子商务而言,它们主要是存在空间差别。① 纯混合型合并是指在完全不同的产品市场

① 尽管电子商务打破了市场地域的限制,但就配送辐射范围看,地理位置还是会对销售产生一定影响。

中经营的两个企业的联合。表 5-3 列示了一些混合合并的案例。

表 5-3　网络混合并购案例

| 日期 | 收购方 | 收购方所处行业 | 目标方 | 目标方所处行业 |
| --- | --- | --- | --- | --- |
| 2000 年 9 月 | 广东证券 | 传统证券公司 | Stock2000 | 专业网站 |
| 2000 年 10 月 | 携程网 | 旅游电子商务网站 | 运通商务旅游服务有限公司 | 传统旅游服务业 |
| 2001 年 9 月 | 新浪 | 门户网站 | 阳光文化网络电视有限公司 | 传统传媒业 |
| 2005 年 2 月 | 纽约时报 | 传统报业集团 | About.com | 信息门户网站 |
| 2005 年 12 月 | 西门子 | 电气工程、电子公司 | 北京港湾网络有限公司 | 数据通信设备商 |
| 2008 年 12 月 | 新浪 | 门户网站 | 分众传媒户外数字媒体 | 广告媒体 |

### 5.6.2　合并动机分析

**1. 取得规模经济**

资本集中有着重要的经济功能。通过合并可以实现资本集中,扩大企业经营规模,降低产品的平均成本。企业合并后,工人技能专业化、劳动分工以及更大规模厂房设备和更成熟技术都应运而生,规模的扩大还可以减少重复设置,管理机构和管理人员的数量也相应减少,生产成本亦随之降低。以土豆网和优酷网合并为例,两家合并是聪明之举,减少竞争成本,扩大垂直领域优势。两家合并,在资金和规模上都可以整合,也在一定程度上延长了与其他视频巨头竞争的周期,并与垂直视频网站拉开了距离。面对广告主和用户来说,优酷和土豆也具有了更强的议价能力。[1]

**2. 实现协同效应**

合并的第二个动机源于协同效应。企业合并后的协同优势与范围经济相似,也就是说与两个独立企业相比,合并企业能以较低的生产成本或更有效率的生产方式进行生产。当合并企业可以获得两个独立企业无法获得的获利机会时,也可以产生协同优势。仍以优酷网和土豆网合并为例,合并对双方都有利。二者不尽相同的用户群将融合成为更大的用户资源,整合后的产品线也将更加完整。优酷一方面看上的是土豆的版权资源,另一方面是和新浪、乐视的合作资源。优酷将会利用其流量优势,而土豆将会发挥与新浪微博的合作资源等,加大社交和移动端发展,并借此展现双平台的差异。

---

① 赵刚.美国在线——时代华纳并购案例分析[D].北京:清华大学,2004.

3. 取得创新与技术优势

网络经济环境下,科学技术已经成为企业最具价值的资本,企业要发展核心竞争能力就必须在核心技术上取得优势地位。然而高科技产品的研发周期一般都比较长、风险也大,而且投入的研发费用较高。任何一家企业都无法在所有的领域实现技术领先,而只能在某些技术领域拥有优势。并购常常是企业获取知识和资源、构建核心能力的一种低成本方式。2014年2月,阿里巴巴全资收购高德公司股票,这一行为固然有战略布局的意图,但直接获取电子地图技术也是重要原因之一。

4. 提高市场控制力

除了以上从提高效率角度出发进行合并外,提高企业市场控制力水平往往也是企业合并的重要原因。横向合并最能表明市场控制力提高的原因。一方面,合并清除了直接的竞争者。竞争对手越少,也就意味着竞争对手联手对付合并后企业的可能性就越小。另一方面,合并后的企业在某一市场上具有较大的绝对规模,其市场影响力也因此而增加。纵向合并为合谋和非竞争行为提供了可能。纵向合并企业对生产中多个阶段的控制可以扩大原来竞争企业的联合定价的能力,控制销售条件。混合合并为交叉资助提供了可能。在合并企业愿意将一个市场中获得的收入和利润用于补偿另一个市场受到的损失时,就会产生这种反竞争的行为。从战略上来讲,企业在市场中受损失的部门可以使用转移来的资金,将其产品价格定于成本之下,以把竞争对手驱逐出市场。竞争对手退出后,为了获得利润,生存下来的企业就可以把价格提高到竞争水平之上,除了补偿损失之外,还可以获得利润。

在2013年表现突出的文化传播领域上,产业链上下游整合已渐成互联网并购市场热点。在经济转型的背景下,互联网与文化产业已进入繁荣周期,互联网与文化产业领域的上市公司频频寻求跨界并购,其收购行为较少为横向的同行收购,而更多是上下游的纵向收购,收购对象也大都分布在互联网、网游及其他文化产业链。例如,华谊兄弟参股耀莱影城,并与百事通合作开设华谊专区、参股设立爆谷台;乐视收购花儿影视,实现渠道向内容延伸;爱奇艺投资设立影视公司等,提示了资本正寻求通过跨界打通产业链,从而在相关行业建立更大的市场话语权等。

5. 实现战略布局

战略布局(strategic layout)是指企业根据经济形势,结合自身的实际情况而采取的产业、业务的趋向布置,实现既定环境和既定条件下的最佳布局。互联网并购交易频繁,一方面体现了巨头们在实力和竞争力方面的博弈;另一方面则是对行业未来发展趋势的战略性布局。2013年以来,百度、腾讯、阿里巴巴为首的互联网巨头的投资、并购活动一直非常活跃。阿里巴巴投资了陌陌、丁丁网、友盟,增持UC,近来又接连入股新浪、高德地图;百度并购PPS视频,收购91无线,入股糯米网;腾讯战略投资大众点评、搜搜、高朋网、同程网、嘀嘀打车等,这些业务很大程度上是为商业闭环进行战略布局。

### 5.6.3 合并对竞争的潜在影响

合并是经营者获得市场支配地位,从而有能力扭曲市场竞争秩序的重要原因,因此它对市场结构也会产生影响。合并对竞争的潜在影响主要体现在以下 3 个方面:

**1. 市场份额**

合并企业及其竞争对手的市场份额,直接体现了市场构成情况以及竞争程度。欧盟委员会认为,当申报合并的企业市场份额大于 50% 时,该合并极有可能增强企业的市场支配力或者有可能设置市场进入壁垒。

**2. 市场排斥效果**

纵向合并对市场造成的负面影响主要体现在其市场排斥(foreclosure)效果上。市场排斥是指合并后企业通过控制一个或多个关键的市场阶段并运用排斥力来限制竞争。如果进行市场排斥符合企业的经济利益,那么可以推定合并后企业具有排斥市场的主观意愿。实践证明,只要企业在一个市场拥有支配性地位,则就被认为有能力将其优势地位利用到上游或下游市场。以百度投资去哪儿网为例,成功收购后,百度对去哪儿的主要扶持手段,就是利用知心搜索将旅游相关流量打包授予去哪儿以变现,这在很大程度上排斥了其他竞争对手。

**3. 杠杆效应**

杠杆效应(leveraging)是指市场控制力从一个领域向另一个领域扩张的潜在能力。以腾讯入股京东商城为例,2014 年 3 月,腾讯以约 2.15 亿美元收购京东 3.52 亿多股普通股股份,交易完成后,腾讯将获得京东上市前在外流通普通股的 15%。同时,腾讯还签署了京东 IPO 认购协议,即腾讯将在京东进行首次公开招股时,以招股价认购京东额外的 5% 股份。腾讯表示将通过在微信、移动 QQ 上向京东提供一级接入点以及其他重要平台的支持,来促进京东在实物电商业务方面的发展。并在未来与京东就网上支付服务展开合作,以改善用户网上购物体验。通过合作,京东将利用腾讯 4 亿多微信用户在移动电商领域占得先机。

### 5.6.4 电子商务中的合并案例①

**1. 合并的成功案例**

2009 年 9 月 28 日,阿里巴巴网络有限公司发布公告,以 5.40 亿元人民币分两期获得中国万网的股权。市场分析认为,中国万网将成为阿里巴巴在中小企业电子商务产业链上的重要布局和有利延伸。投资中国万网,符合阿里巴巴关于解决中小企业 IT 化,从

---

① 根据 http://www.ebrun.com/online_trading/5791.html 中《揭秘:阿里巴巴收购中国万网背后》改编而成。

而解决中小企业生存难、发展难、融资难等问题的总体战略布局。

中国万网是中国最大的互联网基础服务提供商之一,服务范围涵盖基础的域名服务、主机服务、企业邮箱、网站建设、网络营销、语音通信等应用服务以及高端的企业电子商务解决方案和顾问咨询服务,旗下拥有 www. net. cn 及 www. com. cn 等网站。合并后,中国万网的产品和服务归入阿里巴巴的 ITBU(小企业 IT 事业部),解决小企业在设置硬件、软件和互联网基础服务以及维护信息等方面碰到的困难。

对阿里巴巴而言,合并能够为其带来不重叠的新用户群和技术,丰富其电子商务综合服务体系,为客户带来新的应用和服务。除此之外,中国万网还为阿里巴巴带来了有关互联网基础服务的专业技术,为阿里巴巴提供大量的协同销售机会。与此同时,中国万网也可以引进阿里巴巴的优势产品,向中国万网的客户提供更加丰富的优质服务;通过阿里巴巴的渠道,中国万网可以把产品和服务向阿里巴巴的庞大客户群体渗透,这些都非常有助于中国万网实现自己的战略目标。

此外,万网客户资源的增加和地域布局的补充也有利于进一步加强与阿里巴巴在销售方面的协同。万网的优势区域主要集中在华北、华东和华南,其中华北更是万网的传统优势区域,而阿里巴巴的传统优势区域是江、浙、闽、粤等沿海地区。在客户群方面,中国万网的客户群更加倾向于"自建网站+搜索排名"的方式进行产品推广,而阿里巴巴的客户更倾向于通过网络信息平台获取客户资源,二者在客户群上的重合度低。可以说,这次战略投资促进了阿里巴巴的客户与中国万网客户实现优势互补。

### 2. 合并的失败案例

并购是企业在快速变化的市场为了抢时间扩张做出的选择,但是并购的结果具有很大的不确定性,并购有时可以加速企业成长,有时也可能阻碍企业发展。回溯十几年来中国互联网的发展历程,曾有过很多的互联网企业并购案例,但遗憾的是,并购成功案例似乎太少,更多的是失败的教训。2000 年搜狐并购 chinaren、2002 年 eBay 收购易趣网、2003 年雅虎收购 3721、2008 年新浪收购分众传媒,这些轰动一时的互联网收购大案,结局都以失败收场。[1]

事实上,互联网企业并购是一个复杂的命题,对于双方而言,战略要统一,业务要互补,整合是关键。首先要对被收购对象有全面的了解,包括对运营模式、市场份额等;其次是细节方面,如团队、理念、企业文化等,深入理解后,找到切入点才能让其在所布局的产业链上发挥作用。

美国《商业周刊》在分析美国在线与时代华纳合并案例时认为,业务资源整合要深度融合才能取得并购成功。美国在线与时代华纳合并时曾为互联网用户描述了一个美妙的前景:电脑、电视、音乐、杂志以及电影等媒体都可以通过网络平台为用户共享。但实际

---

[1] http://tech. ifeng. com/internet/special/ku6layoffs/detail_2011_05/25/6626032_0. shtml.

上,合并后的公司在业务方面仍基本上表现为合并前的分割状态,极少有互相渗透的业务。由于受到网络带宽、传输等技术方面的限制,美国在线即使有了像时代华纳这样强大的内容资源也难以将其转化为高额的收入。时代华纳的内容也没有通过美国在线的网络服务出售给消费者,建立起成功的盈利模式。

两种冲突的观念也以对峙的形式表现出来。时代华纳的员工看不惯美国在线的同事放荡不羁的 IT 作风,美国在线的员工也瞧不起时代华纳的同事的刻板保守。就是说,一次大胆的"实验"过后,双方发觉这并不是两种不同颜色的水的混合,而是油和水的混合。换言之,根本就无法混合。

两大阵营的对立和控制权的争夺,严重影响了集团内部决策,使得集团难以进行及时有效的经营策略和业务模式的调整、业务整合以及文化融合,这又使业绩进一步恶化,加剧了对立,进一步增加了调整、整合以及融合的难度,如此恶性循环。最终,世界上最大的并购案成为了世界上最大的并购失败案。

# 【引例回顾】

移动互联网的全面普及,使得移动即时通信市场迎来了爆发期。除了引例中提到的微信、来往和易信,还有新浪的微米、苏宁的云信、小米的米聊以及陌陌等。如今,微信在市场中一枝独秀的地位正受到冲击,不过,其他即时通信产品要想真正进入市场(拥有较大的市场份额),还是存在一定进入壁垒的。

每一个行业都有先入为主的优势,这一点在互联网行业尤为明显。微信于 2011 年年初推出以来迅速占领了自己的地盘,是智能手机必备软件之一,2013 年 10 月,用户数已经突破 6 亿。在这种情况下,网易和阿里巴巴相继推出类似产品易信和来往,并不是说这两款产品不好,只能说现在想颠覆微信,为时已晚。

微信的本质依然是通信工具,通信工具是建立在社交关系基础上的。QQ 是 PC 时代的霸主,这无疑为微信迅速崛起建立了良好的基础。PC 端用户关系无缝转移到移动端,作为普通用户,在微信中已经建立了密切的关系链,多年积累的社交圈关系不会因为一个新生事物而转移,除非是颠覆性的,然而易信、来往同样恰恰是换汤不换药的产品,两者都没有严格意义上的功能创新。

易信虽然借助中国电信的运营商背景和资源可以免费发短信和打国际长途,但仅凭这一点远远不能征服用户。因为话音业务的下降趋势已经是非常明显,用户对话音业务依赖度明显降低也是不争的事实,如果免费发短信能有如此大的吸引力的话,那么中国移动的飞信,中国电信的翼聊都应该很有市场才对。

来往相比微信又有什么创新功能呢,丝毫没有。况且来往据说已经推出 2 年了,此前一直是内测,只是此番马云亲自挂帅,把每个员工都当做病毒营销里的种子用户来强推来往,似乎决心很大。但是无论是什么营销形式,推广上玩什么花样,营销的成败还是由产品本身决定。在同质化如此严重,而微信又牢牢控制着关系的社交 App 的时代,无论是来往还是易信,抑或是米聊,终究都会成为炮灰。

　　不过,市场需要竞争,而垄断市场更需要新进者的加入。虽然目前移动 IM 市场已成一家独大的局面,但目前国内移动即时通信市场发展程度不够,远没有饱和,竞争不充分,用户和市场都需要更多的选择,新一代年轻群体,更需要新潮与个性化的沟通方式,这便为新进者留存了许多机会。从腾讯的“微信”,到网易联合中国电信推出的“易信”,到阿里巴巴的“来往”,再到如今新浪的“微米”。随着越来越多竞争者的加入,无论移动 IM 市场一家独大的局面是否将被打破,于市场而言将有利其发展,于用户而言则有更多选择。

# 【关键术语】

| | |
|---|---|
| 进入壁垒 | barriers to entry |
| 结构性进入壁垒 | structural barriers to entry |
| 战略性进入壁垒 | strategic barriers to entry |
| 制度性进入壁垒 | institutional barriers to entry |
| 绝对成本优势 | absolute cost advantage |
| 规模经济 | economies of scale |
| 最小经济规模量 | minimum efficient scale |
| 必要资本量 | capital requirement |
| 产品差异化 | product differentiation |
| 可置信威胁 | credible threat |
| 掠夺性定价 | predatory pricing |
| 合并 | merge |
| 兼并 | acquisition |
| 横向合并 | horizontal merger |
| 纵向合并 | vertical merger |
| 混合合并 | conglomerate merger |
| 市场排斥 | foreclosure |
| 杠杆效应 | leveraging |

# 【课后案例】

## 央行公布第三方支付牌照，规范行业秩序

2011年5月26日，央行向国内27家第三方支付企业颁发了首批支付业务许可证；同年8月31日，央行公布第二批获得第三方支付牌照的企业名单，共有13家企业获得牌照；12月31日，61家第三方支付企业获得了牌照；第四批支付牌照于2012年6月28日发放，数量高达95家。由于政策的门槛，牌照的发放促进了支付行业的发展，并使得这个行业逐步演变成为一个产业链，原有的300多家第三方支付企业有一半以上被淘汰。支付牌照政策的出台，对整个第三方支付行业产生了以下影响：

我国第三方支付行业的发展约从2005年开始，短短5年间取得较大发展。据统计，2010年第一季度，我国第三方支付市场交易规模达到2 081.6亿元，其中互联网支付达1 999.4亿元，环比增长13%。

行业的快速发展吸引了众多企业投身第三方支付，交易风险也随之而来。利用第三方支付进行涉黄、涉赌业务，以及病毒、欺诈等现象层出不穷。第三方支付企业被违法犯罪活动利用的案例数量不少。

中国人民银行在2010年6月发布《非金融机构支付服务管理办法》(以下简称《办法》)，明确规定非金融机构应当取得支付业务许可证，成为支付机构，依法接受中国人民银行的监督管理。《办法》规定，拟在省范围内从事支付业务的，其注册资本最低限额为3千万元人民币；拟在全国范围内从事支付业务的，其注册资本最低限额为1亿元人民币。在《办法》实施前已经从事支付业务的非金融机构，应当在《办法》实施之日起1年内申请取得支付业务许可证。逾期未取得的，不得继续从事支付业务。支付业务许可证自颁发之日起，有效期5年，期满后继续从事支付业务的，应当在期满前6个月内提出续展申请，每次续展的有效期同样为5年。由于存在上述政策壁垒，整个第三方支付行业的秩序得到整肃和净化。

此外，根据政策，从事第三方支付的企业本身或母公司需要连续两年盈利，这对部分支付类企业也是挑战，这条规定也将部分企业阻止在行业之外。不过这些规定规范了企业的行为，清理了害群之马，为行业未来的健康发展奠定了基础，有助于行业做大做强。

(案例来源：陆晓辉，http://www.cnstock.com/index/gdbb/201007/646210.htm.)

**案例分析问题**

1. 第三方支付市场进入壁垒主要包括哪些类型？
2. 你如何看待制度性壁垒对我国第三方支付市场竞争的影响？

## 【思考与讨论】

1. 结构性、战略性和制度性三种类型的进入壁垒中,哪一种对经济效率和竞争的不利影响最大,为什么?

2. 文中提及的案例企业高通公司为什么在手机市场中不利用其绝对成本优势? 这项决策是否有效合理?

3. 许多网站经营之初都采用急剧扩张战略,但是并未取得理想的经营效果,导致这一战略失败的原因和条件是什么?

4. 分析并讨论合并所能产生的经济效率。如果这些效率真正能够实现,企业的竞争力会得到怎样的提高?

第 6 章

# 电子商务市场控制力

## 【学习目的】

通过本章学习,你应该能够:

- 了解市场控制力的内涵及来源
- 掌握市场控制力的衡量指标
- 理解电子商务市场控制力的实现策略
- 解释哪些因素削弱了电子商务市场控制力

# 引例：奇虎 360 起诉腾讯引发的思考[①]

2010 年的"3Q 大战"相信中国网民都还记忆犹新。2010 年除夕之夜,腾讯以 QQ 升级时默认捆绑的方式,全面推广一款模仿 360 安全卫士的产品——"QQ 医生",奇虎 360 科技有限公司(以下简称奇虎 360 或 360)紧接着推出"扣扣保镖"进行反制,提供阻止 QQ 查看用户隐私文件、防止木马盗取 QQ 以及给 QQ 加速,过滤广告等功能。

随后,两家公司激烈对抗。2010 年 11 月 3 日晚 6 点腾讯突然开始强迫用户"二选一":宣布在装有 360 软件的电脑上停止运行 QQ 软件,用户必须卸载 360 软件才可登录 QQ。直到工信部的介入两家公司的激烈对抗才有所缓和,两家公司均恢复兼容,并向用户致歉。

随后,腾讯公司首先在注册地广东起诉奇虎 360 不正当竞争,半年后 360 公司也在广东对腾讯滥用市场支配地位行为提起反垄断诉讼。360 起诉腾讯滥用市场支配地位,腾讯起诉奇虎 360 不正当竞争。360 要求腾讯赔偿 1.5 亿元,腾讯要求 360 赔偿 1.25 亿元。这两起诉讼案分别于 2012 年 4 月 18 日和 9 月 18 日开庭审理。在起诉书中,360 除了要求腾讯赔偿 1.5 亿元,还"请求法院判令两被告停止滥用市场支配地位的垄断民事侵权行为,包括但不限于停止限定 QQ 软件用户不得和原告交易、在 QQ 软件中捆绑搭售安全软件产品等行为","请求法院判令两被告向原告赔礼道歉,其具体形式包括两被告在其网站 QQ.com 连续 10 日刊登经原告认可的道歉声明,以及要求被告在《人民日报》、《电脑报》等平面媒体连续 3 日刊登经原告认可的道歉声明"。

2013 年 3 月 28 日,广东省高院一审认为,即时通信与微博、社交网络等构成紧密替代关系,而且是相关地域市场为全球市场,相关市场上存在充分竞争,因此,腾讯不具有市场支配地位,驳回了原告 360 的全部诉讼请求。

奇虎 360 公司不服,向最高人民法院提出上诉,最高法院决定于同年 11 月 26 日上午 9 时在最高法院第一法庭公开开庭审理。2014 年 2 月 24 日,最高人民法院二审终审宣判:驳回奇虎 360 上诉,维持一审原判。

有关腾讯的垄断行为的讨论,引发了我们对市场控制力的思考。毫无疑问,腾讯的冒险精神、技术优势以及被广泛接受的即时通信软件的开发和升级,对互联网的发展和开拓作出了巨大贡献。但同时,腾讯公司采取的一些策略也在一定程度上损害了竞争者的利益,甚至限制了竞争。不过,垄断是否破坏了创新,单靠反垄断法的外部约束是否能够遏制垄断? 还是需要有更强大的内生动力? 通过对市场控制力理论的理解,我们可以探究如何在保证鼓励创新和技术进步的同时,又不会使市场控制力抑制市场的竞争。

---

① 案例系作者根据 http://tech.sina.com.cn/z/360qq2013/内容改编而成。

# 6.1 市场控制力概述

## 6.1.1 市场控制力的内涵

市场控制力(market power),也称为垄断势力(monopoly power),其相关理论可以追溯至18世纪的早期微观经济学,并在之后的一个多世纪里面不断得到发展。学术界关于市场控制力的定义很多。例如,Brandow将市场控制力定义为厂商直接影响其他市场参与者或者诸如价格、推广促销等市场变量的能力;[1]刘志彪等人则认为市场控制力是一家公司控制及影响产品价格、产量的能力。[2]

综合有关市场控制力的定义,我们可以看出市场控制力主要包含以下几层含义:

① 市场控制力只存在于不完全竞争的市场中,从垄断竞争、寡头垄断到完全垄断市场,其市场控制力依次增大,而在完全竞争市场中,市场控制力为零;

② 拥有市场控制力的企业可以利用已经掌握的市场条件和资源,在一定时间内,维持自身垄断地位或者控制价格、产量等市场变量;

③ 企业行使市场控制力的主要手段就是提高产品价格,而市场控制力所代表的就是企业这种提高价格的能力,其市场控制力越大,那么其提高产品价格的能力也就越强;

④ 企业一般不会因为行使市场控制力而丧失大部分顾客或者销售收入,即企业仍然能够保持其顾客或者市场对其产品的需求,也正因为如此,企业可以通过行使市场控制力达到增加其利润的目的。

## 6.1.2 市场控制力的来源

与其他竞争者相比,拥有市场控制力的厂商具有对价格、产量的自由决策权或扩张市场份额的能力,或者拥有市场控制力的厂商可以主动地限制其他竞争者的行为空间,并对其他竞争者的决策施加影响,使其最大程度地符合自己的利益。企业市场控制力主要源于以下四个方面:

### 1. 进入壁垒

具有强进入壁垒的产业通常属于寡头垄断结构,在位企业也通常具有相当的市场份额,也就具有了重大的市场控制力。当市场内部的企业已经获得经济利益时,外部企业进入该市场就存在着很大的障碍,这些障碍阻挡了新商品或其他替代商品的进入,从而保证了市场内部企业的利润,维护了现有企业的市场控制力。

---

① Brandow G. E. Market Power and its Sources in the Food Industry. American journal of Agricultural Economics,1969 Vol.51.

② 刘志彪.现代产业经济学[M].北京:高等教育出版社,2003.

以移动通信业为例,由于规模经济性、范围经济性、大量的沉淀成本和政府的市场准入管制,移动通信业具有非常强的进入壁垒,从而保护了在位运营商的市场控制力。网络基础设施的存在,导致大量沉没成本的产生,为客户提供完整的服务或产品必须接入这些设施,而拥有这些基础设施的本地移动运营商具有事实上的市场控制力。尽管随着经济发展和科技进步,移动通信产业的规模经济效应逐步弱化,生产成本和沉淀成本大幅度下降,在一定程度上能够减弱行业的进入壁垒。但政府的市场进入管制仍然是一个很强的进入壁垒,而且是一个根本性的壁垒,为在位者屏蔽掉了所有的潜在竞争者,很好地保护了主导运营商的市场控制力。

2. 规模经济

根据经济学理论,优势企业(产量比较大的企业)不仅在成本上有优势,在市场占有份额上也有优势,同时也具有比较大的市场控制力,即其可以利用较大的市场份额来决定产品的价格。规模经济在一定程度上给企业或者整个行业带来了市场控制力。移动通信产业具有显著的规模经济和网络经济性。当市场规模达到一定临界值时,需求方和供给方的规模经济会产生互动,从而会引发网络经济中的正反馈效应。一个规模大的网络,它的价值越大,希望进入该网络的用户也就越多;而进入的用户越多,网络的规模就越大,这种效应使得市场竞争呈现一种"赢家通吃"的态势。如此一来,拥有大规模用户基础的运营商就具有了一定的市场控制力。

3. 顾客惯性

顾客惯性(customer inertia)是指客户在一段时间内重复购买特定产品或服务的行为,它使进入产业的新企业难以吸引顾客,在一定程度上提高了在位企业的市场控制力。构成顾客惯性的主要因素是转换成本的存在。例如,当用户学会使用一种计算机操作系统时,不仅需要付出学习成本,而且还会购买许多专用于此操作系统上的软件。如果他们转移到另一种计算机操作系统,不仅原来的投资失去作用,而且还将面临高昂的学习成本和转换成本的损失。

4. 品牌效应

老企业随着时间的流逝,一般都会在商品需求方建立起消费者对其商品的忠诚感,这种忠诚感就是这些老企业的商品在消费者心目中所产生的商品品牌效应,在位企业由于品牌效应而产生了一定的市场控制力。

### 6.1.3　市场控制力的衡量指标

为了衡量市场控制力的大小,经济学界提出了一些衡量指标。有些经济学家用市场集中度的数值来代表市场控制力的大小。还有一些学者根据微观经济学和产业经济学的基本原理,运用数理方法推算出能够衡量市场控制力大小的数学表达式。在诸多市场控制力衡量指标的研究中,比较常见的指标包括:勒纳指数 LI、市场集中度比率 CR 以及赫芬达尔一赫希曼指数 HHI。

**1. 勒纳指数**

勒纳(Lerner)曾对于非竞争性市场中垄断价格究竟可以高到什么程度,或者说垄断厂商对于控制价格的能力做了研究。他认为对于垄断者来说,价格的提高,也存在一个限度,而垄断所带来的福利损失,主要是由于垄断者的价格大于边际成本,而价格高出边际成本的程度,可以用来反映垄断者的市场控制力程度,这一比率后来被称为勒纳指数(Lerner Index)。勒纳指数的计算公式如下:

$$LI = \frac{P - MC}{P} \tag{6-1}$$

勒纳指数的取值范围是(0,1),数值越大,说明价格偏离边际成本越大,或者说企业的市场控制力越大。在自由竞争条件下,由于生产者是价格的接受者,边际成本等于市场价格,可知勒纳指数为 0。在非自由竞争市场中价格不一定等于边际成本,因而在非自由竞争情况下,勒纳指数就是介于 0 和 1 之间的某个值。

**2. 集中度比率**

市场集中度(market concentration)是用来界定和量化企业数量或相对规模分布状况的指标,通常用市场中较大企业所占有市场份额的大小来表示。一般情况下,市场集中度越高。少数大企业占据的市场份额就越高,大企业对市场的控制力也就越强。少数垄断企业之间往往形成某种形式的联合或协议,以共同控制市场。相反,市场集中度低,由于市场上存在众多竞争者,企业成为价格接受者,企业之间不得不在产品品种、质量、技术、销售及售后服务等方面激烈竞争。由于市场集中度能够反映出市场的集中程度,因此可以在一定程度上反映出市场控制力的大小。

集中度比率(concentration ratio,CR)是最基本的市场集中度指标,一般用于计算产业内销售额或其他指标(生产量、职工数或资产总额)处于前几名的企业所占市场份额的比率。典型的 CR 计算公式如下:

$$CRn = \frac{\sum_{i=1}^{n} x_i}{\sum_{i=1}^{m} x_i} \tag{6-2}$$

其中,$i = 1, 2, \cdots; n$ 为选取的最大企业个数(通常选取 4 或 8 家企业);$m$ 为选取企业所在产业市场中的所有企业个数;$x_i$ 为市场中第 $i$ 个企业的销售额(生产量、职工数或资产总额)。

CR 的值介于 0 和 1 之间,值越大表示市场集中度越高。经济学中常用指标有 $CR_4$(行业内销售额最多的前 4 家企业),$CR_8$(行业内销售额最多的前 8 家企业)。美国经济学家 Bain 对制造业的集中度比率进行分析后,以市场占有率为基准提出了基本标准,如

表 6-1 所示。

表 6-1　Bain 的产业集中度类型

| CR$_4$ | CR$_8$ | 产业集中的程度 |
| --- | --- | --- |
| 75%以上 | 90%以上 | 非常高 |
| 65%～75% | 85%～90%以上 | 高 |
| 50%～65% | 70%～85% | 较高(适度集中) |
| 35%～50% | 45%～70% | 较低(适度集中) |
| 35%以下 | 45%以下 | 低 |

数据来源：J S Bain. Industrial Organization. 1sted,1959.

**3. 赫芬达尔—赫希曼指数**

赫芬达尔—赫希曼指数(Herfindahl-Hirschman Index)，又被称为 HHI 指数,即市场中所有企业市场占有率的平方和,它对企业之间市场份额的非均等分布非常敏感。其具体的计算公式如下：

$$HHI = \sum_{i=1}^{n} q_i^2 \tag{6-3}$$

其中，$q_i$ 为市场中第 $i$ 个企业的市场占有率；$n$ 为产业市场中企业的数量。

HHI 指数反映了产业内的集中与分散程度,HHI 越大,说明产业内的市场集中度越高。尽管赫芬达尔—赫希曼指数的直观性比较差,但该指标考虑了市场中所有的参与者,由于"平方和"计算的放大性,HHI 对规模最大的前几个企业的市场份额的变化反映特别敏感,因此能够灵敏反映市场规模分布对集中度的影响。

一般而言,HHI 值应界于 0 与 1 之间,但通常的表示方法是将其值乘上 10 000 而予以放大,故 HHI 应界于 0 到 10 000 之间。美国联邦能源管制委员会(FERC)利用 HHI 作为评估某一产业集中度的指标,并且定出下列的标准：

① 当 HHI≥1 800 时,认为市场高度集中；

② 当 1 000≤HHI<1 800 时,市场中度集中；

③ 当 HHI<1 000 时,表示市场集中度很小,市场控制力对于竞争性基本上没有影响。

HHI 的值每增加 100 点就说明市场控制力的作用有明显增强。

这三个指标中,勒纳指数 LI 反映的是市场存在支配能力,价格与边际成本的偏离程度,实际中数据不易获得,所以应用较少。集中度比率 CR 简单明了易于计算,缺点是不能反映企业规模分布对市场集中度的影响。赫芬达尔—赫希曼指数 HHI 不仅数据易于获得,更能明显地反映市场控制力的大小,在实践中使用较多。

# 6.2 电子商务市场控制力的实现策略

## 6.2.1 由市场进入次序支持的市场控制力

在激烈的网络市场竞争中,成本优势、规模优势似乎已经成为成功企业必须具备的最基本的因素,一些"市场先驱者"也因为"先动"而获得了成本和规模优势。因此很多人认为,如果企业能够比竞争对手先进入市场就可以获得较多的市场份额或竞争优势。那么是否先进入市场的企业就一定比后进入市场的企业具有更大的优势呢?本章将对基于市场进入次序所带来的竞争优势进行探讨。

1. 先动优势

(1)先动企业与先动优势界定

在研究文献中,不同的学者对先动企业(first mover)有着不同的定义,迄今为止还没有统一的标准来划分先动者或后动者。先动者可以是生产了一种新产品,使用了一种新的工艺,进入一个新的市场,或者第一个使产品商品化的企业。先动优势(first mover advantage or pioneering advantage)就是先动企业因抢先进入市场而占有各类资源所获得的优势,包括对市场空间、产品技术空间、消费者偏好空间等资源的抢先占有。

先动优势一般包含以下几方面内容:

① 技术优势。企业的技术研发创新(如专利)、管理与组织创新以及学习曲线效应(learning curve effect)都能为先动者提供竞争优势。

② 资源优势。对自然资源及人力资源的先取,对地理空间、技术空间、顾客认识空间、产品空间的先占都产生了竞争优势。

③ 锁定优势。通过转换成本锁定顾客的能力,顾客对先动者产品的消费会塑造顾客成本结构从而形成转换成本,使得先动者相对于后动者具有优势。

(2)先动优势的影响因素

① 企业资源。企业资源包括物质资源、人力资源和组织管理资源。其中物质资源包括企业使用的实体技术、企业的厂房和设备、企业的地理位置以及企业原材料的获取渠道;人力资源包括企业管理层和员工个人的训练、经验、判断、智慧、关系和洞察力;组织管理资源包括企业的正式报告结构、企业正式和非正式的计划、控制和协调系统以及企业内部群体之间、企业和外部环境中的其他企业之间的非正式关系。企业无论是在进入市场之前的技术研发还是维持企业现有的经营并能保证今后的扩张的所有运营活动,都需要企业的雄厚资源做保障。具有雄厚资源的企业,尤其是在相关领域的市场中享有良好声誉的企业在进入新市场时常常采取先动,因其能利用自己的声誉轻而易举地打开市场,并有足够的资源支持其在新市场中的成长,进而获得市场主导地位。

② 企业规模。企业规模是指生产资料、职工等生产要素和产品产量在企业中的集中程度,表明了企业组织的大小。无论企业规模大小,都可以考虑先动策略。规模较大的企业由于各方面的综合能力较强而且物质基础比较雄厚,比小企业具有更强的抗风险能力。而小企业在面对未知的市场时,可以灵活机动地调整方向和策略,以适应变化和响应市场要求,也有可能利用先动准确把握市场定位和占有优势资源来获得先动优势。

③ 行业特点。当某行业的技术标准是由市场决定时,有利于使企业自身采用的技术成为该类产品或产业的技术标准的情况下,企业应该积极地选择先动。因为技术或产品一旦成为标准并且被消费者广泛接受和使用,将迫使其他产品或技术退出市场,而无论该技术本身是否更优越。选择先动将使企业有更多的时间和机会建立并扩大技术或产品网络规模和强度,如第5章提到的美国高通公司。

当某行业存在网络外部效应,即一个消费者消费某种商品的效用会随着购买这种商品的消费者的增多而增加时,这种效用外部性就会使消费者呈现出"需求方规模经济"。因此,在消费者选择某种商品时,由用户安装基础和网络外部性强度构成的网络效应将在消费者购买决策中起到至关重要的作用,正的网络外部性有利于扩大需求方的回报,在提高产品对消费者的价值的同时,也无形地提高了消费者转换成本,扩大被锁定的消费者数量,巩固和扩大技术的已有安装基础。这样正的网络外部性也会延续先动者的生存。选择先动策略的企业将会阻止其他竞争者进入市场,使先动企业在市场中获利。不过在不同的产业,消费者转换成本的影响程度可能不同,在消费类产品领域,先动者通常可以建立较高的消费者转换成本从而获得较高的品牌忠诚度,而在工业类产品中转换成本的作用较前者弱。

④ 市场容量。市场容量的大小决定了企业是否必须抢先进入市场。当潜在目标市场的容量较大时,抢先进入的企业的产品不可能一举占领全部市场,这时进入市场次序的重要性就略显次要了。而潜在的目标市场容量相对较小时,抢先进入的企业完全有能力占领所有市场时,那么抢先进入就非常有利。因此,企业应该根据所面对的目标市场的情况,对其进入市场次序的战略加以调整。但是需要指出的是,市场容量或目标市场规模的大小只是一个相对的概念,面对同一个市场,不同的企业可能会有不同的评价,大型企业认为其容量较小,而小型企业则认为其容量很大。

(3) 先动优势的实现

先动企业的"先动"地位只是为企业获得竞争优势提供了一种可能,要想真正攫获这些优势,他们必须采取一些策略和行动。

首先,建立反馈及创新机制。新产品是否能够在市场中生存,是不是一个好产品应该由消费者来评价,而不能凭企业自己的主观想象。第一并不意味着最好或是唯一,先动企业由于是首先进入市场并无任何经验可以借鉴或参考,也不能确保生产出来的产品一定能被消费者所接受。因此先动企业应建立一个快速有效地反馈机制,根据客户的反馈及时创新完善产品,最终占领市场。

其次,要遵循"急剧扩张策略"(get-big-fast strategy),先动企业由于先进入市场,在时间上的超前性使得先动企业有时间来扩大自己的规模,以形成规模经济,降低产品的单位生产成本。它们还可以经常使用多样化的定价策略和提供免费服务以刺激客户需求,引发积极的连锁效应。销量越高,影响面就越广,产品的单位成本也就越低;反过来就会形成更低的产品价格,也就有可能使公司盈利。

最后,先驱者要加大宣传力度,只有不断地加强产品宣传,才能使消费者有更多的机会接触到企业的产品,并对企业的产品有更多的了解并积累产品的试用经验,从而对先动企业的产品树立牢固的品牌形象。

以 Amazon 这个成功的网络先驱为例。

Amazon 是迄今为止最为成功的网络先驱者之一,Amazon 的成功在于它从两方面利用了先驱者所拥有的优势。

首先,Amazon 建立了良好的创新机制,不断寻求满足客户需求的新方法并且付诸实践。例如,Amazon 开发了一套需求筛选建议系统,用于在客户购买某一产品时为他提供额外的购买建议,这种建议是根据其他客户购买同类产品的购买模式给出的。Amazon 还是第一个采用读者和编辑书评并进行销售排行的网络销售商,也是第一个以中间人身份为客户之间和客户与书商之间搭建旧书销售平台的零售商,仅这一项的边际利润就几乎与新书销售持平。这些举措拓宽了 Amazon 的市场范围,增强了品牌认知度,也增加了收益回报。对 Amazon 而言,"第一"意义深远,不仅是市场第一,同时也是创新第一。它们的成功说明了一个具有持久创新动机的市场先驱者是如何实现在竞争中"先迈一步"的态势的。

其次,Amazon 通过提供极佳的购物体验和客户服务而建立了品牌优势,并且通过广告宣传扩大了认知度。Amazon 网络是以客户为中心的,其组织有序、使用方便,以信息实现导购,客户在主页上就可以通过一系列的点击链接实现购买。Amazon 的目标就是实现网上购物的顺畅并根据客户反馈来完善购物过程。它们根据产品类别建立了多种网上商店,包括软件、音像制品、家用电器等,这与 Amazon 高效的配送系统形成了呼应。凭借方便、优质、诚信和卓越的服务,Amazon 树立了自己的声誉,忠诚的电子商务客户群也因此产生了心理转换障碍(psychological switching barrier),即转向其他商家的心理障碍。不仅如此,作为先驱者的 Amazon 在创立效益品牌的同时,也投入巨资于广告战略,它的诱人广告充斥着广播电视的各个频道,这些也在消费者心目中树立了牢固的品牌形象。Amazon 的案例说明"先动"帮助企业奠定了运营的基础,而专业技能、管理水平、经验知识以及竞争模式的创新可能使公司立于不败之地。

2. 后动优势

尽管 Amazon 的成功从某种程度上佐证了先动优势的存在,但倒闭的电子商务先驱也很多，而且还有增多的趋势。常青藤是中国最早的门户网站，1997 年该网站就推出了搜索引擎，而且几乎在同时，它推出了中国最早的免费邮箱，但现在它已经销声匿迹了。如今，门户网站浪尖上的弄潮儿是新浪、网易和搜狐。8848 是国内第一家 B2C 网站，如今它也经历了倒闭的命运，现在国人谈论更多的是京东商城、卓越亚马逊以及凡客诚品等。易趣是国内最早的 C2C 网站，现在它也只能是眼睁睁地尾随淘宝和拍拍之后。在 IM 市场上，最早的包括 Picq、Ricq、Ticq(TQ)、Qicq、Micq、PCicq、Oicq、OMMO 等，但它们都只是昙花一现，如今的 IM 市场是腾讯 QQ 的天下。所以，先驱者最突出的优势就是可以在建立无形资产方面赢得先机，他们可以对外宣传自己曾经是第一。除此之外，对电子商务而言，身为先驱者的固有的、持久的、难以超越的竞争优势几乎是微乎其微的。因此，也有很多的企业选择后动策略，它们也同样可以获得成功。

(1) 后动企业与后动优势

人们对后动企业的理解也不尽相同。根据研究的不同需要，在先动者进入市场之后，随后进入该市场的企业被定义为后动者或跟随者。进一步地，根据后动者跟进速度的不同又细分为快速跟进者和一般后动者。快速跟进者是指那些在先动者进入市场后但还未建立起绝对优势前进入同一市场的企业；而在先动者已经建立起绝对优势之后进入市场的企业称为一般后动者。先动企业与快速跟进企业的主要区别体现在以下几点。

① 进入市场的次序。先动者是最早在某市场出售该产品者；快速跟进者则是跟随在先动者之后，第二个或第三个进入同一市场的企业。

② 竞争环境。先动企业由于是第一个进入某市场的企业，因此此时的企业是市场的开拓者，同时也是该市场的垄断者；快速跟进者虽然进入该市场也很早，但其所面对的环境则是具有竞争性的，需要与先动企业争夺市场。

③ 企业策略的制定。先动者可以完全依照自己的意愿来决定企业的目标市场、产品的定位及企业的战略等；而快速跟进者则不仅要考虑自己的意愿，同时更应该注重对先动企业的分析，从而确定企业的各项策略。

本章研究的后动优势主要是指快速跟进者的后动优势，一般包含以下几方面内容。

① "免费搭乘"效应。企业得到某种收益却回避了为此支付的消费者或企业。后动者可能会在产品和工艺研发、顾客教育、员工培训、政府审批、基础投资等很多方面比先动者节省大量投资却仍可受益。

② "错误规避"优势。由于市场初期，技术和顾客需求的不确定性和"非连续性"(discontinuities)往往导致先动者的错误决策，而后动者可以从前者的错误中吸取教训。

③ 在位者惯性。由于沉没成本的存在，组织僵化，先动企业不愿引进新产品或改进产品，不愿改革，从而在与后动者的竞争中处于劣势。

(2) 后动优势的影响因素

① 领先时间。领先时间是指第一个进入市场的企业与第二个进入市场的企业之间

的进入时间差。领先时间主要从品牌建立和学习成本两方面威胁着后动企业。在领先时间内,先动企业没有竞争对手,可以利用这种地位优势来建立品牌可靠性并塑造消费者的偏好。另外,学习曲线的存在让先动者可以保持大量的市场份额以及较高的边际利润。一般来说,领先时间越长,后动企业在进入市场时遇到的壁垒就越大,为此付出的代价就会越大,获得的利润相比之下就会很少。

②竞争状况。后动企业进入市场时,市场中已经存在了竞争对手,企业的任何决策都不可能是孤立进行的,要依据竞争对手情况制定正确的决策进行经营并获得竞争优势。后动企业主要应研究竞争对手的数量、分布、规模、资金及技术力量,特别是潜在威胁大的企业,可以根据主要竞争对手的竞争实力及其变化情况进行分析和判断,为自己进入市场后的发展争取到主动地位。

③消费者偏好。消费者偏好形成过程实际上是顾客对产品/品牌了解和学习的过程。在市场初期阶段,消费者对产品的属性和属性最佳组合的重要性知之甚少,消费者通过获取相关知识和信息、产品试用来了解产品/品牌,以形成偏好。顾客对产品/品牌的偏好一旦形成,就会成为下一次选购商品时的心理基础。消费者对先动企业产品的偏好很大程度上决定了后动企业进入市场的难易程度以及进入市场后采取的竞争策略。因此,后动企业在进入市场前应考察市场中的消费者是否对先动企业的产品形成了较强的偏好,或者消费者只是对价格或其他因素比较敏感等问题,然后根据不同的调查结果来考虑企业针对不同的情况应采取何种恰当有效的方式来打开市场。

(3) 后动优势的实现

①实现产品差异化。缺乏异质化的资源难以形成竞争优势,因此后动者应该积极寻求资源的差异化。后动者可以通过研究消费者对先动者品牌形成偏好的影响因素采取差异化的战略。差异化策略可以从总需求与总供给的差异中寻找,从市场及其环境的动态变化中寻找,从分析企业经营条件的相对优势中寻找,通过市场定位及市场细分来寻找。

②改变消费者偏好。消费者偏好形成后虽然具有相对一致性,但并不是永恒固定的,它能够被改变。偏好的转变与偏好的形成具有同等的重要性。一个能够娴熟地影响和改变消费者偏好的后进入者能够获得差异化优势。后动者可以通过将消费者偏好引导转移向自己的产品定位,影响消费者对产品态度的权重,以及在消费者心目中建立新产品的标准和产品信誉来成功塑造消费者偏好。改变消费者偏好的途径包括改变消费者的基本动机函数,改变多属性模型的组成部分,改变消费者对竞争者品牌的看法。

③模仿创新。先动企业往往在技术上是领先的,当其受到专利权的保护时,技术专有性会给后进入者设置较高的进入壁垒。尽管如此,因为种种原因,新产品在多数情况下还是很容易被模仿的。后动者可以吸取先动企业的经验、教训,以更好的模仿创新产品满足顾客的需求。后动者模仿已成熟技术,能够集中资源在生产过程而不是生产技术,从而生产更有效率、产品质量更有保障;由于先动企业的很多资源沉没在前期的研究、制造、

分销渠道以及其他领域,持续创新的能力越来越弱,后动者可以进行产品或生产技术等创新,制造出质量更高、价格更低的产品。因此后动者应加强模仿创新,在获取—消化吸收—改进—创造的过程中不断建立自己的竞争优势。

腾讯公司是破坏型创新的后动者。[①]

关于腾讯的创新和复制,业内颇有微词,最有名的是:腾讯,走别人的路,让别人无路可走! 这句话带着互联网创业者对腾讯的无奈。曾经一度,甚至连投资人,也把这个问题提给创业者,以考量所投资项目的风险以及创业者的抗压能力。

相对于一般意义上的创新,腾讯有着更多的理解:一要抄新,互联网项目谁有新项目,腾讯必须有,对方的新功能,腾讯、QQ 产品不能熟视无睹,一定要拿下;二要抢新,好的项目,腾讯还没开始,先把专利申请了,把创新的点子先申请了,最后用专利压制创业者。正是基于这样的认识,腾讯在其发展历程中,很多产品都透露出"抄袭"的味道:腾讯QQ 模仿 ICQ、腾讯 TM 模仿 MSN、QQ 游戏大厅模仿联众、QQ 对战平台模仿浩方对战平台、QQ 团队语音模仿 UCTalk、腾讯拍拍模仿淘宝、财付通模仿支付宝、QQ 拼音输入法模仿搜狗输入法、QQ 播客模仿土豆、超级旋风模仿迅雷、QQ 交友中心模仿亚洲交友中心、腾讯滔滔模仿 Twitter、腾讯微信模仿小米米聊……

不过,用抄袭去理解企鹅帝国的成功,显然不全面。腾讯并非只有低级创新和微创新,他们懂得如何把握潮流,并懂得将学到的东西进行改进,为我所用;更为关键的是,他们在"以人为本"的用户体验上,做得比竞争对手都要好。

如马化腾所言,QQ 本身是一个仿制品,但是像离线消息、QQ 群、魔法表情、移动QQ、炫铃等都是腾讯的创新。作为全世界少数能赚钱的即时通信软件中赚钱最多的,"中国国情"或许帮了腾讯的忙,但是能在众多的本土竞争对手和国外巨头的激烈竞争中生存下来,更多的还是其对用户需求的把握和基于用户需求的创新。

由此可见,腾讯作为很多产品的后动者就是在不断模仿和创新并在获取—消化吸收—改进—创造的过程中不断建立自己的竞争优势。

## 6.2.2　由合并支持的市场控制力

第5章的讨论已经表明了合并作为产业结构重组手段的重要意义,在现实经济运行中,它也经常被一些企业所采用,作为支持市场控制力的战略。其中,横向合并对电子商务市场控制力的影响最为明显。

横向合并是在同一市场上与自己同质的企业整合,以消除其他的竞争对手。横向合并直接导致竞争者数量减少,市场集中程度提高,合并后企业的市场渗透力和影响力也得以增强,在日后实施竞争战略的时候需要预先考虑的因素也大大减少。横向合并也扩大

---

① http://www.chinanews.com/it/2011/08-01/3222807_2.shtml.

了资产规模,提高了产量,同时可以实现规模经济效益,减少因重复劳动而造成的成本浪费。此外,合并会对弱小的竞争者造成心理威胁,不敢轻易挑战这些企业巨头。

就目前来看,电子商务领域发生的少数合并对竞争的影响尚未明显显现出来,还没有足够的证据表明现存网络经营者是利用市场控制力实现了企业的生存和发展。

纵向合并也可能产生市场控制力,但其在电子商务中所产生的影响要比传统商务小。就纵向合并而言,目前很少看到某一环节的企业优势会因为纵向合并而传递给其他企业,或者合并后的企业比原先的单个企业具有更强的供应链掌控优势,eBay 收购 PayPal 算是其中的典范。但纵向合并会使得网络领域的竞争性进入更为困难和复杂,从而降低了进入者风险融资的安全性。

混合合并在电子商务领域更多体现的是企业多元化发展的战略需要。2013 年以来,中国互联网巨头为延伸业务,在多个领域进行投资,尤其是阿里巴巴,收购了高德地图,入股优酷土豆,收购文化中国,收购恒大足球俱乐部股份……这些行为促进了其在多个领域的良性发展。不过,混合合并对阿里集团市场控制力的影响还有待进一步研究。

### 6.2.3　由定价策略支持的市场控制力

#### 1. 由掠夺性定价支持的市场控制力

掠夺性定价已在第 5 章中讨论过,它是具有一定市场控制力的竞争者以排挤竞争对手为目的,在一定的市场上暂时以低于成本的价格连续地销售商品或提供劳务的行为。企业实施低价通常是为了将竞争对手排挤出市场或者吓退欲进入市场的潜在竞争对手,目的一旦达到,它们会再行提高价格以弥补降价损失,并从此独占市场获得长期垄断利益。由于该行为犹如赤裸裸的掠夺行为,因此被称为掠夺性定价。

虽然掠夺性定价与一般的价格竞争同属价格竞争的范畴,二者却有着质的区别。掠夺性定价是一种垄断行为,它是企业追求市场控制力的表现,目的是将竞争对手排挤出市场,从而获得市场控制地位。一般的价格竞争是市场竞争和法律所容许的,属于合法的降价。只有当降价超过一定的限度,并有可能产生垄断后果时,才构成我们所讨论的掠夺性定价行为。

从经济学角度看,掠夺性定价行为不仅损害公平的市场竞争,而且造成消费者福利水平的降低和社会总福利水平的损失,因此这种行为一直是各国反垄断法或反不正当竞争法所规制的一项重要内容。尽管很多国家的成文法都规定了掠夺性定价行为的判定标准,但实践中,这种行为的判定相当困难。美国判定掠夺性定价的实践经验比较丰富,其判定掠夺性定价成立与否主要依据以下两个关键证据。

(1)表面证据,即价格低于成本。这里的成本理论上是边际成本,但由于企业的边际成本很难测算,通常以平均可变成本作为衡量掠夺性定价的标准,低于平均可变成本的定价就构成掠夺性定价。因为一个竞争型企业如果不能收回它在经营中的可变成本就得倒闭。如果它所销售的商品价格低于平均总成本但高于平均可变成本,就能通过继续经营而将损失减少到最低限度。但是在不能收回可变成本的情况下继续经营,它所蒙受的损失比倒闭的损失更大。因此,低于平均可变成本的定价本身就说明了这样做的意图是为了挤垮竞争对手而进行掠夺性定价。

(2) 实质证据,即补偿损失的可能性。补偿损失的可能性,是指掠夺者在将来把价格提高到竞争水平之上、收回成本的能力。如果掠夺造成的损失无法得到补偿,那么最终受损的是掠夺者自己,而消费者可从中获益,在这种情况下,掠夺性策略行为是不成功的。因此,实施掠夺性定价的企业必须具有足够的财力,能够承担短期降价损失,从而获得市场控制力;而在小对手退出或者新进入的威胁消失之后,它可以借助市场控制力来提高价格从而弥补损失。

现阶段,我国许多电子商务企业会把价格定在低于总成本或者平均可变成本以下,它们的目的主要是抢占市场份额并在消费者心中树立品牌形象。淘宝、京东商城等一些企业的经历似乎在一定程度上证明了这一策略在建立市场控制力方面的有效性。但我们无法预知它们是否可以在不久的将来借助市场支配力来提高价格以弥补损失。就现实来看,淘宝的几次收费策略都没有达到预期的目的,面对紧跟其后的拍拍和网易,淘宝也不敢轻言收费。而京东商城一直被认为是最有争议的 B2C 企业,它可能是中国最先突破100 亿元的 B2C 公司,但 2004—2008 年四年来的利润几乎为零。如果一直不能盈利,它在市场上驱逐的也许就是自己。

**2. 由价格歧视支持的市场控制力**

价格歧视(price discrimination)在经济学中并没有一个统一的概念。一般认为,价格歧视就是指同一主体对同一消费者或不同消费者以不同的价格出售完全相同的商品或有细微差别的商品,而价格的差异不反映成本的变化。它包含以下内容:①实施价格歧视的主体为同一主体,以区别于价格分散(同一商品的多个不同主体索取不同价格称为价格分散);②交易对方包括同一消费者和不同消费者;③以不同价格出售完全相同的商品或有细微差别的商品;④价格的差异和商品的成本变化无关,以区别于价格差别。

现实生活中,不同消费者的收入水平及消费者偏好不同,对商品或服务的效用评价也不同,因此,不同消费者对相同商品或服务所愿支付的最高价格也大不相同。如果经营者对同种商品或服务都制定统一的价格,那么具有较高保留价格的消费者就会获得较多的消费者剩余(消费者购买某种商品或服务所愿意支付的最高价格与实际支付的价格之间的差额),而具有较低保留价格的消费者则由于经营者定价高于其保留价格而不进行购买。对于经营者来说,只要价格高于产品的边际成本,就会有利可图,由于实行统一定价失去了保留价格高于经营者的边际成本却又低于经营者定价的消费者,对于经营者来说也就失去了部分获利的机会。可见,既要获得保留价格较高的顾客的消费者剩余,同时又能获得保留价格比较低的顾客的消费者剩余,就必须对前者制定一个较高的价格,而对后者制定一个较低的价格。这就是价格歧视的基本原理,即对不同的顾客制定不同的价格,以此来侵占消费者剩余并把它转化为经营者的利润。

电子商务中,由于网络技术可以实现对消费者网站浏览的跟踪,企业可以据此猜测某个消费者的价格敏感程度,因此通过动态定价(dynamic pricing)实现价格歧视并不困难,这样企业就可以在成千上万个潜在客户中运筹价格以获取利润。酒店、航空公司一直在按照顾客特点定价,它们根据顾客的性格、旅行日期、停留天数等因素制定不同的价格。它们通过对价格不敏感顾客略微涨价而获得更多利润,或者对价格敏感者略微降低价格,把客户从竞争对手那里吸引过来。只要市场是分散的,低价顾客就不能将产品转移给高价顾客,这一策略就是有效的。Amazon 在 2000 年采用了这一策略,它们根据浏览器的种类、选择的网络服务商以及是否是初次购买等因素,以不同的价格向不同的客户销售 DVD 影碟。这种策略使用了很长一段时间,直到被人们发现并表现出不满才告一段落。[①] Amazon 为此向公众道歉,并向高消费者退还了多收取的金额。

## 6.2.4 由杠杆或排斥作用支持的市场控制力

杠杆作用(leverage effect)从本质上说是因为某种原因而产生的一种"放大"作用,即由一个较小的量引出一个较大的量。就市场控制力而言,杠杆作用是指借助一个领域的控制影响向另一领域扩张的潜在能力。

微软捆绑策略体现了杠杆作用的有效性。微软将网络及电子商务的功能捆绑在 Windows XP 中,包含了 MSN 的接入软件以及可以进行视频会议和实现在线影音、游戏文件播放的多媒体播放软件 media player 等。正是通过将网络接入与计算机操作系统的捆绑,微软借助其在操作系统市场的控制力迅速成为提供网络服务的主要运营商。把电子商务软件作为 Windows 的免费组件提供给客户,足以拖垮那些必须对这些软件收费的竞争对手。即使竞争对手也有可能提供免费软件,但是因为捆绑于 Windows 的软件使用起来很方便,客户也不太可能转而使用其他软件,毕竟对于大多数客户来说,他们并不在意使用的是 Windows 的媒体播放器还是 Realplayer 的播放器。在向网络商务进军的同时,杠杆作用帮助微软开辟了一条新的电子商务牟利之道,但它同时也限制了甚至是完全消除了竞争,也有可能带来损害。

扩展和保护市场控制力的能力也可能来自于排斥(foreclosure)策略,一些优势企业通过控制一个或多个关键的市场阶段并运用排斥力来限制竞争。比如它们可以限制零售商或转卖商这样一些下游企业(downstream firms)得到关键供给的能力;它们也可以限制生产商这样的上游企业(upstream firms)与客户联系的能力。通过这些举动,优势企业便可以将竞争对手排斥在市场之外,或者控制竞争使对手在竞争中处于不利境地。例如,跨国公司通过对专利和标准的排斥作用,扼制了发展中国家企业技术能力的提升和市场

---

① David Coursey. Behind Amazon's Preferential Pricing. http://www.zdent.com.com/2100-11-523742.html.

控制力的形成。作为标准垄断者的跨国公司,对我国电子信息企业主导制定的标准设置了重重障碍。我国提出的 3G 移动通信国际标准 TD-SCDMA 以及试图推出的无线局域网强制性国家标准 WAPI 等均遭受到了国外标准集团的打击。由于电子信息业的绝大部分标准都是通过市场机制形成的,但在网络外部性出现的情况下,市场化的标准形成机制可能是"无效率"的,事实标准的大量出现,将排斥后发企业研发并应用新技术。因此,主导性跨国公司依靠其在研发领域的先发优势,通过对专利和产业标准的预占,形成了对全球价值链中其他环节的强大控制力,这直接导致了国际分工利益分配的严重失衡。

# 6.3 电子商务市场控制力的削弱

## 6.3.1 竞争压力削弱市场控制力

网络经济时代,产品的生命周期大为缩短,产品的更新换代速度也越来越快,企业也会随着时间的推移而面临各种竞争压力,这些竞争压力可能会逐渐削弱企业的市场控制力。这些压力包括以下几方面。

### 1. 技术进步及变化

信息时代,技术更新、发展飞速,很多企业会通过提出超越现有技术的全新技术打破在位企业的市场控制地位。例如,VCD 和 DVD 基本上取代了原来的磁带和录像带,而网络数字音频、视频又向 CD、VCD 发起了挑战。类似的,高清晰度电视(HDTV)以其基于数字图像的动感画面和观看灵活性的特点也正在逐渐取代现存的模拟电视。除此之外,如果市场控制力是建立在专有或专利技术基础之上的,那么一些企业有可能利用专利法律的漏洞,运用一些相近技术生产出与受专利保护产品具有同样功能的产品。例如,医药企业经常使用这种方法,它们利用自己的技术或化学配方生产出与受专利保护药品类似的药品并与之竞争。而电子商务中,这种类似的模仿更是比比皆是,淘宝有支付宝,拍拍就有财付通,有啊也有百付宝,这些都使得电子商务企业无法通过技术优势维持其市场控制力。

### 2. 市场需求

网络经济时代,客户的信息获取途径增多,市场信息的搜索成本也大大降低。与此同时,信息技术的更新换代和产品升级也诱发了消费者新的需求,这些都促使客户的忠诚度降低。除此之外,竞争对手也会不断推陈出新,尝试通过更好的产品、更佳的服务以及各种促销手段来攫取客户。以 IM 市场为例,根据 iResearch 的统计数据,到 2009 年 12 月,中国 IM 用户平均账号数为 6.58 个。根据 CNNIC 发布的《2009 年中国即时通信用户调研报告》显示,2009 年半年内只使用 1 款 IM 软件的用户只有 36.6%,同时使用 2~3 款即时通信的软件的用户逐步增大,超过 50%,总体趋势是随着用户使用软件数量的增多而用户规模减小。这表明,虽然用户希望 IM 软件之间能够实现互联互通,但是在现实未能实现互联互通的情况下,有不少用户已经接受了在不同场合下使用不同的 IM 产品,习惯了使用多个 IM 产品。[1] 这意味着 IM 市场后进入者也有竞争机会,它们可以通过提供差异化产品满足某一细分市场的用户需求,从而弱化在位者的市场控制力。

3. 技术扩散

企业的竞争力往往建立在知识、技能、技术和创新等方面,而这些因素大多依附于企业员工,当这些员工在不同的公司之间跳来跳去的时候,它们也会随着一起游动和扩散;而当某些超强员工选择自主创业并获得成功时,他们就可能削弱在位企业的市场控制力。例如,William Schockley 曾因协助他人发明了晶体管而获得诺贝尔奖,他于 1954 年离开了贝尔实验室成立了自己的 Schockley 半导体公司。Gordo Moore 和 Robert Noyce 曾经加盟 Schockley 公司,但他们后来又离开了 Shockley 并帮助别人成立了 Fairchild 半导体公司。1968 年,两人又离开了 Fairchild,连同 Andy Grove 成立了英特尔公司,后来发明了微处理器。如今,英特尔公司成为世界上最大,也是技术最先进的计算机存储器和逻辑芯片生产商,它压倒了最大的领衔企业 Fairchild 和 Texas Instruments 公司。

### 6.3.2 政府干预削弱市场控制力

拥有市场控制力的企业往往具有很强的反竞争能力,单纯依靠市场竞争并不能有效抑制其影响,也需要依靠政府的干预来恢复市场竞争状态和维护公众的利益。政府一般主要采取两种形式干预市场控制力:执行反垄断法和实施直接管制。

世界各国由于发展历史不同,国情不同,反垄断法的立法也有不同程度的差异。尽管如此,各国反垄断法的基本内容框架却具有高度的一致性。例如,美国反垄断法与欧盟竞争法互有影响,基本规则相同或者类似;日本反垄断法以美国反垄断法为蓝本,澳大利亚在很大程度上也是如此;我国台湾地区则受美国、日本及韩国立法的影响。各国制定的反垄断法的基本内容由下列三个方面构成:①禁止限制竞争协议;②禁止滥用市场支配地位行为;③控制企业集中并购。由此可见,反垄断立法一般都包含了对滥用市场控制力的规制部分。

滥用市场控制力排挤竞争对手这方面的一个典型案例是美国诉微软公司垄断案。[2]美国微软公司是一家从事计算机软件研究、开发及应用于一体的软件公司,其 Windows 软件对计算机应用领域是一大贡献,同时它也开发出了 IE 浏览器(Internet Explorer)并将其与 Windows 捆绑在一起。当时,网景公司已先于微软开发出了 Navigator 浏览器,并曾一度占有最大市场份额。在该案中,美国联邦地区法院法官杰克逊于 1999 年 11 月

---

① CNNIC. 2009 年中国即时通信用户调研报告. http://www.research.cnnic.cn/html/index-92.html.

② Jefferson Parish, Hospital Dist. No. 2 v. Hyde, 466 U.S. 2, 21-22 (1984).

5 日就美国司法部和 19 个州控告微软公司实行垄断一案作出了举世瞩目的初步裁决。其裁决认定的事实之一是，微软公司因在全球范围内对 PC 操作系统占有 95％的市场份额并拥有对客户发放许可使用其操作系统的权力而具有市场支配地位，微软公司利用所取得的市场控制力将 IE 浏览器与 Windows 操作系统捆绑销售的做法构成垄断，限制了市场竞争，意在将竞争对手排挤出市场。杰克逊法官其后于 2000 年 4 月 3 日作出的法律裁决结论中指出：微软公司 1995 年 6 月提出网景公司放弃页面浏览技术市场的建议具有明显的垄断浏览器市场的意图，在该建议遭到网景公司拒绝后，微软公司的一系列反竞争行为导致了微软公司垄断二级浏览器市场的"危险的可能性"，这种垄断企图违反了《谢尔曼法》第 2 条。由此裁决可见，微软公司一开始就具有排挤网景公司的意图，它甚至直接对网景公司提出了要求其放弃网页浏览技术市场的建议，在遭到拒绝后，微软公司所采取的策略就是与康柏、美国在线、苹果公司等主要供应商之间达成了排他性的纵向限制交易安排以及其他一些限制竞争的措施。

按照传统经济学中关于市场合理结构的观点，人们把政府直接管制与反垄断法管制视为相互替代的两种手段。反垄断法几乎是所有产业的一般竞争规则，它通过寻求对竞争过程的保护间接地干预企业活动，而非直接提供一个满意的答案，是一种事后干预行为，反垄断机构在事实发生以后才对企业的行为进行管制，其宗旨在于保护和鼓励竞争。政府直接管制是以特定产业为对象，它是政府以行政程序代替市场力量干预企业关于价格、质量、进入以及退出的一切管理行为。政府直接管制是一种事前干预行为，直接限制经济主体的行为。因此政府管制机关也会积极制裁企业的反竞争行为，对产业采取结构性的反垄断措施。美国就是通过颁布各种行业规制逐步开放了电信、能源和运输等市场，取消了一些基础产业在竞争领域的垄断地位。而我国商务部对可口可乐并购汇源的驳回也体现了对可能垄断的事前管制。

# 【引例回顾】

作为国内互联网反垄断第一案，奇虎 360 起诉腾讯"滥用市场支配地位一案"备受业界关注。巨头与垄断似乎总是相伴而生，放眼国内外，几乎每一个巨头背后都伴随各国反垄断势力的联合绞杀。PC 霸主微软就曾经受到了美国和欧盟长达 11 年的反垄断调查和监管；全球最大处理器厂商 Intel 也曾被欧盟处以过 10.6 亿欧元的巨额反垄断罚款；而当今的互联网巨头 Google 更是在 6 年内受到来自美国、欧盟等多国政府近 40 起反垄断和专门调查。

事实上，垄断对于公众利益、消费者权益、公平的市场竞争带来的杀伤性都很巨大。而它最大的杀伤性则来自于对创新的扼杀。巨头占的山头越多，垄断的广度和深度越高，就意味着它越难抓住下一波颠覆式创新。因为颠覆创新的前提就是先颠覆自身，而自身的颠覆所带来的阵痛以及不可预期的未来是"稳妥守成"战略难以容忍的。既然巨头没有能力或不愿颠覆自身,那么它就更不愿意眼睁睁看着别人来颠覆自己。这时就需要反垄断法出马,强迫巨头开放一定领域以促成更公平的市场竞争。例如,美国司法部曾与IBM整整纠缠了13年之久,使得IBM不再将软件捆绑在硬件上打包销售,独立软件业迎来了蓬勃的发展时期;20世纪80年代,AT&T被拆分,为互联网的发展创造了广阔的空间。今昔的谷歌和Facebook能迅速崛起,苹果能走向复兴,其中一部分原因就是微软手脚已被捆住,不能再像10年前扼杀网景一样对待竞争对手。

当然,法律只是为反垄断奠定了一个更为公平的外部环境,在高速发展的科技创业面前,法律往往显得滞后,真正给垄断造成致命一击的则可能是那些带来颠覆式创新的创业公司。未来之路充满不确定性,今天的垄断者,明天就可能成为历史前进车轮的牺牲品。所以,由奇虎360诉腾讯垄断想到的是,反垄断不仅要靠反垄断法的外部约束,来自创业公司的颠覆才是其内生动力。

# 【关键术语】

| | |
|---|---|
| 市场控制力 | market power |
| 垄断势力 | monopoly power |
| 顾客惯性 | customer inertia |
| 市场集中度 | market concentration |
| 勒纳指数 | Lerner Index |
| 集中度比率 | concentration ratio |
| 赫芬达尔—赫希曼指数 | Herfindahl-Hirschman Index |
| 先动优势 | first mover advantage |
| 学习曲线效应 | learning curve effect |
| 急剧扩张策略 | get-big-fast strategy |
| 心理转换障碍 | psychological switching barrier |
| 非连续性 | discontinuity |
| 价格歧视 | price discrimination |
| 动态定价 | dynamic pricing |
| 杠杆作用 | leverage effect |
| 排斥 | foreclosure |
| 下游企业 | downstream firm |
| 上游企业 | upstream firm |

# 【课后案例】

## 搜索引擎行业集中度及竞争态势

2011年4月,央视报道称,家住北京的李先生不久前突然感到小便时身体疼痛,在百度搜索引擎上他找到了一家排名首位的总参管理保障部医院,被诊断为前列腺发炎,花了1万多元钱却始终不见好转。后来人民医院医生称该情况应该是上火导致的内分泌有点失常,药费只有100多元。另外,百度"肿瘤"检索排名第一位的是一家名为中国抗癌网的网站,在其首页推荐的白希和教授,具有中国中医科学院肿瘤学首席专家、资深教授、中华医学会肿瘤专业委员会特邀教授等多个头衔,但是中国中医科学院和中华医学会均否认有该教授。央视将批评的目标指向百度的竞价排名业务。央视称,一些号称治疗各种癌症、性病的医院、药品网站正是通过百度搜索引擎达到推广目的,它们或者编造专家简历,或者售卖假药,受骗的消费者轻则破财,重则丧命。该事件经报道后,在社会上引起轩然大波,舆论哗然。尽管后来百度CEO李彦宏出面道歉,并声明该行为为某些百度员工个人作为,今后百度将严格审查及公正公平地排列搜索结果,但责难声还是铺天盖地而来,此后几日,百度深陷舆论漩涡,股价连日大挫。由此可见,作为中文搜索的龙头大哥百度,因为掌握十分集中的垄断优势,造成市场竞争机制监控下降,而其"竞价排名"的做法,已严重破坏市场竞争的公平公正性。

由此可见,就百度搜索竞价排名一事来说,作为互联网行业里资源高度集中的寡头,易产生以下消极影响:第一,广告和自由排名没有区分,破坏了正常市场竞争;第二,误导网民导向,导致很多网民获取不真实信息,上当受骗;第三,不给理由随意封杀信息资源,使用户没有知情权。

**1. 寡头垄断局面一时难以改变**

2013年,腾讯入股搜狗,旗下搜搜并入搜狗;网易旗下的有道搜索也以战略合作的名义,选择了360综合搜索,网页、视频、图片和新闻四大频道全面接入360搜索。国内搜索引擎整合之后,2014年,由原来多家争鸣变成了现在仅存的百度、360搜索、搜狗搜索、谷歌、bing、中搜及盘古搜索,大家从平时媒体亮相中就能看到,实际上目前的搜索只有这几家占据着大部分市场份额,当然,这只是从通用搜索的相关数据来看的,无论如何,这意味着搜索引擎进入了寡头时代。

**2. 新的战场,移动搜索**

国内移动搜索与PC端的搜索略有差异,除了前文所列巨的搜索之外,还有在移动互联网耕耘多年的宜搜与易查等,2013年8月份的CNNIC数据,排名前5的是百度、搜搜、360谷歌与搜狗,宜搜与易查排名分列第6名与第7名,可见即便是在移动互联网,没有强大的用户基础也是没法做好的。

移动搜索的态势是APP化,这也是移动互联网的现状,APP可以极大地节省时间,无须再打开浏览器输入搜索引擎网址进行搜索,当前APP中最为火爆的是各大搜索引擎推出的新闻客户端,目前主要有百度新闻客户端、搜狐新闻客户端、网易新闻客户端、腾讯新闻客户端、中搜搜阅客户端,宜搜主打"宜搜＋免费小说"客户端,易查也推出了自己的客户端。除此之外,各大网站也上线了各具特色的客户端,譬如亿邦动力的电商新闻客户端等。这里不得不提的是微信和新浪微博等移动客户端也是腾讯和新浪的新闻发布端口。

各大新闻客户端在功能和应用上大同小异,在移动端遍布的情况下,独立与移动互联网发展的宜搜及易查,在今后能否与搜索引擎巨头抗衡以及能否继续保持其独立性,也值得思考。

**3. 审视与整合自身企业资源位**

放眼将来,搜索引擎行业在将来如何健康发展,归根结底,就是需要在市场中找准定位,正确审视和整合自身企业资源位的问题。

所谓企业资源位,是指在广义资源空间中,企业作为一个经济系统能够实际和潜在利用、占据和适应的广义资源。一家企业资源位的高低取决于该企业所处的国家和地区。这从宏观上决定了该企业资源位的框架。随着一家企业所处的国家和地区地理位置的不同,其资源位水平也会发生变化。个人、企业和区域的资源位高低不仅取决于其自身因素,还与整个国家和所在的区域的资源位密切相关,这就要求人们在经济实践中要以大局为重,正确处理好个人利益、企业利益和地方利益与国家利益之间的关系。唯有如此,才能保证个人、企业地方和全社会的可持续发展。

(案例来源:http://it.sohu.com/20140115/n393550453.shtml.)

**案例分析问题**

1. 搜索引擎市场格局未来的发展趋势如何?试运用市场控制力的相关理论分析百度是否还将具有较强的市场控制力?

2. 腾讯和搜狐在各自业务领域都具有较强市场控制力,搜狗与搜搜合并后从哪些方面支持了合并后企业的市场控制力?

# 【思考与讨论】

1. "快速跟进策略"的含义是什么?这种战略是如何帮助市场后进入者与先动者获得同样甚至是超过先动者的成功的?

2. 市场先动者为维持自己的竞争优势可以采用哪些战略?这些战略是否总能奏效?为什么?

3. 为什么在竞争价格的压力下,低于平均总成本的"赔钱价格"仍然具有经济效率?为什么低于平均变动成本的"赔钱价格"既无效率,也是掠夺性定价行为的证据?

4. 解释杠杆效应和排斥作用是如何被用于限制电子商务和网络竞争的。

# 第 7 章

## 电子商务定价、销售及利润

B&E

【学习目的】

通过本章学习,你应该能够:

- 掌握定价的一般方法
- 掌握电子商务的定价策略
- 区分经济利润与会计利润
- 了解电子商务盈利模式及其构成因素
- 掌握各种电子商务盈利模式

# 引例：新浪发 2013 年第四季度财报，净营收 1.97 亿美元<sup>①</sup>

新浪公司(纳斯达克股票代码 SINA)是一家服务于中国及全球华人社群的领先在线媒体及移动增值服务提供商。新浪拥有多家地区性网站，以服务大中华地区与海外华人为己任，通过旗下五大业务主线：提供网络新闻及内容服务的新浪网(SINA.com)、提供移动增值服务的新浪无线(SINA Mobile)、提供 Web 2.0 服务及游戏的新浪互动社区(SINA Community)、提供搜索及企业服务的新浪企业服务(SINA.net)及提供网上购物服务的新浪电子商务(SINA E-commerce)，向广大用户提供包括地区性门户网站、移动增值服务、社交网站(SNS)、博客、影音流媒体、相册、网络游戏、电子邮件、搜索、分类信息、收费服务和企业电子解决方案等在内的一系列服务。公司收入的大部分来自网络广告和移动增值服务，小部分来自搜索及其他收费服务。

2014 年 2 月 24 日，新浪公司公布了截至 2013 年 12 月 31 日的第四季度和 2013 年度未经审计的财务报告。报告内容如下。

**1. 2013 年第四季度焦点业绩**

① 净营收 1.97 亿美元，较上年同期增长 42%；

② 非美国通用会计准则净营收 8 030 万美元，较上年同期增长 19%，超出公司 7 800 万美元至 8 000 万美元的预期；

③ 广告营收 1.601 亿美元，较上年同期增长 42%；

④ 非广告营收 3 690 万美元，较上年同期增长 30%；

⑤ 新浪应占净利润 4 450 万美元，合每股摊薄净收益 59 美分。

新浪首席执行官曹国伟表示："新浪第一季度的表现非常好，这得益于我们网络广告业务的出色表现。不计新浪房地产网络广告业务的调整业绩，我们的网络广告业务同比增长了 47%。鉴于我们的市场领先地位和预计中国经济有望持续复苏，我们估计网络广告业务将延续这样的增长势头。"

**2. 2013 年度焦点业绩**

① 净营收 6.651 亿美元，较上年度增长 26%。非美国通用会计准则净营收 6.464 亿美元，较上年度增长 27%。

② 广告营收 5.265 亿美元，较上年度增长 28%。

③ 非广告营收 1.386 亿美元，较上年度增长 19%。非美国通用会计准则非广告营收 1.199 亿美元，较上年度增长 23%。

④ 2013 年新浪应占净利润 4 510 万美元，合每股摊薄净收益 66 美分。2013 年非美

---

① 案例系作者根据 http://tech.sina.com.cn/i/2010-05-18/05174198482.shtml 内容改编而成。

国通用会计准则新浪应占净利润为 7 730 万美元,较上年同期增长 645%,合每股摊薄净收益 1.13 美元,较上年同期增长 653%。

新浪首席执行官兼董事长曹国伟表示:"微博广告和增值服务第四季度的良好表现帮助我们取得了营收和利润的强劲增长,为 2013 年画上圆满句号。进入 2014 年,我们将继续致力于以产品创新来推动微博用户基数和使用时间的增长,同时抓住有助长期成长的机遇。"

作为国内著名的电子商务企业,新浪公司已经实现了盈利,但对于国内其他大多数电子商务企业而言,盈利之路还很漫长。事实上,电子商务企业如果要生存,就必须获得持续的利润;电子商务的资金支持者也要求能够得到足够的资金回报,否则他们就极有可能撤资。因此,电子商务企业的盈利能力是至关重要的,我们必须要搞清楚,企业追求的利润内涵是什么,利润从何而来,如何实现利润以及未来的盈利前景如何。本章我们将主要关注这些问题。

# 7.1　定价理论及其一般方法

在基本的市场化定价理论体系中,企业是定价的主体,其定价目标是实现企业利润最大化。企业内部生产条件的差异,即生产技术水平和相关的成本函数的差异,会改变企业的生产与定价行为;客户对产品价值的认知不同,也会影响企业对产品的定价差异。此外,企业生产经营活动所处市场结构不相同,将导致企业对市场价格的控制能力与定价方式的不同。因此,市场机制定价的基本思路是根据企业的成本、客户对产品的认知以及企业所处市场结构,形成企业利润最大化价格与产量模型。

## 7.1.1　基于成本的定价

1. 基于成本定价方法的基本思想

基于成本的定价(cost-based pricing)是以企业商品成本(包括生产成本和销售成本)作为制定市场价格的基本依据的一种定价方法。这种定价方法强调对企业商品成本的充分补偿和盈利的可能,企业的定价必须以商品成本为最低界限、在保本的基础上考虑不同的情况制定对企业最为有利的价格。

根据经济学和市场营销理论建立起来的企业产品定价方法与模型很多都是以成本为基础的。成本信息在定价和产品组合决策中非常重要,因为只有产品定价足以保证企业能够收回全部成本,企业才能获得生存和发展的空间,并向投资者提供足够的利润。而且对于企业而言,获取成本信息相对比较容易,当企业需要在短期内确定多种产品的价格时,成本是产品定价时唯一的依据。甚至在产品价格完全由市场供需决定,企业没有能力左右产品市场价格的情况下,企业仍需根据产品的成本信息制定产品的生产和销售计划。

2. 基于成本定价的一般方法

总的来说,基于成本的定价是以成本为中心确定企业商品的价格。但由于对企业商品成本的理解不同,形成了多种不同的成本定价法。具体包括以下几种。

(1) 成本加成定价法

成本加成定价(cost-plus pricing)是在单位产品成本的基础上,加上一定比例的预期利润作为产品的售价。售价与成本之间的差额即为利润(包含税金的成本)。其计算公式为

$$单位产品价格 = 单位产品成本 \times (1 + 加成率) \tag{7-1}$$

采用成本加成定价法的关键在于确定合理的加成率,而加成率的确定,必须考虑市场环境、行业特点等多种因素。某一行业的某一产品在特定市场以相同的价格出售时,成本低的企业能够获得较高的利润率,而且在价格竞争中的回旋空间也更大。成本加成定价法的优点在于定价工作简单,便于企业开展经济核算;对买方和卖方来说都比较合理,卖方能得到正常利润,买方也不会觉得付出额外的成本。这种方法不足之处是,它是一种卖方市场条件的产物,没有充分考虑市场需求和竞争因素的影响。

(2) 目标收益定价法

目标收益定价法(target-return pricing)也称为目标利润定价法或投资收益率定价法,它是在成本导向定价的基础上,按照目标收益率的高低计算价格的方法。根据目标收益率的表现形式不同,目标利润的计算也不同,传统汽车产业使用比较多的是标准产量目标收益定价,公式

$$单位产品价格 = (总成本 + 目标利润) / 预计销售量 \tag{7-2}$$

目标收益定价法的优点在于企业可以针对不同的目标,制定不同的利润率,从而保证既定目标利润的实现。缺点是这种方法也只是从卖方的利益出发,没有考虑竞争因素和市场需求情况;而且,这种方法先确定销售量,再确定和计算出单位产品的价格,这往往与现实情况背道而驰。因为,对于绝大多数产品而言,一般是价格影响销量,而不是销量决定价格。因此,按这种方法计算出来的价格,不可能保证预计销售量的实现,尤其是那些价格弹性较大的产品。一般而言,目标收益定价法适用于需求比较稳定的大型制造业、供不应求且价格弹性小的产品或具有垄断性的产品以及大型公用事业、劳务工程和服务项目等。

(3) 盈亏平衡定价法

盈亏平衡定价法(breakeven pricing),也称损益平衡定价法或收支平衡定价法,就是从企业未来的生产数量、成本、价格及收益之间的关系出发,在保证企业完全成本得以补偿的前提下,确定价格的一种定价方法。在销量既定的条件下,企业产品的价格必须达到一定的水平才能做到盈亏平衡、收支相抵,既定的销量就称为盈亏平衡点,这种制定价格的方法就称为盈亏平衡定价法。科学地预测销量和已知固定成本、变动成本是盈亏平衡定价的前提。该法有利于企业从保本入手,确定最佳品种结构及经营规模与价格组合。此外,企业进行价格调整时,也可应用该法在价格与销量之间寻找决策点,其目的是定量

分析销量变化多大时,才能使减价有利或提价不利。定价的基本公式如下:

$$盈亏平衡点价格 = \frac{固定成本总额}{预计销售量} + 单位变动成本 \qquad (7\text{-}3)$$

盈亏平衡定价法的优点在于它为企业选择最优价格提供了依据,企业可根据自己的经营需要,合理确定保本点价格和盈利价格,针对企业供求和竞争的状况,及时灵活地通过价格调整来达到自己的目的。其缺点在于市场的商品销售量难以控制,因为它取决于市场的供求关系,而且企业只有超过预测销售量的部分才可取得利润,所以,盈亏平衡定价法侧重于保本经营,在市场不景气的困难情况下,保本经营要比亏损或关门停业好得多,给企业灵活的回转余地。

(4) 边际成本定价法

边际成本是指每增加或减少单位产品所引起的总成本变化量。由于边际成本与单位变动成本比较接近,而变动成本的计算更容易一些,所以在定价实务中多用单位变动成本替代边际成本,公式为

$$单位产品价格 = \frac{新增变动成本}{新增产量} + 单位边际贡献 \qquad (7\text{-}4)$$

其中,边际贡献=固定成本+利润。

采用边际成本定价法(marginal cost pricing)时是以单位产品变动成本作为定价依据和可接受价格的最低界限。在价格高于变动成本的情况下,企业出售产品的收入除完全补偿变动成本外,尚可用来补偿一部分固定成本,甚至可能提供利润,企业在市场竞争激烈,产品供过于求或订货不足时,为了增强企业的竞争和生存能力,这种方法非常有效。

边际成本定价法改变了售价低于总成本便拒绝交易的传统做法,在竞争激烈的市场条件下具有极大的定价灵活性,对于有效地应对竞争、开拓新市场、调节需求的季节差异、形成最优产品组合可以发挥巨大的作用。但是,过低的成本有可能被指控为从事不正当竞争,并招致竞争者的报复。

## 7.1.2　基于客户认知的定价

### 1. 基于客户认知定价方法的基本思想

基于客户认知定价方法(value-based pricing)就是在产品的供给成本相同或基本相同的情况下,利用产品物质属性的差别和不同消费者对同一产品的不同偏好及评价来进行差别定价。这种差别定价的目的是要在消费者满意的基础上,使得一定量的产品销售利润最大化。这种方法的基本思想是认为决定产品价格的关键因素是客户对产品价值的认知水平,而不是卖方的成本。引起消费者认知差异的因素很多,每一种产品的性能、用途、质量、外观及其价格等在消费者心目中都有一定的认知水平。当卖方的价格水平与消费者对产品价值的认知水平大体一致时,消费者才能接受这种价格。企业如果过高估计消费者的认知价值,其价格就可能过高,难以达到应有的销量;反之,若企业低估了消费

者的认知价值,其定价就可能低于应有水平,使企业收入减少。

2. 基于客户认知定价的一般方法

基于客户认知定价方法的关键是能否准确地确定消费者对所提供产品价值的认知程度。因此,企业必须通过广泛的市场调研,了解消费者的需求偏好,根据产品的性能、用途、质量、品牌、服务等要素,判定消费者对产品的理解价值,制定产品的初始价格。一般说来,在给产品定价时可根据不同需求强度、不同购买力、不同购买地点和不同购买时间等因素,制定不同的价格。

(1) 消费者细分定价

根据不同消费者消费性质、消费水平和消费习惯等差异,制定不同的价格。例如,公园、旅游景点、博物馆等将消费者分为学生、年长者和一般消费者进行收费。

(2) 产品形式差别定价

企业按产品的不同型号、不同式样,制定不同的价格,但不同型号或式样的产品其价格之间的差额和成本之间的差额是不成比例的。例如,服装的材质和做工基本相同,但对普通式样或一般花色制定较低的价格,对新潮式样或流行花色制定较高的价格。

(3) 形象差别定价

企业通过不同营销努力,如广告、包装和售后服务的差异,使同种同质的产品在消费者心目中树立起不同的产品形象,进而根据自身特点,制定不同的价格。例如,Christian Dior 和 Gucci 等都是高价服饰的代表。

(4) 地点差别定价

企业对不同位置或不同地点的产品和服务制定不同的价格,即使每个地点的产品或服务的成本是相同的。例如,演唱会或舞台剧门票价格会因座位的不同而不同。

(5) 时间差别定价

价格随着季节、日期的变化而变化。例如,电信公司针对不同时段的通话收取不同的话费;酒店和航空公司为了保证高占位,也会根据预定时间的不同给予不同的价格折扣。

(6) 购买数量差别定价法

同一商品因购买量的不同可以采取不同的价格出售。商品的成本通常随着购买数量的增多而降低,从而使商品价格调节空间扩大,购买的量多有助于企业扩大生产规模,实现批量生产,从而获得规模经营效益。购买数量定价正是从这一点出发,以不同的价格鼓励消费者多购买使用企业的商品。

## 7.1.3 基于竞争的定价

1. 基于竞争定价方法的基本思想

基于竞争的定价方法(competition-based pricing)是指企业不直接以成本或需求因素为基础,而是以竞争者价格为基础,并以促进有利于企业的发展和获得满意的利润为目的而进行的商品定价。换言之,它主要着眼于竞争对手价格的变动,使本企业的价格与竞争对手的价格形成抗衡状态,较少考虑商品成本、需求等其他因素的影响。这种方法并不一定要求企业产品价格和竞争对手的产品价格完全保持一致。在其他营销手段的配合下,企业也可以根据自己的竞争实力,结合企业的成本和市场需求,制定高于或低于竞争对手的价格,以谋求企业的生存和发展,从而实现本企业的定价目标和总体经营战略目标。

基于竞争定价方法的特点在于即使本企业商品成本及需求有所改变,只要竞争对手仍坚持其价格,本企业商品价格也可以保持不变。相反,当竞争者的商品价格改变时,尽管本企业商品成本及需求没有改变,也要适应竞争对手的调价来改变本企业商品的价格,以保持或扩大市场份额。

2. 基于竞争定价的一般方法

基于竞争定价的一般方法主要有随行就市定价法、拍卖定价法和密封投标定价法三种类型。

(1) 随行就市定价法(going-rate pricing)

在垄断竞争和完全竞争的市场结构条件下,任何一家企业都无法凭借自己的实力而在市场上取得绝对的优势,为了避免竞争特别是价格竞争带来的损失,大多数企业都采用随行就市定价法,即将本企业某商品价格保持在市场平均价格水平上,利用这样的价格来获得平均报酬。此外,采用随行就市定价法,企业就不必去全面了解消费者对不同价差的反应,也不会引起价格波动。

(2) 拍卖定价法(auction-type pricing)

拍卖定价是一种独特的定价方法,它是商品所有者或其代理人(如拍卖行)事先不规定商品价格,采取公开叫卖方式,诱导买方报价,利用买方的求购心理,从中选择成交价格。拍卖定价法主要应用于文物古董、高级艺术品和房地产、机器设备等不动产的变卖中。

(3) 密封投标定价法(sealed-bid pricing)

在采购大宗商品物资、从事大型机械设备购买和建筑工程项目承建等交易中,采用招标方式,由招标方对两个以上并相互竞争的投标方的出价择优成交的定价方法,称为投标定价法。投标定价的显著特点是招标方只有一个,而投标方有多个,处于竞争地位。招标方通过引导投标方竞争来筛选出最佳的合作者。因此,招标、投标交易方式使得招标、投标双方互相牵制,特别是使投标方互相竞争。这对于保护交易双方利益,尤其是对提高投标方投资资金、设备的利用率,降低成本和工程造价,提高经济效益,都有明显作用。

# 7.2　电子商务的定价策略

在电子商务环境下,商品的定价除了依据一定的定价方法,根据价格影响因素,制定价格模型计算价格以外,还要采取一定的定价策略。常见的电子商务定价策略包括差别定价策略、捆绑定价策略、版本定价策略、渗透定价策略、两阶段定价策略、拍卖定价策略、动态定价策略和折扣定价策略。

### 7.2.1 差别定价策略

差别定价(different pricing),又称多重定价(multiple pricing)或歧视定价(discriminating pricing),就是向不同消费者出售同一种产品索取不同的价格,或者根据消费者购买量的大小对消费者给予不同的价格,以便侵占更多的消费者剩余,获取最大利润的定价机制。差别定价所形成的价格体系能够提高产品的总销售量,减少单一定价时的效率损失。图7-1表明了企业如何可以通过差别定价侵占更多的消费者剩余。

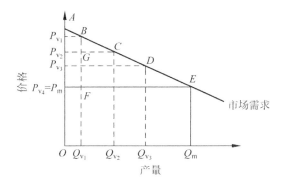

**图7-1 差别定价策略**

假设 $A$ 产品的价格为 $P_m$,销售总量为 $Q_m$,那么 $A$ 产品的销售总收入为 $TR = P_m \times Q_m$,即图7-1中长方形 $P_m E Q_m O$ 的面积。$P_m$ 是一个相对比较低的市场价格,也是吸引客户购买最后一个单位 $Q_m$ 产品所必须的价格,因此,若根据最后一位客户对最后一个单位 $Q_m$ 产品的认可价值统一定价,则所有的客户都可以以 $P_m$ 购买到 $A$ 产品,显然,每一位先前购买了从 $O$ 到 $Q_m$ 的客户的购买价格也都是 $P_m$。但事实上,即使价格高于 $P_m$,某些客户仍会继续购买该产品,这些客户为购买一种商品愿意支付的货币量减去实际支付货币量的节余部分就是消费者剩余,即图中三角形 $P_m E A$ 的部分。对销售商而言,他们的任务就是设法将消费者剩余转化为企业的收入。以汽油销售为例,假设市区正常的汽油价格是6元/L,对于野外驾车途中汽油即将耗尽的人来说,消费者剩余就是一个具有实际意义的概念。车主勉强将车遛到几里之外的唯一的加油站,结果却发现油价奇高,达到了8元/L。尽管极不情愿,无奈之余,车主还是要加满油箱。这种情况下,车主甚至可能接受10元/L的价格,不然他就得遭受无油驾驶之苦。

电子商务中,差别定价策略大有用武之地。网络技术可以实现对消费者网站浏览的跟踪,电子商务企业可以据此推测某个消费者的价格敏感程度。例如,对于同一件网络信息商品可以按产品时滞、系统界面、使用权限、计算速度、服务协议、结构性能等进行差别定价。同一种网络信息产品的无延迟提供与延迟提供价格可以不同(如股票价格);数据库的使用权限,并发用户数量不同价格也可以不同;企业也可以实现功能歧视的差别定价,对付费高的用户提供更强的搜索能力,允许高端用户使用功能更强的数据库,而低端的客户就不能享受。

除此之外,计算机网络技术也使动态定价(dynamic pricing)的价格歧视实现更加容易,企业可以在成千上万个潜在客户中运筹价格以获取利润。很多酒店和航空公司通过网络让客户自主选择,它们根据顾客的性格、旅行日期、停留天数等因素制定不同的价格。

### 7.2.2　捆绑定价策略

捆绑定价策略(bundling pricing)是指不同的产品捆绑打包以统一价格进行销售。捆绑产品的价格通常比分开的组件价格之和低。这一策略最大的优点就是减少了消费者支付意愿的分散,增加了企业的销售收入。

网络技术为数字化产品定制捆绑销售提供了技术支撑,捆绑定价策略也因此在数字产品定价中经常被使用。由于数字产品的边际成本可以忽略不计,数字产品的捆绑销售可以以极低的成本在线进行。当消费者对数字产品估价相互独立,把大量数字产品捆绑销售,可以降低消费者对数字产品估价的差异性,估价接近于捆绑产品的平均价值,销售商利用这种数字产品可预测性估价,制定适当的销售和价格策略,从而最大限度地获取消费者剩余。同时,绑定商品还可以降低用户的搜索成本、使用难度和交易成本。当初微软将 Windows 操作系统与 IE 浏览器捆绑销售是捆绑策略的一个典范。通过浏览器和操作系统的捆绑销售,用户在购买 Windows 的同时免费获得了 IE,这一策略使微软迅速占领了浏览器市场份额,打败了当时著名的 Netscape。

电子商务领域另外一个比较典型的捆绑定价策略是移动通信市场上运营商推出的各种手机资费套餐。资费套餐是以业务为支撑,根据不同用户的需求,对各种移动业务进行组合并据此设计不同档次、不同内容的资费服务模式。手机用户对通话月租费、免费通话时间、优惠的数据业务以及增值业务的需求各有不同,移动运营商针对不同的用户群提供不同的组合服务,能够降低用户的离网率,提高和刺激用户的通信消费,以实现用户平均和总体消费水平普遍增长。常见的移动资费套餐策略如下。

1. 低门槛进入策略

移动运营商大都提供如下结构的多种资费套餐:月租费+不同时长免费通话时间+不同资费的每分钟计费。低端用户可选择低月租、高通话费方式进入。例如,联通的旅游卡采用的是零月租,但拨打和接听双向较高收费。

2. 针对不同的用户群、使用时间、使用量采用业务优惠政策

移动运营商也会针对不同的用户群推出不同品牌的业务资费,力求从用户生活习惯、兴趣和爱好出发,提供不同资费价格政策,吸引用户,巩固用户消费行为。例如,中国移动

针对学生推出不同的套餐,它们将通话时间分为高峰时间和非忙时等时段,甚至将一天分成多个时段,根据时段推出两类套餐:第一类是降低月租费并享有非高峰时段(长途)通话减价的优惠;第二类则是在缴纳一定的月租费后,享有一定时长免费通话的服务。这种资费套餐政策明显就是为了刺激大学生在非忙时的消费。

另外,针对某一个用户也可以采用不同的资费优惠方案,例如,根据用户打往的对象采用不同的折扣,如情侣卡或亲情号码等。

### 3. 对企业用户采用折扣方案

在吸引新用户的同时,运营商们也在制订一些计划以留住目前的用户,特别是一些大用户。表现在移动通信上就是用户离网的问题,如果用户没有感受到长期在网的价值,一个入网数年的老用户与刚入网的新用户享受的是同样的资费和优惠,而且因为入网费不断下调的原因,新用户在入网时的优惠甚至大于老用户,这就会造成用户离网的现象。一种增加客户忠诚度的策略是基于客户的使用量,给他们一些折扣,而这些折扣需要足够大,以便能保证用量的增加。尤其是在今天所有运营商提供的服务没什么差别的前提下,折扣策略是增加客户忠诚度的一个非常有效的办法。中国移动通信针对集团客户大量的内部语音通信需求推出的移动虚拟专用网,实现网内用户间的省内通话免费就是采用了该策略。

资费套餐是价格和服务的载体,具有隐蔽性的特点,其实质也是价格的竞争,同时资费套餐的多样性能更好地满足用户的差异性需求。因此,资费套餐成为了运营商们有力的竞争武器。

在网络信息商品的实际销售中,往往是捆绑定价与拆零定价两种策略结合使用,供消费者自主选择。捆绑在一定程度上可以造成锁定效果,只要软件生产商通过捆绑能够增加利润,那么消费者的剩余和社会福利都会增加。

## 7.2.3　版本定价策略

版本定价策略(versioning)在网络信息商品定价策略中也经常被采用。它是企业根据产品性能、功能、品质等方面的差异,划分不同的版本制定不同的价格,由消费者根据自身的效用自行选择。适用该策略的产品必须在性能、价格、品质等方面具有差异并以此作为必要的物质基础保障。用户在自主选择过程中,客观自动地被划分成了不同的群体,从而节约了销售者预先划分的搜寻信息成本,实现了为不同用户设置不同价格的目的。

在采取版本定价方式时,必须突出不同版本针对不同消费群体所具有的不同特征,防止系列产品不能突出不同用户群的需求,差异性设置得不够合理,容易促使用户转去选择价格便宜的版本。一个完整的产品系列要达到所提供的信息的总价值最大化。在采取版本定价方式时,要突出不同的顾客群体需求,强调顾客差异,认识商品中那些对某些用户有极高价值,而对其他用户没有什么重要意义的各个方面,然后再设计出对不同的用户群有不同吸引力的版本。在版本划分时,生产商虽然不清楚消费者的具体效用分布,但是通过提供产品的不同版本,使消费者选择不同的版本时就暴露了其效用评价。

宝丽莱(Polaroid)相机在推出自己最新的即时成像技术时就使用了这一方法,如图7-1所示。有些购买者是猎新者,喜欢使用最新、最先进的产品设备,也愿意为此支付高价,最新推出的高端产品定价为 $P_{v_1}$,此价格对应的销售量是 $Q_{v_1}$。在推出高端产品6~9个月的时间里,宝丽莱又相继推出了次档版本产品,定价分别为 $P_{v_2}$ 和 $P_{v_3}$,价格的降低使其销售量也分别增加了 $Q_{v_1}Q_{v_2}$ 和 $Q_{v_2}Q_{v_3}$。最后上市的基础版本产品,定价为 $P_{v_4}=P_m$,由此产生的销售增量是 $Q_{v_3}Q_m$。这样一来,分版本服务价值定价就把先前的大部分未补偿价值转化成了企业的额外收入。现在,企业的总收入等于原来的 $P_mEQ_mO$ 加上各条价格线上方三个竖直的长方形,如 $P_{v_1}BFP_m$。尽管分版本方法依然把一些未补偿价值留给了消费者,如三角形 $BGC$,不过,这样的三角形区域已经比先前的 $AEP_m$ 小多了。

信息产品可以基于性能实现分版本定价。比如压缩软件,供应商可以针对高端和低端消费者提供两种不同版本,一种可以压缩80%,另一种只能压缩30%;或者是根据不同的压缩速度划分版本。

时间也可以成为划分版本的依据。很多投资公司向互联网用户提供股票、期权、实物期货等金融市场的信息及研究报告,它们为实时的与延迟的服务提供不同的价格安排。这些信息产品提供的产品性能完全一样,唯一不同的是供应商对传送时间的控制和把握。当然,另外一个不同的是价格。

### 7.2.4 渗透定价策略

渗透定价策略(penetration pricing)主要着眼于产品的长期收益,在进入市场初期时采取低价格、零价格或负价格进行产品营销。这种定价策略针对的定价目标是市场份额和市场控制力。

数字化产品(包括网络应用或服务)要取得消费规模效应,必须要争取更多的安装基础,达到必要的临界量,所以采取渗透定价是开拓市场的重要方法,其目的是让消费者获得使用产品的"经验",形成对产品的偏好,培养消费者对产品的忠诚度。常用的渗透定价策略包括完全免费和限制免费定价策略。

#### 1. 完全免费策略

完全免费策略是指产品或服务从购买、使用和售后服务所有环节都实行免费。完全免费的产品是无差异化的产品,也就是说各个网站上提供的基本相同,如果某个网站实行收费的话,那么消费者必然会转向别的网站。比如新浪,网易等著名的门户网站的新闻内容以及电子邮箱服务等就是使用的完全免费定价策略。浏览网站新闻、使用电子邮箱的用户不需要对网站付任何费用,他们花的成本只是连接到网络所必须的一些费用。

### 2．限制免费策略

限制免费策略是指产品或服务往往可以让消费者免费使用其中一种或几种功能，但是想要能够获得产品的全部功能，则必须付费购买正式产品；或者数字化产品被免费下载后，顾客可以使用它的全部功能，但要受到一定的限制。如腾讯公司的 QQ 聊天软件，所有的注册用户都可以享受免费服务，以满足即时通信的需求，但为了享受更为个性化的服务（如 QQ 秀等），就必须付出相应费用。企业正是通过增加产品附加服务的含量来使产品差别化，这类付费的服务都是更具诱惑力的体验性增值服务，能使核心产品更具个性化，满足顾客的不同需求。一些杀毒软件产品也使用了限制免费策略。如免费的杀毒软件只能处理一些简单的病毒而对真正影响计算机的较为关键的病毒往往起不到作用，这时就要求顾客去购买正版的杀毒软件，企业提供这类产品的免费功能主要是为了扩大产品的知名度让顾客有先入为主的观念，利用免费功能来为产品做广告。

另外，一些下载软件则通过使用期限或使用次数实现限制免费，就是说这些软件产品只能让顾客在下载之后免费使用一段时间或者几次，超过了这个时间或次数，如果顾客有继续使用的需求则要对该产品付费。这种免费价格策略实际上就是让顾客先得到产品，若满意则付款拥有该产品，不满意则不进行购买，类似以前传统营销中的不满意退货。由于数字化产品的非毁坏性的特性使得它能恰到好处地使用这种策略，一方面可以让消费者了解该数字化产品的功能，同时也不会对企业和消费者的利益造成损害。以前难免出现消费者在超过使用期限或次数后又重复下载产品，现在技术上已基本解决了这种问题，只要提前对公司的网络服务器进行编程来记录消费者之前在网站的下载行为就可以有效防止这种情况的发生。

## 7.2.5　两阶段定价策略

两阶段定价策略（two-part tariff）比较巧妙，它既向客户收取门槛费，还向客户按单位使用价格收费。用户要参与活动或获得入门机会，就必须一次性先支付订购费或月租费，在此基础上再根据使用量进行付费。门槛费是一种沉没成本（sunk cost），是过去支付的、也是不能够改变的，无论增加多少产品的使用量，都不会增加，也不会减少，因此一旦支付了门槛费，无论是否使用产品或者使用多少，对它都不会再产生影响，这样有可能诱使用户增加使用量。

两阶段定价方法在电子商务中也有广泛的潜在应用价值，比如，网络音乐或电影下载就可以依据两阶段定价方案定价。比如，若要进入一个音乐网站，每位潜在用户必须支付 5 元的月固定会员费，可以在线听歌或上传歌曲小样。但是，会员若要把歌曲下载到数字存储设备上，那么每首歌就要再支付 0.5 元。该方法的特点是，音乐迷若不预先支付登录费就无法下载歌曲。基于这一定价方案的许多衍生方案也可以应用于歌曲服务。比如，网站会允许非会员用户下载上述同一首歌曲，但单曲下载费用却是 3 元。对经常下载音乐的人来说,付费成为其会员要比为每首歌曲支付更高的下载费便宜。当然一旦成为会员,用户可能会下载更多的歌曲,因为单曲下载费用较便宜而且登录费是一种沉没成本。

### 7.2.6　拍卖定价策略

拍卖定价(auction pricing)也是适用于网络的定价策略,通过网络分散在全球各地的潜在购买者都可以迅速电子投标。传统的拍卖一般是第一高价拍卖,即卖方有一个其意愿接受的交易底价,而每位竞拍者也都有一个他们愿意支付的最高价,买卖双方只有在拍卖过程中才会公布自己的报价,最高的竞拍价就是最后的成交价。这种拍卖方式不仅确定了谁是最后的赢家还确定了最后的成交价格。中标者就是原意支付最高价者,也就是其竞价要高于出价次高者。这样,卖方就获得了中标者向其提供的最大价值,其中既包括卖方底价也包括竞拍人消费者剩余部分的额外补偿,图 7-2 说明了这一过程。

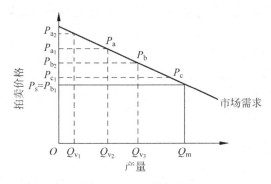

图 7-2　拍卖定价策略

某拍卖网站卖方 S 有一部诺基亚手机进行拍卖,其拍卖底价 $P_s$,若竞拍人最高出价低于该底价,卖方就不会与之成交。拍卖伊始,竞拍人 B 首先出价 $P_{b_1}$,与拍卖底价 $P_s$ 相等;紧接着竞拍人 C 出价 $P_{c_1}$,略高于 $P_{b_1}$;竞拍人 B 随即拍出比 $P_{c_1}$ 高的价格 $P_{b_2}$;C 退出投标。此时竞拍人 A 出价 $P_{a_1}$,高于 $P_{b_2}$,这时 B 也退出竞标。假设拍卖时限内再没有更高出价,拍卖便告结束。竞拍人 A 交付最后竞拍价 $P_{a_1}$ 的价款以及销售佣金后就可以拿到这部诺基亚手机。

这里需要注意两点:第一,竞拍价 $P_{a_1}$ 反映了竞拍人 A 放弃了部分消费者剩余。他可能愿意出更高的买价 $P_{a_2}$,但是由于没有更高的竞价,他无须出此竞价。不过,如果不拍卖的话,卖方的要价就是 $P_s$,所以 A 的确是让渡了超过价格 $P_s$ 的部分消费者剩余。第二,这个竞拍过程勾勒出了这些竞拍人的需求曲线。在需求曲线上,竞拍人 A、B、C 愿意支付的价格分别为 $P_a$、$P_b$ 和 $P_c$,即他们的竞拍价格 $P_{a_1}$,$P_{b_2}$ 和 $P_{c_1}$。如果卖方还有更多的诺基亚手机,而且能够联系到竞拍人 B 和 C,以他们愿意出的最高价格卖出手机,那么卖方的总收入就会进一步增加(正常情况下,拍卖规则是禁止上述行为的)。

电子商务企业 eBay 成立于 1995 年,它是美国最受欢迎的竞拍网站之一。eBay 既满足了买方想低于成本价购物的心理,又满足了卖方希望以尽可能高价出售商品的心理,eBay 的拍卖程序使最终成交价格趋于服务价值定价。eBay 拍卖以英式拍卖为主,并在此基础上做了些改进。首先,在 eBay 拍卖中,卖方列出的拍卖品通常留有 1~7 天的竞拍时间,在某个规定的时点终止,在此竞拍期内出价最高的人就可以得到这件拍卖商品。对于竞拍者而言,竞标需要点击出价,然后输入其心中期望的价格;如果有人出价比当前竞拍者高,系统会自动提醒他。不过,这种时间限制使竞买者很难进行实时竞拍。为了解决这个问题,eBay 引进了自动离拍(left bid)系统。竞拍者事先输入一个最高竞拍价(离拍价),系统就可以代他出价,每次增加一个预订的增额,直到他的离拍价被人超过为止,这也就意味着他此次拍卖失败。如果在竞拍终止前,离拍竞拍者的系统出价最高,他就可以获得这件拍卖品。与传统英式拍卖不同,eBay 采用的是第二高价拍卖机制,即 eBay 拍卖系统的最高竞拍出价只是决定了谁是赢家,却不是最终的成交价格,成交价格等于第二高的竞拍出价加上系统设定的价格增量。

另外一种适用于网络动态定价策略的是 Priceline 网站使用的逆向拍卖网站,即顾客递交出他想要的物品服务以及愿意为此支付的价格,由 Priceline 在提供此物品服务的报价单搜索是否有愿意以此价位出售的卖方。当顾客的报价高于卖方的保留价时,他们成交,同时 Priceline 收取固定交易费。

### 7.2.7 动态定价策略

动态定价(dynamic pricing)是指随渠道、产品、客户和时间变化频繁调整价格的定价策略。互联网的发展推动了商家定价模式的转型,也要求企业采用动态定价的策略。网络商家为促销等目的组织网上限时抢购活动,商家在网络上发布一些价格低廉的商品,所有购买者在规定时间进行网上抢购。基于这一新型的营销模式,产生了多家秒杀在线平台,如中国秒杀网、秒客网等。这种方式在航空公司的飞机票定价中很常见,如山东航空公司曾在每天组织三次秒杀活动,在固定时间,所有注册用户均可参与秒杀,价格比原价低出几十元至上百元等。通过秒杀,航空公可以吸引大量旅客购买,消费者也从中获得价格低廉的机票。

### 7.2.8 折扣定价策略

价格折扣(discount pricing)是指在原有价格基础上做出一定的让步,直接或间接减少一部分价格,让利于客户的定价方式,其目的在于鼓励顾客及早付款、大量购买或在销售的淡季购买商品等。这种定价策略在传统的销售模式中应用十分广泛;网络销售中,这种传统的折扣定价策略也已经屡见不鲜了。例如,部分淘宝商家常会采用"本店选购满三件免邮费",或"单笔订单满 300 元立减 30 元"的销售策略即属于非累计数量折扣策略；近年来不断兴起各类返利网站定价则采用返利折扣定价；团购网站采用的则是团购折扣定价。

# 7.3　电子商务与利润

电子商务的本质是利用现代信息技术进行商务活动,技术只是手段,核心还是商务模式。因此电子商务也只有产生实际利润才符合商业原则,才有存在的价值和发展的基础。问题的关键是,如何理解利润。很多人都认为,利润就是总收入减去总成本之后的差额。事实上,这一认识往往是建立在会计核算基础上的,即所谓的会计利润。但是对经济学家而言,传统会计利润高估了企业利润,它忽略了资本需求和资金成本,因此经济学家眼中的利润是指经济利润,它消除了传统会计利润核算无偿耗用股东资本的弊端,要求扣除全部资源的成本,包括资金成本。

从不同的角度理解利润就可能对电子商务的发展前景有不同的预测,对电子商务的盈利模式也可能有不同的选择。要想真正理解电子商务利润和设计盈利模式首先就要理清经济利润和会计利润的关系。

## 7.3.1　经济利润与会计利润

1. 经济利润与会计利润的关系

(1) 会计利润

会计利润(accounting profit)一般是指企业销售产品所获得的收入(现金收入和应收账款)减去生产经营成本。这些成本大部分都是现金流出,或者是会计费用(accounting expense),包括用来支付劳动力工资、原材料、广告和上游产品的购置费用以及设备折旧(depreciation)、公益支出或核销等。

(2) 经济利润

经济利润(economic profit)也被称为超额利润或经济增加值,它一般是指企业的总收益和经济成本之间的差额,它是超出所有机会成本的收入,包括正常利润。

机会成本包括资源利用的显性机会成本(explicit opportunity cost)和隐性机会成本(implicit opportunity cost)。显性机会成本由有形资本支出或财务支出组成。如像劳动力和原材料等资源是在竞争市场上购买的,那么工资、薪水和产品销售成本等显性费用自然而然就等同于会计概念中的费用。隐性机会成本包括使用经济或稀缺资源的费用。使用这些经济或稀缺资源不需要资本支出,其相应的会计费用也与真实的机会成本有所区别。隐性机会成本一般包含两种情况：一种是会计对企业家时间价值的正确评估计算；另一种是对不能正确评估生产过程中所占用的资本或土地价值的调整。

正常利润(normal profit)是指除去劳动力、资本和自然资源等费用之外的收入,也就是投入品用作它途所获得的最大收入。由于企业家具有创新精神,敢于冒险,负责组织生产并作出重要决策,所以这些利润是对企业家才能的必要回报。同样,正常利润被视为企业经营活动的机会成本,它是一种企业现在经营活动所获收入中的必要成本,即企业生产所用资源另作其他最佳利用时的价值。[①] 如果企业想要把资源从他处吸引过来,那么企业就必须赚取足够的收入,至少要与资源用到他处所获得的利润相当。

通过以上分析可以看出,经济利润与会计利润之间的区别在于,经济利润考虑了机会成本,而会计利润只考虑了会计成本。经济学家关心研究企业如何做出生产和定价决策,因此,当他们衡量成本时就包括了机会成本。而会计师的工作是记录流入和流出企业的货币,结果他们只衡量会计成本,而忽略了机会成本。以下公式表明了二者的关系:

$$会计利润 = 总收入 - 显性成本 \qquad\qquad (7-5)$$

$$经济利润 = 会计利润 - 隐性成本 = 总收入 - 显性成本 - 隐性成本 \qquad (7-6)$$

2. 不同利润概念对电子商务企业的意义

从经济利润和会计利润关系的剖析中我们可以看出,会计利润通常要比经济利润的估计值大,经济利润值既包括显性成本也包括正常利润在内的隐性机会成本。尽管会计利润的概念应用比较普遍,但经济利润更有长远意义。

会计意义上的盈亏平衡,是指按照费用测算的总收入等于总成本时的产出量。如果企业总收入为100万美元,所售产品成本、税收、折旧和劳动力成本也为100万美元,从短期来说,企业虽无盈利,但可以继续经营下去。不过,目前的财务状况并不能真实反映未来的发展趋势,所以以会计利润概念来测评利润,有可能会误导大家。

经济利润是以机会成本为基础,从前瞻性的视角理解企业的经营状况,它将资源的现有用途与其他最佳用途的相对效率考虑在内,即考虑了包括正常利润在内的机会成本。一般情况下,正常利润被看作是企业经营活动的机会成本,即企业生产所用资源另作其他最佳利用时的价值。换句话说,如果企业想要把资源从他处吸引过来,那么企业就必须赚取足够的收益,至少要与资源用到其他地方所获得的利润相当。因此,所有的企业必须获得有竞争性的回报,如果企业财务状况按照上述情况(总收入和总成本均为100万美元)长期没有改观的话,那么业主或企业家的回报即为零。这种状况持续下去的话,新资源将停止流向该企业,企业已有资源也将会流失,投资者将消失,流向其他更好的盈利机会。

对于电子商务企业而言,上述竞争市场的利润规律(profit rule of competitive market)同样适用。即使企业会计利润为正,也不能保证企业能长期经营下去,除非这个会计利润达到一个有竞争性的回报。

京东商城现在就面临类似的困境。京东商城成立于2004年,是一家在线销售家用电

---

① Edward J Deak. The Economics of e-Commerce & the Internet[M]. Thomson South-Western, 2004.

器、手机数码、电脑商品及日用百货四大商品的 B2C 企业。从京东商城的发展历程中,我们能看到一个有趣的现象。从 2004 年创立起至今,京东的发展速度一直让业内同行望尘莫及。从 2004 年到 2008 年,它的年销售额分别为 1 000 万元、3 000 万元、8 000 万元、3.6 亿元和 13.2 亿元,2010 年是 102 亿元,2013 年突破 1 000 亿元……尽管保持较高的增长速度,京东商城在这几年中的利润却近乎为零,被业内人士认为是最具争议的 B2C 企业。

据公开数据,京东商城目前一共进行过四轮融资,金额分别为 1 000 万美元、2 100 万美元、15 亿美元以及 7 亿美元。京东商城虽然已经数度融资,但是其一直没能够实现盈利。在这种背景下,京东商城却还能被资本市场所看好,主要在于投资者更看重京东商城的未来。通常情况下,国内外风投资本对外投资往往出于追求成长性与安全政策的考虑。尽管电商大战带来一些负面因素,但由于京东商城承诺所售商品 100% 正品行货,全国联保,机打发票,价格更实惠;支持货到付款、送货上门及 POS 刷卡等一系列便利服务出现,这些都代表了未来商务活动的目标与发展模式。

京东商城规模持续扩张得益于背后创投资金的支持。然而寻求投资回报是企业的本质,也是创投机构的根本目的。有关京东的未来,业界有两种预想:一是打败传统连锁零售,如国美、苏宁,成为新一代渠道之王;二是平进平出不赚钱的经营状态将难以维系,有一天会倒在现金流断裂的血泊中。未来,京东商城必须寻求更多流量变现的方式,致力于盈利目的,否则不知投资者是否还有等待的耐心。

## 7.3.2　电子商务盈利模式及其构成因素

京东商城的案例其实也折射出电子商务盈利模式的选择问题。在电子商务发展初期,为了解决人们的使用习惯问题,吸引更多的潜在客户,许多服务是免费提供的。但这种不盈利的商业活动,显然不能持久,一旦想要收费,已"习惯"使用免费资源的使用者就会自觉抵制,造成网站客户流失。这就是电子商务活动在开始时往往投入大量资本而无法立即实现盈利的原因。为此,如何能够保持用户不流失,又能取得收入、实现盈利的问题就出现了。电子商务盈利模式的特殊性就在这里,我们需要找到既能够逐渐或最终改变用户免费习惯,使公司得到收入,又能够保证其能被接受和实施的途径。

1. 盈利模式概念及其特征

人们对于电子商务盈利模式的研究是伴随着网络经济的发展而进行的。由于很多电子商务活动在开始时投入大量资本却无法在短期实现盈利,该领域的研究受到了学术界和企业界的一致关注。但是,目前对于盈利模式的界定、应用、革新等方面的研究,还没有达成共识。《输赢于盈利模式》一文中指出:"盈利模式指的是企业如何能够用相对较少的费用达到较多的销售收入与盈利的特定运营方法"。① 《现代物业管理公司盈利模式初探》一文认为,盈利模式是指"如何组织和利用资源,通过哪些途径,提供什么样的服务来创造利润"。② 《互联网商务模式的盈利视角》一文认为,"盈利模式通常是指企业在市场竞争中逐步形成的企业特有的赖以盈利的商务结构及业务结构特征"等。③ 本书采用石盛林提出的概念:"盈利模式是基于战略层面的以客户和利润为导向的企业资源运营方式,其本质是企业竞争优势的体现,是实现企业利润和价值的最大化"。④

盈利模式的基本特征包括以下几点:

① 盈利模式是企业核心竞争力的具体实现形式,是从运营战略视角对核心竞争力的分析,每一种盈利模式的建立都必须有相应的核心竞争力作支撑。

② 盈利模式应以客户需求为导向,发现、创造并满足客户需求是构建盈利模式的前提。

③ 盈利模式不仅仅考虑输入资源在价值链各环节的投入产出比例关系,更关注资源的产出效率。

④ 作为价值获取途径,当前的盈利模式在未来可能变成无利润的。企业要随着客户需求的变化不断寻找新的盈利模式。

**2. 电子商务盈利模式的构成因素**

日益激烈的网络盈利模式竞争中,几乎所有的网络企业都想获得持续地盈利增长,一个好的盈利模式必须能够解决以下一系列问题,如电子商务企业为客户提供的是什么样的价值?成本发生的方式是什么样的?收入如何取得?如何在提供价值的过程中保持竞争优势而且持久盈利?这些问题包含了企业盈利模式的四种构成要素。

(1) 企业提供的价值

企业提供的价值是指企业可以获取利润的产品或服务。这些产品或服务一要针对客户的需求偏好,二要为构成利润源的客户创造价值,三要为企业创造利润。企业要确定核心盈利利润点究竟在哪里,要清晰了解支撑网络核心盈利支持的驱动因素。

(2) 成本发生的方式

成本发生的方式是企业生产产品或服务以及吸引客户购买和使用企业产品或服务的一系列相关活动而付出的资源。

(3) 收入取得的方式

收入取得的方式,即从哪些渠道获取利润,解决的是收入来源的问题。电子商务市场

---

① 赵玉国.输赢在于盈利模式[J].企业活力,2002(7).

② 朱吉初,张大亮.现代物业管理公司盈利模式初探[J].城市开发,2003(7).

③ 熊晓元,唐廷法.联网商务模式的盈利视角[J].商场现代化,2006(11).

④ 石盛林.优化企业物流系统——一种盈利模式的分析[J].机械管理开发,2003(8).

是一个庞大而复杂的市场,由于受到地理因素、人口因素、心理因素以及行为因素的影响,消费者对产品或者服务的要求也各不相同。无论企业的实力有多强,要想满足用户的所有需求,几乎是不可能的。企业需要根据消费者在需求上的差异,把消费者划分为若干个细分市场,并决定向哪个细分市场提供价值服务。

(4) 保持竞争优势

保持竞争优势是指企业为防止竞争者掠夺本企业的利润而采取的防范措施,它解决的是如何保持持久盈利的方法问题。

互联网的广泛应用给电子商务企业盈利模式的这四个构成要素赋予了新的内容,如果对上述问题都能做出完整正确的回答,我们就能够了解每一种模式是怎样创造和体现价值的,认识每一种模式的收入和收益来源是怎样的。这样一来,对于已经实施了电子商务的企业来说,可以更加清晰地了解自身的模式和价值运作规律,找到不足和有待改进的地方,保持原有的优势,以便更好地创造和体现价值,获取利润。对于正处于酝酿阶段的电子商务企业来说,规律的揭示可以使其更好地了解电子商务的价值,帮助其做出是否实施电子商务的决定。

### 7.3.3 电子商务盈利模式应用

我国当前电子商务的盈利模式大体可以概括为以下几种。

1. 产品销售盈利模式

产品销售盈利模式是电子商务的基本模式。从根本上说,是传统产品营销方式在互联网上的延伸和发展。这里所指的产品是广义的,既可以是传统行业的产品,如实物产品、文化产品、信息产品、服务产品、金融产品等;也可以是互联网独有的数字产品或虚拟产品,如网络文学、网络音乐、游戏装备和虚拟服装等。由此可见,这一互联网盈利模式实际上是生产商、代理商、经销商业务向互联网领域的延伸,他们或者直接销售实物和虚拟产品,如卓越、当当等;或者提供信息咨询、进行服务中介,抽取佣金,如阿里巴巴、中华商务网、携程网、淘宝网等,其基本盈利规律与传统产业别无二致。

需要指出的是,这一盈利模式既包括现实资源向互联网的整合,也应当包括对互联网资源的再开发。比如对网上生产出来的文字、图像等产品借助传统影视、传媒等行业进行二次开发,挖掘出更大的商业价值。如网络小说,可转换成传统出版物、电子出版物、光盘或电视等,甚至可提供版权以译成其他语言。这种二次开发实际是把网上产品融入文化产品传统的多元商业化运作中,是互联网业务向传统产业的参与和渗透。如腾讯的企鹅标识就通过授权方式在许多实物商品中得以体现。

2. 网络广告盈利模式

网络广告盈利模式是互联网经济中最普遍的盈利模式,它伴随着互联网经济的产生而诞生。相对传统媒体来说,网络广告独特的优势在于:一是广告投放的效率较高(一般按照广告显示次数或点击次数计费),因此对投放广告的客户吸引力大;二是目标受众定向的准确性和信息反馈的可用性较高。

我国第一个商业性的互联网网络广告出现在 1997 年 3 月,传播网站是 Chinabyte,广告表现形式为 468 × 60 像素的动画旗帜广告。Intel 和 IBM 是国内最早在互联网上投放广告的广告主。但我国网络广告一直到 1998 年初才稍有规模。时至今日,网络广告已实现了长足飞跃。

网络广告市场飞速发展的主要原因是上网的用户越来越多。截至 2013 年年底,中国网民规模达 6.17 亿,互联网普及率提升至 45.8%;中国手机网民规模达到 5 亿,年增长率为 19.1%,互联网已成为大众化媒介渠道之一以及企业的主流营销平台之一。从各媒体广告份额占比看,电视媒体份额依然维持在 65% 上下波动,领先排名第二的网络媒体,依然是最大广告传播平台。但从各媒体广告份额占比变化看,网络广告的份额由五年前的 4%,已经快速提升至 2013 年的 12%,互联网的广告营销价值越来越得到广告商的认同,互联网营销在快速冲击和变革广告业。另一方面,广告制作技术和形式也越来越先进。1999 年几乎是千篇一律的 Gif 广告,2000 年后逐渐出现了以 Java、Flash 以及视频等为主要形式的 rich media(富媒体)广告。新颖的广告式样吸引了网民的眼球和手指,也得到了大多数广告主的首肯。如今,综艺、时事引发"热点营销"风潮,深度播报、实时互动成重点诉求;超级电视、互联网盒子铸就"视频营销"新看点,多屏互动、台网协同成热门趋势;大数据、受众购买直指"精准营销";用户行为转移,移动渗透加强,"移动营销"战火一触即发。2013 年,中国互联网广告市场规模 1100 亿元,突破千亿元大关,显示了这一盈利模式持久不懈的发展潜力。[①]

3. 即时通信盈利模式

即时通信工具因其实时性、交互性、低价格(甚至免费)等优点受到广大网民的喜爱,已经成为网络生活中不可或缺的一部分。这类模式的代表有 QQ,MSN,网易泡泡、搜狐搜 Q、阿里旺旺等。该类软件以提供在线聊天服务为出发点,其功能有发送信息、语音、视频、邮箱等。网民可通过即时通信实现文字、语音、视屏的实时互通交流。

当前,即时通信市场由于其人数的众多形成了多个方面的盈利点(如图 7-3 所示),包括互联网及增值业务、移动及固网增值业务、广告业务和品牌授权,前三项是主要利润支柱。互联网及增值服务包括两部分,核心业务主要是即时通信服务,包括传输文本信息、图像、视频及会员服务、电子邮件等。[②] 移动及固网增值服务主要是短信互通和部分 2.5G 产品,如彩铃下载和自写短信等。

4. 增值服务盈利模式

增值服务盈利模式主要是指通过互联网提供无线内容和应用服务的盈利模式,它几

---

① http://www.sycmgg.com/index.php? m=content&c=index&a=show&catid=11&id=35.

② 郭智芳.腾讯 QQ 的盈利模式分析与思考[M].北京:人民出版社,2008.

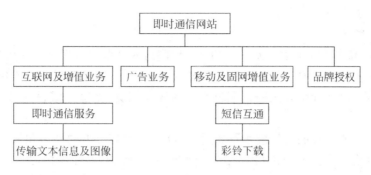

**图 7-3 即时通信盈利点**

乎被当作是我国互联网经济走出低谷的救命稻草。在互联网经济最黑暗的年代里,许多网站凭借短信等业务得以翻身解放。互联网企业提供的无线增值服务主要是通过手机短信、图片、铃声、新闻、游戏等下载收费来获得盈利。借助于无线通信产生的功能拓展需要,无线增值业务一举成为互联网企业最重要的收入来源之一。

5. 网络游戏盈利模式

广告、即时通信和网络游戏一直是门户网站盈利的"三驾马车"。2013年中国网络游戏市场规模达到891.6亿元,同比增长32.9%。从构成来看,组成网络游戏市场的客户端游戏、网页游戏、移动游戏三者都保持较快增长;其次,从海内外市场来看,中国网络游戏企业积极开拓海外市场,同时积极维护国内新兴用户市场;最后,从企业经营来看,创新型的商业模式与运营模式也带动了行业带来更多渠道。[1] 网络游戏也可以形成多个盈利点。

① 收费与发展衍生产品。一个网络游戏平均寿命18个月,假如平均1万人在线,运营商一年的收入可达1 000万元。网游同时诞生了众多游戏装备网站、战队等附属产品。还有庞大的衍生产品,如书刊漫画、纪念品、玩偶、电影和服装等。

② 销售各类游戏卡。如盛大网络公司通过组建全国最大的网吧联盟,建立了国内最成熟的网游销售体系,以渠道建设赢得了巨大的利润。同时与银行联盟,开通招商银行、工商银行、建设银行等银行网上支付功能。

③ 购买网络游戏中ID或虚拟产品。通常玩家不得不花大量时间去练级,以提高自己在游戏中的地位,才有机会获得更好的装备和武器。

④ 广告与游戏结合。2005年,盛大公司以其免费策略冲击国内网络游戏市场来,使一些实力较小的公司黯然退场,而盛大也首次显现了巨额亏损。但随后,广告与游戏结合为网络游戏公司找到了新的盈利点。广告商最关心的是广告是否到达目标人群,而游戏可通过对用户行为进行挖掘,对目标人群进行精准定位。同时,植入式广告也为网络游戏

---

① http://game.iresearch.cn/mmog/20140108/224530.shtml.

商赢得了巨大的利润。

6. 博客(微博)盈利模式

博客于 2002 年传入中国,从 2005 年开始,国内的众多门户网站都先后推出了博客频道,此后,在专业博客网站和各类型网站的共同经营下,博客以迅猛的速度快速发展,现已成为家庭、公司、团队和个人之间越来越普及的沟通工具,博客频道也在各类型网站中成为标准配置。

作为一种迅速发展的网络应用形式,博客既可以实现个人的知识积累,又可以实现人与人之间的网络交流。由于具有强烈的个性化、开放性、互动性和即时性特点,博客给使用者带来了全新的感受,在中国也得到飞速的发展。它以自己的方式融入并影响着社会经济,引起了人们的广泛注意,也使众多的企业及个人关注博客营销的商业价值。但目前,博客营销的盈利模式并不清晰,一般认为,目前博客营销的盈利模式主要是广告收入、用户的增值服务(即开发博客文章的商业价值)和无线增值服务(即短信、彩信等)。

近几年,移动通信技术的发展催生了新的网络应用形式——微博。微博的出现具有划时代的意义,真正标志着个人互联网时代的到来。博文的创作仍需要考虑完整的逻辑,这样大的工作量成为博客作者很重的负担。而微博的操作更加简单便捷,对用户的技术要求门槛很低。在微博客上,你可以"随心所欲"地写短小精悍的几句话甚至几个字,这样反而更能体现出微博客的"微"精神。因为简单,所以真实;因为短小,所以犀利;因为随意,所以亲切。用户还可以通过手机随时随地传送微博信息,不仅能传送给几个人,而且可以发送给个性化网站群。作为新生事物,其未来的潜在商业盈利模式可能如下:

① 品牌广告收入。微博通过建立大平台,依靠较多的用户量带来较多的点击率,可以吸引品牌广告的投放。各大微博网站正在争取获得更多的用户量,逐渐推广用户范围。浏览的人越多,就会吸引更多的商家到微博上打广告。但是由于社交网站有低广告响应率的特点,因此广告客户也会慎重考虑在像微博这样的社交网站新开的论坛上打广告。

② 和其他网站进行收入分成。微博可以利用自身庞大的用户群,建立类似于搜索等方面的工具,把大量的用户群转移到其他网站上,进而和其他网站进行广告分成。

③ 用户数据库盈利模式。在微博中,众多的用户公开隐私观点,而这些用户数据和信息数据都值得深层次挖掘,因此,可以对想利用微博进行营销的公司提供有价值的数据和信息,让营销者可以批量跟踪和监控这些用户。例如,戴尔就通过 Visible Technologies (一家网络监控公司)在 Twitter(一家社交网络及微博客服务的网站)上监控用户,以掌握其用户对公司产品的反馈。

④ 对企业用户进行收费。Twitter 已决定于 2014 年年底前针对企业用户推出收费账户服务,企业用户可借此获得流量分析工具等服务,从而能够在 Twitter 发展更多潜在客户。

⑤ 运营商分成。随着 3G 的正式商用,移动媒体将迎来快速发展期,而微博天生就具

有完全和移动介质良好融合的特点,这样就可以和移动运营商进行流量和短信分成。例如,Twitter 的大部分流量来自手机——手机互联网和短信。

⑥ 增值业务。一是深层次信息开发,即向高端用户提供多样化和个性化的信息,如向商务人士提供整合后的商界名人对经济形势的分析和判断等信息,向关注娱乐信息的年轻人及时推送最新娱乐名人的信息,或者推出付费 follow 名人功能。二是针对愿意付费的用户推出功能更多的服务,对于大多数人提供最简单的服务,而对于愿意付费的用户增加新的服务功能。三是增加一些道具售卖的服务功能。例如,QQ 在提供基本的聊天功能之外提供如 QQ 秀这样的增值服务。开心网也在进行这方面的探索。四是本地信息服务、预订服务等类似的增值业务。①

7. 会员制综合服务模式

会员制收费模式是指包括网上店铺出租、公司认证、产品信息推荐等多种服务组合而成的套餐式增值服务,是一种基于服务型的盈利模式,它一般适用于提供企业之间交易平台的 B2B 或 B2C 电子商务网站。国内主流 B2B 网站,如阿里巴巴等主要业务收入来自会员制收费模式。

8. 搜索竞价模式

电子商务平台的商品日益丰富决定了购买者的搜索行为的频繁应用。搜索的大量应用也就决定着排在搜索结果前列的物品信息的重要性。由此便引出了一种收费模式,根据搜索关键字竞价的业务,用户可以为某关键字提出自己认为合适的价格,最终以最高价的用户竞得,此用户即可一段时间内享用此关键字搜索结果的某一名次排名。

在搜索竞价模式中,以百度的竞价排名搜索引擎广告最为成功。百度盈利主要靠竞价排名,竞价排名其实就是出价高的企业网站信息能排在搜索结果的显著位置。参加百度搜索竞价排名,注册属于电子商务公司的产品关键字(即产品或服务的具体名称),当潜在客户通过搜索引擎寻找相应产品信息时,参加竞价排名的电子商务公司的网站将出现在搜索结果的醒目位置,成为客户首选。通过百度搜索竞价排名,可以将那些正在寻找公司产品的潜在客户直接带到本公司的网站进行访问,从而带来大量业务咨询,进而产生新订单,赢得新客户,达到商务公司与百度的双赢。此外,淘宝直通车也是采用这种盈利模式。

# 【引例回顾】

从引例的分析可以看出,在新浪不断增长的收入中,网络广告和移动增值服务是两大主要支柱,且两者的盈利能力都较为稳定。事实上,在 2006 年第二季度之前,移动增值业

---

① 赵坤.商业网站盈利模式[D].北京:北京交通大学,2009.

务还是新浪最主要的收入来源,但它自 2004 年开始就不断地减少;相反地,新浪广告收入自 2004 年开始就不断地上升,并在 2006 年第二季度超越了移动增值收入,成为了新浪最主要的收入来源。近几年新浪业绩表现非常好也得益于其网络广告业务的出色表现,相比之下,其他收入不仅对总收入的贡献极小,而且盈利能力极不稳定,其毛利率有较大的波动,但由于对总收入作出的贡献微不足道,因此对总收入几乎没有什么影响。因此,新浪目前的盈利模式是以盈利能力稳定的广告收入和移动增值业务为轴心的盈利模式,但新浪有向以广告收入为核心的单元盈利模式转变的趋势。

尽管新浪 2013 年表现较好,但可以明显看出,这其中主要原因就在于其主要收入支柱——广告收入。而且,随着阿里巴巴的入股,新浪微博也呈现出日益良好的广告效应。目前新浪微博已经建立起面向品牌客户、中小企业和淘宝商家的完整广告产品体系,尤其是对中小企业和淘宝商家市场的开拓,使新浪微博的广告收入和广告主数量都实现了成倍增长,成为实现盈利的新来源。2013 年第四季度,基于微博信息流的广告继续增长,其收入较上季度增长超过 70%,而客户数量则较上一季度增长了 50%。当前摆在新浪面前的问题是继续强化优势,集中定位于网络媒体,还是向多元化的门户网站发展?是加强现有的收入增长点,还是寻找新的增长点?是加强广告收入,还是探求其他的盈利模式?从我国互联网门户网站的总体发展趋势来看,多元化发展策略已经比较明显,新浪究竟何去何从,我们拭目以待。

# 【关键术语】

| | |
|---|---|
| 基于成本的定价 | cost-based pricing |
| 成本加成定价 | cost-plus pricing |
| 目标收益定价法 | target-return pricing |
| 盈亏平衡定价法 | breakeven pricing |
| 边际成本定价法 | marginal cost pricing |
| 基于客户认知定价方法 | value-based pricing |
| 基于竞争的定价方法 | competition-based pricing |
| 随行就市定价法 | going-rate pricing |
| 拍卖定价法 | auction-type pricing |
| 密封投标定价法 | sealed-bid pricing |
| 差别定价 | different pricing |
| 多重定价 | multiple pricing |
| 捆绑定价 | bundling pricing |
| 版本价格策略 | versioning |

| 渗透定价策略 | penetration pricing |
| 两阶段定价策略 | two-part tariff |
| 动态定价 | dynamic pricing |
| 价格折扣 | discount pricing |
| 沉没成本 | sunk cost |
| 自动离拍 | left bid |
| 会计利润 | accounting profit |
| 经济利润 | economic profit |
| 显性机会成本 | explicit opportunity cost |
| 隐性机会成本 | implicit opportunity cost |
| 正常利润 | normal profit |
| 竞争市场的利润规律 | profit rule of competitive market |

# 【课后案例】

## 易信靠"免费"开放策略,能否逆袭微信

中国电信和网易的联手,是中国乃至全世界首例电信运营商与互联网公司成立合资公司。中国电信总经理杨杰表示,易信是中国电信拥抱移动互联网时代的战略选择。丁磊的态度则更加直白,他认为微信缺乏竞争,用户和市场都需要更多选择。

**1. 易信自比微信的五大优势**

① 微信通信语音质量不清晰,易信将其提高了 3 倍以上;

② 微信为了减少流量,图片压缩比较厉害,而易信全部可发高清图片;

③ 微信群聊目前限制 40 人,易信目前为 100 人,但是用户可单独申请,并没有人数上限;

④ 微信个性贴图表情收费,易信全部免费;

⑤ 微信只能手机通话,易信做到全网互通,包括手机、PC,甚至固话语音留言。

中国电信和网易在北京宣布合资成立浙江翼信科技有限公司,发布移动即时通信社交产品"易信",中国电信和网易对易信采取了流量免费、短信免费、电话留言免费等更彻底的免费策略,希望能借此挑战微信在手机即时通信领域的领先地位。

**2. 中国电信和网易合作一年多**

翼信作为中国电信和网易的合资公司,注册资金为 2 亿元,网易持股 27%,中国电信持股 73%,翼信董事长由浙江电信总经理卢耀辉兼任,总经理则由网易杭州研究院的市场部负责人张政担任。网易 CEO 丁磊表示,虽然网易在合资公司中占股比例不高,但是

对产品和营销都可发表自己的意见。

### 3. 易信的免费策略比微信更彻底

由于易信是由运营商和互联网公司合作的产品,因此在运营商的资源方面较微信更具先天优势,由于微信在刚刚上线的5.0版本中,推出了一部分付费的增值业务,此次中国电信和网易在介绍易信时,很有针对性地打出"将免费进行到底"的口号。

易信与微信最主要的区别,首先是具备跨网免费短信功能,即使对方没有安装易信,对方还能直接回复短信,回复内容将通过易信传达。

中国移动的飞信也具有免费短信功能,但只限于移动用户之间互发短信免费,如果移动用户给另外两家运营商的用户发短信,仍要收取费用。而微信的免费信息只限于微信用户之间,目前并不能直接向手机号发送信息。

针对微信新推出的付费表情商店,易信则宣布贴图表情完全免费。更有吸引力的是,中国电信表示下一步针对电信用户使用易信的数据流量将采取减免政策,也就是说易信产生的流量将不收钱。

值得一提的是,丁磊称微信是一个比较封闭的体系,而易信不排斥新的投资方和合作伙伴加入,在易信的发布会上,搜狐CEO张朝阳、奇虎360总裁齐向东、京东CMO(Chief Marketing Officer,首席市场官)蓝烨甚至中国联通相关负责人也来到现场,足以令在场的媒体对易信今后的合作伙伴阵营浮想联翩。

(案例来源:http://www.ithome.com/html/it/51816.htm.)

**案例分析问题**

1. 你如何看待易信和微信的免费策略?你认为它们是否还可以采取其他更有效的定价策略?

2. 你认为易信能打败微信吗?理由是什么。

# 【思考与讨论】

1. 什么是版本价格策略?该策略是如何帮助企业将购买者的部分消费者剩余转化为企业收入的?

2. 登录青芒果网(http://www.qmango.com/)和丁丁旅游网(http://www.ddits.cn/),选择一家酒店(宾馆),比如香港金怡宾馆,看看两家网站的报价是否相同,分析为什么会出现这种情况。

3. 什么是两阶段定价策略?网络企业是如何使用这种定价策略从客户身上攫取更多收入的?

4. 分析卖方定价模式和逆向拍卖定价模式的区别。在逆向拍卖中,Priceline网站为什么没有将旅行信息细节公开?

# 第3篇

## 市场绩效与政府职能

# 第 8 章

# 网络经济的价值创造

**B&E**

## 【内容提要】

## 【学习目的】

通过本章学习,你应该能够:

- 正确理解客户价值
- 区分网络经济客户价值的驱动要素
- 掌握网络经济的客户价值创造策略
- 理解网络经济对价值链的影响
- 了解虚拟价值链的概念及特点
- 分析O2O电子商务整合实虚价值链

# 引例：菜鸟网络，创造客户价值①

有过网上购物经历的人也许遇到过这样的尴尬：即便选了同一家快递，但如果买的是不同商家的商品，也可能是上午送一趟，下午再送一趟。如果有一天，您订购了4家商家的4种不同商品在同一个包裹里，并同时送达，您是否会感到惊喜？

这种方式被称为实体分仓。实体分仓的概念很简单，就是在全国各地根据消费者分布的特征，在各地区设立仓储，这些仓储能够帮助商家，让商家把一部分的货送到区域中，来完成消费者的就近配送。当电子商务牵手物流公司后，这样的场景今后会慢慢的出现在我们的网上购物当中。

2013年5月28日，阿里巴巴、银泰、复星等在深圳启动中国智能骨干网的项目建设，同时宣布联合成立菜鸟网络科技有限公司。

菜鸟网络科技有限公司将通过自建、共建、合作、改造等多种模式，在全国范围内形成一套开放的社会化仓储设施网络。同时利用先进的互联网技术，建立开放、透明、共享的数据应用平台。这个平台本质上是一个物流信息调配平台，阿里巴巴将第三方快递、仓储的信息接入进来，面向淘宝卖家提供入库、发货、上门揽件等服务。这个系统可以通过数据化分析，追踪各地物流资源的使用情况，减少货物在各地间的流转，以达到降低成本和提高效率的目的。通过这个网络体系，十年后，全国任何一个地方，只要网上购物，24小时内便能送达，还能支持1000万快递人员很通畅地服务，让马路、高速公路、铁路更好地发挥通道的力量。

事实上，以上描述只是菜鸟网络的粗略规划，并非具体的商业模式。目前菜鸟网络对商业模式问题讳莫如深，一致对外的说法是自己都还没弄得很清楚。但是作为"注册资金50亿元、首期投资1000亿元、整体投资3000亿元"的项目，如果商业模式都不太清楚，唯一的解释就是内部对准备实施的商业模式还存在一定的争议，不便公布。从逻辑上来看，菜鸟网络的"中国智能骨干网"堪称完美，但其实施前提是什么？具体商业模式又是什么？这种模式如何将实体世界和虚拟世界整合来实现价值增值？这些问题引发了本章对网络经济时代价值创造的探讨。

# 8.1 网络经济的客户价值分析

## 8.1.1 客户价值及其经济学分析

### 1. 客户价值的概念

到目前为止，客户价值仍然没有一个确切、统一的概念，理论界接受较多的是 Kotler (1994)提出的客户让渡价值理论，他把客户价值定义为总客户价值与总客户成本之差。

---

① 案例系作者根据 http://www.huxiu.com/article/16635/1.html 内容改编而成。

总客户价值(total customer value)指客户期望从某一特定产品或服务中获得的一组利益,包括产品价值、服务价值、人员价值和形象价值;总客户成本(total customer cost)则指在评估、获得和使用该产品或服务时引起的客户的预计费用,包括货币成本、时间成本、体力成本和精力成本等。

2. 客户价值的经济学分析

商品之所以能够实现价值是因为其具有被客户最终认可的使用价值。经济学假设消费者是以利己为目的的理性人,可以根据市场情况、自身处境和自身利益做出判断,从而获得效用的最大化。在实际购买商品的过程中,消费者追求效用最大化实际上表现为追求消费者剩余的最大化,即消费者消费每单位商品的可感知收益(每单位产品对消费者而言的价值或者他愿意为之付出的价格)与商品的货币价格(消费者实际付出的价格)之差,如图 8-1 所示。假设只有一种产品,其价格为 $P_m$,销售总量为 $Q_m$,那么该产品的销售总收入($TR = P_m \times Q_m$)就是长方形 $P_m E Q_m O$ 的面积。$P_m$ 是一个相对较低的市场价格,也是吸引客户购买最后一个单位($Q_m$)产品所必须的价格,因此,若根据最后一位客户对最后一个单位 $Q_m$ 产品的认可价值统一定价,则所有的客户都可以按这个价格购买到产品;也就是说,每一位先前购买了从 $O$ 到 $Q_m$ 的客户的购买价格也都是 $P_m$。然而事实上,即使价格高于 $P_m$,部分购买者仍会购买该产品,他们因此获得了一定量的未补偿价值。经济学家将这种未补偿价值称作消费者剩余(consumer surplus),即图中 $P_m$ 价格线以上和负斜率需求曲线之下所夹的三角形 $P_m E A$ 区域。在不考虑交易费用的情况下,Kotler 定义的客户价值从经济学角度理解实际上就是消费者剩余。在考虑交易费用(用于搜寻、谈判、签约及履行合同等活动的一种资源支出)的情况下,消费者剩余可以理解为消费者消费每单位商品的可感知收益与商品的货币价格以及交易费用之差。

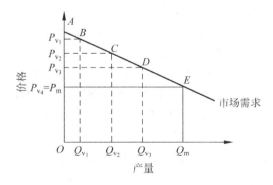

**图 8-1　客户价值分析**

3. 正确理解客户价值

正确理解客户价值的含义对企业的成功至关重要。很多企业试图通过增加客户价值来维持客户群,但由于对客户价值缺乏正确的理解,使得他们为增加客户价值而改进的产品和服务没有得到客户认同。从经济学角度理解客户价值时,应当注意以下几点。

① 客户价值是由客户决定的。企业应从客户的角度,而不是企业的角度来定义价值。如果一家公司希望能为客户增加价值,那么首先要弄清楚的就是客户到底需要什么样的价值。真正有意义的价值创造是客户认同的价值创造,不同客户对价值和价值增加的原因看法都不尽相同,有些人的价值点为低价格,而其他人的价值点则可能为高质量或便利性、功能完备等。因此,企业应当了解客户最为看重的价值形式。

② 客户价值具有明显的动态性。即使是同一个客户,由于时间、地点、场合的不同,他会对不同形式的价值赋予不同程度的重要性。比如,在选择阶段,客户往往最关心的是可选择产品的功能、式样、价格等特定属性,而在购买后的使用阶段,客户最关心的是所购产品的效用,而且会根据对产品的期望和实际使用感受形成实际感受价值。

③ 客户价值是综合价值。客户在评判价值时,采用的是一种十分复杂的综合标准,除了货币价值以外,舒适、便利、惊喜、尊重、经历、归属感等都是客户所期望得到的价值;客户的成本也包括货币、时间、精力、风险、感官等多种形式。

④ 客户价值是建立在比较基础上的。打算购买某种产品或服务的客户会潜意识地对所有可供他选择的产品或服务进行价值评估,将预期的收益同当前以及以后的预期成本进行比较,从中选择一种感觉能提供最多价值的产品或服务。

### 8.1.2　网络经济客户价值的驱动要素

网络经济环境下,客户价值仍可以理解为总客户价值与总客户成本之差,其主要来源在于其购买所获利益(benefit)与购买过程(寻找、订购、获取产品)所引发的成本(cost)之差。网络经济的客户为广义的概念,既包括一般意义上的消费者,也包括购买企业、合作伙伴或联盟以及企业内部成员等“大客户”。不同客户在评估网络购买行为的客户价值时,对利益和成本的认识不尽相同,这些净价值的来源包括产品本身的利益及价格、订购产品的利益与成本、获得产品的利益与成本等。

网络经济打破了传统市场地理界限的限制,实现了前所未有的市场覆盖率。在互联网上,客户可以非常容易地获得各种产品和服务的信息;信息商品可以在互联网上传递,弱化了传统中介业务和信息中间商的作用,大大提高了交易效率。这些特点决定了网络经济在客户价值创造方面大大优于传统经济模式。

网络经济价值创造的驱动要素包括效率、互补、锁定和创新,如图 8-2 所示。

1. 效率(efficiency)

互联网快速、高效的信息传递方式使信息搜索和获取更加便捷,改善了买卖双方信息不对称的状态;信息优化降低了客户的搜寻成本和议价成本。透明、开放的网上交易减少了中间环节,简化了交易流程,有效降低了沟通和交易成本。企业可以通过需求集聚和大宗采购实现规模经济,或者通过电子商务优化供应链管理,提高经营决策的效率,减少

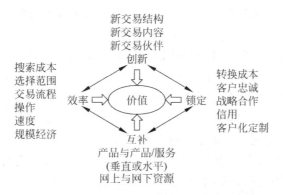

**图 8-2　网络经济价值创造的驱动要素**

交易瓶颈、降低分销成本,从而实现资源的有效配置。随着电子商务交易效率不断提高与交易成本不断降低,企业通过电子商务创造的客户价值也将随之提升。以图书购买为例,在没有互联网之前,如果一个人想要购买一本书,他只能在附近有限的书店中进行选择。当然他也可以扩大搜索范围,去邻近其他省市购买,但是由此产生的购书成本会大大提升,只有在极特殊的情况下,额外的收益才会超过额外的搜索成本。网络经济下,消费者不仅可以在店铺书店买书,也可以在当当网或者卓越亚马逊网站上购买。这些网上书城提供的图书价格比店铺书店更便宜,选择面更广。如果觉得配送时间稍长,消费者还可以使用搜索引擎,查询经济实惠的本地书商(如果有的话)。网上购书,从根本上改变了图书购买信息搜索的方式,降低了成本。

2. 互补(complementarities )

互补性是把产品或服务聚合在一起,所产生的价值大于个别价值的总和,因此互补性能够凭借收益的增加而创造价值。电子商务可以通过提供互补产品和服务的协调或者通过网上与网下资源的互补和互动实现全方位服务,为客户创造更大的价值。

产品与产品(服务)的互补是指为客户提供具有互补性的成组商品或服务。这些商品和服务通常与企业的核心业务有关,这些互补的属性可分为垂直互补(如售后服务)和水平互补(如一站式购物、相机和胶卷)。例如,电子订票处除了销售机票以外,还向客户提供相关信息,如汇率信息、到达地点的食宿信息等,这些服务提高了其核心业务的价值,使客户更方便地预订、安排旅游及度假活动。

网上与网下资源互补是指利用对网上交易起到补充作用的网下资产创造价值,通过互联网购买了商品的客户会非常关心是否能够通过实体店铺得到售后服务,包括退货或换货等服务。目前,许多互联网公司选择与传统企业结合,利用传统企业强大的营销网络与物流配送中心开展电子商务,在传统产业价值链中实现网上与网下的互动,通过提供网上网下的全方位服务为客户创造更大的价值。如我国东北首家集网上销售与传统零售相对接的北斗手机网就是依托长春手机特卖场实现了网上订货,网下取货和维修。

3. 锁定(lock-in)

锁定是指阻止客户流失和战略合作伙伴背叛的因素。网络经济价值创造的潜能,在于客户愿意参与重复性交易,以及战略合作伙伴愿意保持并加强双方的关系。"锁定性"能够增加客户与战略伙伴的转换成本(switch cost),客户的重复购买和战略合作者对于合作关系的维护均可使电子商务的价值创造潜力增强。电子商务主要通过使客户习惯于商品、服务或信息,用定制生产满足用户个性化需求来提高客户锁定程度。以当当网购物为例,一旦用户注册为当当网会员并尝试了首次购买之后,他极有可能在下次购物时首选当当网,因为在注册当当网会员时,当当网已为其设立了个人档案并为他创建了个性化接口,可以向他进行有针对性的产品推介和配送建议。用户如果变更商家,意味着他要重新输入信息并建立个人档案,由此会产生转换成本。除非有明显的利益驱动,否则用户不会轻易转换商家,锁定意义由此产生。

此外,网络经济的外部性特征对市场先进入者通过锁定创造价值也十分有利。一方面,消费者购买已拥有一定用户基数的企业的商品所获得的效用明显大于购买一个用户基数近于零的新企业的商品(与已有产品不兼容)。因为消费者在已经使用了领先者的产品后,如果转向另一种与原产品不兼容的新产品,势必付出高昂的转移成本。所以,拥有较大用户的领先者就会拥有越来越多的用户从而形成正反馈效应。另一方面,某基础产品的用户基数越大,其他厂商就会为之提供更多的辅助产品,进一步增强使用该基础产品的效用,从而增强正反馈效应,最终使这种产品成为市场的主导,而用户则被锁定在该产品之中。微软的 Windows 操作系统就是这种锁定价值的最好例证。

4. 创新(novelty)

创新理论认为新产品(服务)、新分销模式或新的市场开发方法,是企业通过创新而获得价值的来源。网络经济下,很多企业在营销模式上进行了创新,新颖的营销模式改变了传统的营销理念、营销策略和营销手段。Priceline.com 引入了逆向拍卖定价流程(reverse auction pricing process)将定价的主动权放在了买方手中而不是卖方手中。潜在客户可以通过网站系统对各种旅游产品及机票"自己定价"。客户自主选择出发地、目的地和旅游日期,然后输入自己期望的机票价格(这个价格是一个附有信用卡卡号的有约束力的要约价格)。Priceline.com 随后凭此要约价格向其合作航空公司购票,航空公司有权接受或拒绝该要约,也有权利决定起飞和到达时间、飞行路线、经停地点和次数等。这种崭新的营销方式为网站创造了不菲的价值。

此外,电子商务也使得企业真正可以针对每一位客户进行个别化的营销和"一对一"的双向沟通,并提供个性化的产品。"一对一"的定制生产和服务将多元化营销与个性化的需求相互结合,使企业容易锁定客户,获得稳定的收入。在个性化服务的同时,电子商务企业还可将具有互补性的产品和服务展现在客户面前,使客户做出更多的选择或获得更多的信息,这使提高交易效率、降低交易成本更为容易。戴尔的"个性化"直销模式便是这一观点的佐证。戴尔计算机公司成立于 1984 年,凭借其"直接销售"和"市场细分"模式,实现了真正按照客户的要求来设计制造计算机,并把它在尽可能短的时间内直接送到客户手上。戴尔的客户价值主张很清楚:向那些无力或不愿意购买高价格、无个性化配置的"品牌电脑"的人提供"个性化"电脑。用户可以在戴尔网站上自主选择电脑配件的组合,以满足自己的个性化需求。而这种自主选择也具有一定的锁定效应。正是这种虚拟经营整合的创新模式吞噬了 IBM、HP 的电脑市场份额。尽管 IBM 和 HP 也很想提供这样的个人电脑,然而其公司的业务构架和流程决定了它们无法实现产品的低成本和个性化配置。

通过对网络经济价值创造驱动要素的分析可以看到,这四大要素之间联系密切、相互作用,使企业运作的方式及经济业务构建模式有了深远的变化,为企业价值创造开辟了新的来源。

首先,交易效率和具有互补性的产品和服务作为价值驱动力,对锁定客户是有帮助的,电子商务的高效率和互补性产品及服务的提供可以吸引和留住客户。同时锁定也为提高交易效率和互补性产品和服务提供了促进作用,参与方获益越高,融入或加入网络的积极性越高。例如,淘宝网站让买方评价卖方信用级别,使以后的买方更加信赖交易的公平,形成牢固联系,让客户免受欺诈,使交易效率提高。

其次,创新和锁定之间密切相关。电子商务的创新者在吸引客户和维持客户方面的优势,与一个强有力的品牌紧密关联,且容易保持持续的先动优势。第一个在市场上采用新交易方式者更容易先入为主,培养品牌认知及声誉,进而创造转换成本。Amazon 是最有名的、真正的网络先驱者,它令效仿者知难而退。Amazon 的成功在于它从两方面利用了先驱者所拥有的优势。第一,Amazon 进行了持续的创新,建立新的合作关系,寻求满足客户需求的新方法并且付诸实践。这些创新反过来成为对后来效仿者的基本要求,如果它们要想在与 Amazon 的竞争中得以生存,就必须也采用这些创新。第二,Amazon 通过提供极佳的购物体验和客户服务建立了品牌优势。Amazon 网络是以客户为中心的,其组织有序、使用方便,以信息实现导购,客户在主页上就可以通过一系列的点击链接实现购买。Amazon 的创新者身份帮助其奠定了运营的基础。

再次,创新与互补之间也彼此联系。一些电子商务企业的创新就在于他们的互补要素,例如,资源和能力的结合。迄今为止,淘宝是国内最大的 C2C 交易平台,但是当淘宝破茧而出时最初面对的却是当时 C2C 市场易趣一家独大的局面。时至今日,淘宝能够挫败易趣,固然有营销策略的成功因素,但关键的环节则在于 2004 年"支付宝"的推出。C2C 交易对于国人而言,最大的障碍在于信用保证,"支付宝"以第三方担保全额赔付的安全支付手段消除了买卖双方对支付的顾虑。之后,淘宝还增加了物流环节,邀请天津大田集团、宅急送等国内知名物流公司加盟。这些与销售形成互补的创新手段为客户创造了价值,也成就了淘宝。

最后,创新和效率之间也有着重要的联系。电子商务企业的某些效率是由虚拟市场上新应用的创造和推广而产生的。以二维码支付为例,它是一种基于账户体系搭建起来的新一代无线支付方案。在该支付方案下,商家可把账号、商品价格等交易信息汇编成一个二维码,并印刷在各种报纸、杂志、广告、图书等载体上发布。用户通过手机客户端扫拍二维码,便可实现与商家支付账户的支付结算。最后,商家根据支付交易信息中的用户收货、联系资料,就可以进行商品配送,完成交易。不仅如此,二维码更大的价值在于,商家通过二维码记录的信息积累成数据库,将商家的会员逐步积累,再通过CRM(客户关系管理)工具帮助商家找到那些可筛选出的感兴趣的用户,分析这些用户的行为,然后有针对性地对这些用户进行细分的营销。扫码支付的受欢迎程度,从微信"试点"的商户数据可以窥见一斑。例如,2013年年底,上品折扣中关村分店接入微信支付,15天内,微信支付的日均交易由2笔增长到超过1 000笔;日交易额从70多元增长到24万元,半个月的微信支付总交易额近100万元。友宝中国总裁李明浩则称,友宝用户使用微信支付的比例一度达到25%。从客户的客单价来看,使用微信支付购买的客单价比平均客单价高22%。①

企业通过对传统交换机制和营销方式的创新、销售具有互补性的产品锁定客户,都为网络经济价值创造提供了巨大驱动力。

# 8.2　网络经济的客户价值创造策略

从本质上讲,客户价值创造就是要不断地提供满足客户需求与偏好的新价值。企业只有通过客户价值创造,才能获得客户忠诚,才能获得持续竞争优势,这就要求企业在网络经济时代必须改变传统的竞争战略逻辑,转移到以价值创造为核心的战略上来。

## 8.2.1　客户价值创造的逻辑

与传统的竞争战略逻辑相比,网络经济的价值创造逻辑主要表现在三个方面:企业的价值定位、企业资源限制的突破、价值的让渡。

第一,价值定位主要是指企业的目标客户群定位,以及依据目标客户群的偏好而提供的产品和服务定位。网络经济时代,传统市场的地域界限被打破,客户群体范围也得以扩大。企业要想最大限度地发挥本身所具有的优势和特长,就必须选择好目标客户群,并针对目标客户群所偏好的价值,采取适当的价值创造策略。网络经济环境下,客户需求多样

---

① http://bd. hbrc. com/rczx/shownews-4980542. html.

化与个性化是企业进行市场细分的客观基础,企业可以根据自身的条件,选择适当的细分市场作为目标市场,并以此制定本企业的营销方案和价值创造策略。但是与传统的市场细分不同,网络经济已进入微利时代,如果过分强调客户的需求差异,通过不断的市场细分和提供更多的产品系列以满足不同客户的特殊需求,则有可能降低企业的利润。网络经济的价值定位着重要求企业致力于客户共同关注的价值,即客户的核心需求,充分发挥大规模定制的优势,利用标准化和组合化,平衡规模效益和个性满足。

第二,客户价值的创造要求企业不应受到企业现在资源的限制,因为这样往往会使企业失去一些重要的价值创造机会。网络经济时代,虚拟企业的概念使得企业在评价市场机会的时候不再受原有的思维定式和资源状况的制约,而是致力于观察客户需求与偏好的特点及其变化趋势,以获得更加客观准确的客户信息并及时果断地采取相应的价值创造行动。许多企业就是通过客户价值创造而获得高速成长的,它往往使企业能够以供应链方式运用企业现在资源,以突破现有资源的局限性,从而在激烈的市场竞争中脱颖而出。

第三,网络经济时代的商品流通可划分为商流、信息流、资金流和物流。伴随着商务电子化进程的发展,商流、物流与资金流逐渐分离,信息流的作用也日趋重要。价值让渡就是企业如何将创造的价值通过某种渠道传递给客户。价值让渡在电子商务价值的实现过程中占有重要的地位,产生高的客户忠诚的关键是传递高的客户价值。电子商务中价值传递可以依托商流、信息流、资金流和物流传递。如通过电子订货提高订货速度,通过搜索引擎实现信息的快速、低价获取等。通过"四流"的整合,企业能以更低的价格、更快的速度、更优的质量与服务以及更完美的供需平衡实现客户价值。在创造更多客户价值的同时,也建立了企业的竞争优势。

## 8.2.2 客户价值创造策略

网络经济的客户价值的主要影响因素包括产品、价格、服务、交易安全、品牌五个方面,企业的客户价值创造策略也可以主要围绕这五个方面进行。

### 1. 产品策略

客户价值实现是以满足客户需求为前提的,而需求的满足又是通过企业向客户提供的产品和服务来实现的。在基于互联网的电子商务中,企业的产品和服务要有针对性,其产品定位和产品开发要体现互联网的特点。

从产品定位上看,电子商务与传统商务并无二异。客户价值反映了客户对企业为其所提供产品或服务的特性的认同,只有公司提供的产品能够向客户提供一些竞争者不能提供的东西的时候,客户才会购买。它是由两种形式提供的:一是产品或服务的差别化,即客户感觉某产品或服务中有某些价值是其他产品或服务不具备的。企业可以通过提供产品服务特性、产品服务时间选择、产品服务地域选择、产品服务的客户支持、不同产品组合以及企业品牌声誉等多种方式来实现其差别化。二是产品或服务的低成本,即企业将一部分成本节约让渡给客户,从而能实现对比竞争对手在价格方面的优势。

国内服装领域的电子商务成功企业凡客诚品在提供差异化产品和低成本运作方面的经验和做法值得借鉴。差异化主要是体现产品的客户体验,凡客诚品注意客户在购买、使用全过程的体验。因为网上销售服装,看得见图片,但摸不着实物,因此取得服装产品消费者的信任是很关键的一环。为了减小实物与电脑图片的误差,凡客诚品的网站编辑人员每天都会去对比实物与电脑图片的颜色,尽量避免大的色差。除了大量模特穿衣展示的图片外,凡客诚品也已经开始逐步引入 3D 模特试衣、模特 T 台走秀视频等新内容,尽量让用户直接看到产品实际的样子,而不只是图片。除此之外,凡客诚品还推出了"挑战极限购物体验"的举措,其服务内容包括当面验货、当场试穿、满意再收货等。这些良好的购物体验获得了用户忠诚度,也吸引了回头客。

低成本方面,由于凡客诚品利用的并不是传统渠道,而是利用了互联网新兴渠道,通过自身 B2C 的建设,免除了传统服装业的店面转让费用、店租费、水电费、大量人员工资费、区域宣传费用、物流库存费等费用,实现了真正的低成本运作,相同质量的产品价格自然会变得很低,也最大限度地实现了客户满意。

**2. 定价策略**

搜索引擎的出现使得产品的价格竞争更加惨烈。客户可以通过搜索引擎很轻易地查询到某种产品的不同报价。不仅如此,借助一些价格比较网站(shopping bots),如大拿网(www.danawa.com.cn),这种价格比较就更轻松。这些购物代理网站利用搜索程序,搜索某种产品在网络中不同网站上的各种报价,然后把这些不同价格集中放置在一个网页上,由此潜在购买者很快就可以找到报价最低的网络零售商。

一般来讲,市场定价机制可以分为成本定价法和价值定价法两类。成本定价法是一种根据单个产品生产成本确定产品价格的自下而上的定价方法;而价值定价法,即价格制定的基础取决于消费者对要购买产品或服务的心理认知价值。在这两种方法中,竞争的程度、质量以及消费者的需求弹性都起着重要的作用。企业在定价的时候可以综合采用上述的定价机制,本书已在第 7 章中详细介绍了定价策略。

**3. 服务策略**

与传统交易不同,在电子商务中,客户与商家并不能面对面的进行交易,因此客户在整个购物过程中就需要更多的服务支持。这种服务不仅贯穿交易过程,更要渗透交易前和交易后的各个阶段。电子商务的特色服务有多种形式,包括:

(1)提供搜索和查询功能

网络经济下,客户面对的是海量商家和商品,往往很难短时间找到想要的东西。即使发现了所需要的产品或者服务,也希望对同类产品进行比较。所以企业服务的一项重要工作是要为客户提供搜索和比较功能以满足这种要求。在送货阶段,也应该提供配送状态查询服务,用户可以在线查看其账户或订单状态,并可以随时查看自己的商品运输状态。

(2) 售后服务

售后服务对于提高客户的满意度来说,是一个不可忽视的重要部分,是企业网站上经常提供的功能。企业设计时可以根据实际情况有选择性地提供网上售后服务,充分考虑回答客户询问的需要,在自己的 Web 站点上为客户提供产品的详细技术和维护信息;同时这种售后服务必须具有便捷、灵活、低廉和直接等特点,让客户方便快捷地获得所需要的信息。此外,企业还可以实现网下资源与网上资源的互补,为客户提供更充分的售后服务。

(3) 定制化服务

由于自身条件的不同,客户对商品和服务的需求也不尽相同,网络经济更能满足客户的个性化需求,提供定制化服务。商家不仅仅是提供多样化的选择范围,客户也不只是被动地接受商品和服务,他可以将把个人的偏好参与到商品的设计和制造过程中去。例如,信息的个性化定制,至 2009 年年底,澳大利亚、加拿大、印度、英国及美国的 Google 资讯用户已可使用信息定制化功能。如果用户目前在 Google 资讯主页找不到自己希望看到的新闻分类,则可利用"定制化版面目录"自行创建一个新分类。其创建过程非常简单:用户仅需要在创建页面键入相应关键词,再为该分类命名。创建新分类完成后,该分类就能显示在谷歌资讯主页左侧的分类表当中。此外,用户还能同亲友、同事分享自己创建的新分类。①

(4) 有效沟通

因为缺乏面对面交流,如何实现与商家的有效沟通也是购买者关心的问题。企业可以通过常见问题解答、电子邮件和即时通信系统以及呼叫中心等模式解决沟通问题。常见问题解答(FAQ,Frequently Asked Questions)是最经济、最便捷的用于处理客户重复性问题的工具,消费者可以自己在网站上使用这种工具,但是迄今为止 FAQ 仍不是定制化的,无法回答客户的所有问题。对于非标准的问题,企业可以通过电子邮件(E-mail)来回答,但是电子邮件的回复及时率不高。呼叫中心(call center)是综合性的客户服务机构,企业可以用它处理来自各个渠道的服务请求(电话、传真或 E-mail 等),呼叫中心集成了电话、传真、电子邮件和网站,它的主要功能是建立客户档案,并以此为依据建立"一对一"客户关系,不过,建设呼叫中心的成本较高。即时通信系统(instant messaging system)使企业网站的访问者在浏览企业网页的过程中,只需要点击网页上的客服图标,就能够与企业进行实时的交流,无须下载插件或软件,是企业进行在线咨询、在线营销、在线客服的有力工具。

---

① http://net.chinabyte.com/338/11029338.shtml.

（5）及时履约

对于大多数非数字化产品而言,网络交易的商流和物流是分离的。因此客户非常关注商家实体商品的配送或服务合同的履行。如何把客户制定的商品及时送达指定的地点、准确的履行合约(比如退货)不是一件容易的事情,尤其是长期合作。企业应该根据产品和企业特点,适当选择自营或外包物流,充分利用现代物流的"第三利润源"优势,创造客户价值。

**4. 交易安全策略**

交易安全策略主要是指保障电子商务过程的顺利进行,即实现电子商务的保密性、完整性、可鉴别性、有效性和不可抵赖性。客户在电子商务交易过程中可能面临各种安全威胁,因而商家必须对交易各个环节加强安全控制措施,增加客户的购物信心。可以通过加密技术、认证技术以及防火墙技术等实现信息传输的保密性、完整性和不可抵赖性以及对交易各方的身份认证。但是,电子商务的安全问题已不是一个单纯的技术性问题,它是管理—法律—技术的综合体。因此,企业应当从安全性和客户服务的加强与优化着手,培育客户对网站的信心。

**5. 品牌策略**

品牌是帮助识别销售者或销售群体的产品和服务,使之与参与竞争的产品或服务相区别的称谓、标识或象征等几种要素的结合。好的品牌,比如淘宝,同时意味着产品本身和"增值服务"(可靠的信用评级和安全的支付保证),它向市场传递其产品和服务的各种信息,包括核心产品和服务,增值产品和服务以及联络和交流的方式等。所有这一切不仅传递出与功能性业务相关的信息,而且能为企业自身和目标客户创造独特的利益,这些利益既有情感性的,也有体验性的。

网络品牌主要是指企业在互联网上的网站和域名。客户对企业的接触首先是通过网站实现的,企业网站的好坏是电子商务实施成败的关键所在,网站设计、内容更新及下载速度、导航效果等在一定程度上决定了企业能否吸引足够多的客户来光顾。域名的作用是直接指引客户进入企业的网站,一个好的域名势必会给客户留下深刻的印象并使他们更好地记住企业的网站。另外,品牌的建立也需要整体的服务和完备的服务项目的支持。

# 8.3　网络经济环境下的企业价值增值

## 8.3.1　从企业价值链到产业价值链

### 1. 企业价值链

美国的迈克尔·波特(Michael E Porter)于1985年在《竞争优势》一书中首先提出了价值链(value chain)的概念。波特认为,企业生产经营活动是其价值创造的源泉,企业用以"设计、生产、推销、交货以及维护其产品"的内部过程和作业活动,构成了创造价值的一个动态过程,称之为价值链。这一论述从企业内部角度描述了价值链,把企业内部的作业看成是一个价值创造过程的组成要素,如图 8-3 所示。其中,价值活动由两部分组成:基本作业和辅助作业。利润是总价值与从事各种价值活动的总成本之差。

图 8-3　企业内部价值链

基础作业由投入到产出的转化、交货和售后服务直接构成,是产品或服务在实质上的创造、流转和一些售后服务。它们包括:(1)进货后勤,包括接收、储存、分发、输入物资到生产中;(2)生产,投入到最终产品的转化,包括加工、装配、检验、包装、设备维护等;(3)出货后勤,包括收集、贮存和配送成品给买主;(4)市场销售,包括广告、销售、选择渠道、定价、促销等;(5)服务,提供服务以维持或增加产品的价值,如安装、培训、配件供应、修理和保养等。

辅助作业支持基本作业,其包括:(1)企业基础设施,包括行政管理、财务、计划、房产管理、会计制度等;(2)人力资源,包括所有参与了招聘、培训以及薪酬的作业;(3)技术开发,包括了与改进产品及生产流程所作努力相关的作业;(4)采购,原材料、供应品及其他消费品和资产的购买。

**2. 产业价值链**

现代社会中,一种产品从开发、生产到营销、运输所形成的价值链过程已很少能由一家企业来完成,除非企业具有非常充分的资金和十分全面的能力。随着技术不断进步,市场范围扩大,社会分工更加细化,价值链的增值环节变得越来越多,结构也更复杂,价值链概念也就不再只局限于单个企业内部作业活动,而是扩展到整个产业。于是价值链开始分解,原来一个企业内部的不同价值环节不断地外包,一些专业化生产或服务企业加入了价值链,并逐渐形成产业价值链。产业价值链中,生产企业通过供应企业的价值链形成上游价值,其价值形式是原材料价值,核心价值活动是原料供应。原材料价值作为投入品会转移到生产企业内部,从产品设计、生产制造到市场分销,形成一个作业链,企业每进行一项作业都要消耗一定的资源(如人力、物力和财力),并产生一定价值。随着作业链的延伸,价值也会随作业转移到下一个作业上去,逐步传递下去,最后凝结到最终产品,提供给下游客户,由此形成企业内部价值链。内部价值链还会随着产品价值转移到渠道企业价值链中,通过物流和销售等产业核心价值活动为产品增加了附加价值,这一附加值的实质是渠道服务的价值,它是由产业价值链中的物流服务和市场销售两个基本活动所形成的。最后,产业价值链构成还包括终端客户价值链,这一价值链的核心活动是购买和消费,产出的价值即是前文提到的"客户让渡价值"。由此,不同企业价值链的核心活动共同构成了整个产业价值链,创造出产业价值,并最终产出产业利润。所以现代企业相互关联形成了一个由此及彼、由内到外的作业链和价值链,如图8-4所示。

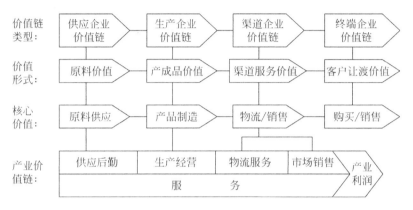

图 8-4　现代企业价值链

### 8.3.2　网络经济对价值链的影响

传统经济的产品由大量的原材料和相对少量的知识、信息构成。网络经济环境下,大量的知识、信息和技术融入产品中,并且信息作为一种主要的产出在价值增值过程中起到主要作用,对价值链的形成和运作产生了影响。

1. 网络经济环境下,信息技术成为价值的源泉

传统经济中,信息技术被视为企业价值增值过程的辅助活动而非价值本身的源泉。比如管理人员经常利用他们获取的有关库存、生产或物流方面的信息来帮助管理库存,但他们很少利用信息本身来为客户创造新价值。然而,网络经济环境下,许多企业的竞争条件已发生了巨大变化,信息已成为其创造新价值的重要组成部分。以物流配送为例,国内很多物流公司都允许客户在其公司网站上通过运单号查询货物的运送情况。尽管这项服务是免费的,但它给客户带来了附加价值,可以更好地安排生产和销售计划。

2. 网络经济环境下,价值链由"线形"变为"网状"

20多年前波特提出的价值链概念主要是建立在"线形"基础上的,即价值链在很大程度上是以"供求关系"串联而成的,如图8-4所示。这种串联关系相对比较固定,可以起到

彼此优势连接的功效,但同时也具有较强的刚性,抗风险能力也较弱。网络经济下,信息技术得到广泛应用,价值链不再以单调的线形形态存在,各价值结点企业通过互联网关联,形成一个"供求链网",如图 8-5 所示。在这个网络中,各结点企业角色根据业务需求灵活变化,供求刚性关系变成柔性关系,价值链的组合也更加灵活,抗风险能力增强。

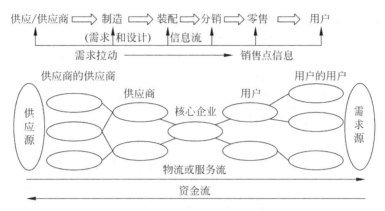

**图 8-5　供应链的网链结构模型**

3. 网络经济环境下,价值链被数字化

互联网的独特优势在于具有将价值活动紧密联系的能力,并能获得由各项活动所产生的实时数据,无论是在企业内部,还是在供应方、渠道或者消费者。互联网使传统价值链向数字化价值链演进,其主要应用及影响如图 8-6 所示。以波音公司为例,若干年前,波音公司的管理者为波音 637 飞机的新机型重新设计了机械舱。在此以前,波音和其他飞机制造商会通过制造实际的模型来设计机型,在风洞中对它们进行测试以测量流经其机体的气流量,然后通过多次反复来重复这一过程。当波音着手提高其现役 737 的机型设计时,它不再寻求风洞的帮助,而是转向了拟实制造(virtual manufacturing),即利用仿真与虚拟现实技术,在高性能计算机及高速网络的支持下,采用群组协同工作,通过模型来模拟和预估产品功能、性能及可加工性等各方面可能存在的问题,实现产品制造的本质过程。波音的工程师们把模型作为一个实际产品来开发,运用了相关的物理和材料科学的规则,并使公司能够在虚拟风洞测试一个动态发展的计算机模型。结果工程师能在令人吃惊的低成本下以前所未有的速度测试更多的设计,最终得到了一个泪珠形的机械舱。拟实制造的优势在于它打破了机械设计的主导范例,可以在几乎不增加成本的情况下以软件方式进行产品和制造过程的设计及测试,并能得到及时的反馈,这一数字化的制造过程大大降低了波音公司的开发成本并缩短了开发周期,也为公司创造了巨大的价值。

| 企业基础设施: | ●基于互联网的分布式ERP系统和SCM系统 |
| --- | --- |
| | ●与投资者进行在线联系 |

| 人力资源管理: | ●员工及薪酬的自动化管理 |
| --- | --- |
| | ●(基于互联网的培训)网上培训 |
| | ●企业信息的网络共享和传输 |

| 技术开发: | ●在不同地域与不同价值系统成员之间合作进行产品设计 |
| --- | --- |
| | ●组织机构内各部门成员均可直接获取知识 |
| | ●根据在线销售情况或服务信息进行实时研发 |

| 采购: | ●互联网拓展需求规划能力，实时承诺和满足需求 |
| --- | --- |
| | ●与供应商在购买、库存及预测系统等进行多方面的联系 |
| | ●自动询价系统 |
| | ●通过市场、交换、拍卖和买卖撮合直接或间接采购 |

| 进货后勤: | 生产经营: | 出货后勤: | 市场销售: | 售后服务: |
| --- | --- | --- | --- | --- |
| ●实时综合的库存目录、配送、仓库管理、需求管理计划，企业与其供应商协同预测和规划 ●在整个企业内部传输实时库存数据 | ●整合信息交换、库存目录和生产决策 ●紧密联系生产线、原材料供应商、产品销售方和渠道商，获得实时的生产信息 | ●实时传递来自终端消费者、零售商或渠道方的订单 ●顾客定制和合同条款的自动化 ●实时传递顾客和渠道商信息，让其接近产品开发 ●与顾客预测系统整合 ●对渠道进行整合管理，包括信息交换、合同管理等 | ●进行市场销售和网络在线销售 ●在线获得消费者信息、产品分类、定价、库存、询价和订单 ●产品在线分配和调拨 ●顾客定制，包括在线定制 | ●通过电子邮件、账单整合、即时通信(聊天)等各种方式支持在线客户服务 ●通过网站和智能服务问答实现顾客自助服务 ●按顾客记录进行实时现场服务，进行服务管理 |

**图 8-6　数字化价值链的主要应用**

# 8.4　虚拟价值链

随着信息技术的迅猛发展,互联网在企业生产经营活动得到愈来愈广泛的运用,价值也越来越建立在数据、信息和知识的基础结构上。面对全新的竞争环境,产生于 20 世纪

80年代的传统价值链理论对许多公司的虚拟经营产生的价值无法作出合理解释。这种情景下,基于现实竞争环境的虚拟价值链理论的出现和研究便是必然的了。

### 8.4.1 虚拟价值链的概念和特点

1. 虚拟价值链的概念

虚拟价值链(virtual value chain)的概念最早是由哈佛商学院的两位教授 Jeffrey F Rayport 和 John J Sviokla 提出来的。他们指出,进入信息时代的企业都不可避免地要在两个世界中进行竞争:一个是可以看到、触摸到的由资源组成的物质世界,称为市场场所(marketplace);另一个则是由信息所组成的虚拟世界,称为市场空间(marketspace)。在市场场所中,企业运用传统的物质资源为客户生产、加工有形的产品或提供具体的服务也称为实体价值链(physical value chain);而在市场空间中,企业可以利用的资源只有信息,企业只能通过对信息的加工和利用来为客户创造无形的产品或服务。企业在市场场所和市场空间中的竞争规则并不相同。一个在市场场所中取得成功的企业未必能够顺利进入市场空间中,因为它在物质世界中赖以成功的方式或手段无法照搬到信息世界。波特的价值链模型只适用于在市场场所中竞争的企业,即使包含信息方面的内容,也只是将信息看作是价值增值过程中的辅助成分而非价值本身的源泉。

2. 虚拟价值链的特点

根据虚拟价值链的概念,价值链中的每一项价值增加活动也可以分为两部分:一部分是在市场场所中基于物质资源的增值活动;另一部分是在市场空间中基于信息资源的增值活动。物质增值活动构成了实体价值链,而与此相对应的信息增值活动则独立出来构成虚拟价值链。企业在市场空间中的竞争优势体现在比竞争对手更有效地进行信息的增值活动。与实体价值链相比,虚拟价值链具有以下特点。

(1) 非物质性

虚拟价值链的价值活动对象主要是信息。处于市场空间中的企业不再受土地、劳动力、资本等传统生产要素的束缚,而只受信息加工能力的影响。物质资源是稀缺的,其使用成本随着稀缺性的提高而提高;而信息资源的丰富性与易获得性大大降低了企业的成本,使企业能够以很低的成本甚至零成本对信息进行加工利用。

(2) 灵活性

一方面,企业可以对信息进行灵活、多层次和不同类型的加工来为客户提供多样化的服务;另一方面,企业在虚拟价值链的每个结点上都可以向客户提供有价值的信息,即有多个可以向客户提供价值的增值点。

(3) 独特性

在利用信息创造价值的领域,由于信息本身的多样性和信息加工方式的不同,每个企业的虚拟价值链都是独一无二的,并且很难被对手模仿。

### 8.4.2　虚拟价值链的价值增值

虚拟价值链是实体价值链在市场空间中的延伸,也是实体价值链在信息领域的新发展。信息技术对企业的影响普遍地存在于价值链的每个结点上,除了对各价值活动造成直接的影响外,也会影响各价值活动之间及不同企业价值链之间连接的关系。可以这样说,网络经济环境下,信息技术对企业的作用已经发生了根本性的转变,信息技术的应用不仅是为了改进运作流程、降低运作成本和提高经营效率,其真正价值在于增强企业价值链联系来获取竞争优势,它把企业间的竞争从物质资源的消耗转向了信息利用效率的提高。许多基于网络经济环境的生产运作概念与模式,如敏捷制造、大规模定制、供应链管理等都应运而生,这些概念都与信息技术的应用密切相关,也使得企业价值增值的方式发生了巨大变化。

1. 以信息技术为基础实现价值增值

信息技术对价值链的影响是十分显著的。其中,互联网的独特优势便在于具有将价值活动紧密联系的能力,并能获得由各项活动所产生的实时数据,无论是在企业内部,还是在供应方、渠道或者消费者。作为国内最成功虚拟经营企业之一的美特斯邦威,就是以信息技术为基础实现价值增值的典范。

在美国学者肯尼思·普瑞斯、罗杰·内格尔等人于1991年最早提出"虚拟企业"概念仅仅7年后,美特斯邦威就运用"虚拟经营"之道,成功地打破了温州家族式民营企业通常发展至5亿元左右年营业规模就徘徊不前的"温州宿命"。从1996年起,美特斯邦威投入大量资金、人力,根据企业实际需求自建计算机信息网络管理系统。现在,所有专卖店均已纳入公司内部计算机网络,实现了包括新品信息发布系统、电子订货系统、销售时点系统的信息网络的构建和正常运作。通过计算机网络,信息流通速度大大加快,使总部能及时发布新货信息,全国各地的专卖店可从电脑上查看实物照片,可快速完成订货业务;能随时查阅每个专卖店销售业绩,快速、全面、准确地掌握各种进、销、存数据,进行经营分析,及时做出促销、配货、调货的经营决策,对市场变化作出快速反应,使资源得到有效配置,提高了市场的竞争能力。此外,通过计算机信息网络,总部能更好地对各专卖店的价格等方面进行控制,避免在进一步扩张后出现局面失控现象。通过信息流管理,实现了物流与资金流的快速健康周转。

2008年,借上市的契机,美特斯邦威进一步加强了信息系统的升级和改造,以支持企业的后续高效发展。美特斯邦威建立起了规划、研发、实施、管理、支持服务的完整组织体系,加强了商业智能数据分析系统的建设,实现了门店零售、销售、财务等角度的一体分析模型。在跨供应链、大集成、实时业务系统基础上,通过商业智能数据分析系统的建设,对企业业务的发生状况、发展趋势进行各种角度、各个层面的分析,为业务运作提供高效的支持。在财务系统方面,通过预算系统、财务核算系统、资金管理系统,全面与ERP进行整合,并通过商务智能(business intelligence)系统的进一步建设,实现财务业务一体化运作,提升财务运营、管控的效率。

2. 利用整合协同效应实现价值增值

根据交易费用理论,价格机制与企业机制的替代边界取决于交易成本的高低。企业可以通过收购或兼并来达到降低交易成本的目的,但一旦企业的规模大到节省的交易费用不足以抵消企业因为扩大而增加的内部管理费用时,企业的规模就达到了极限。此时,企业不可能再通过兼并来获取竞争力,与上游供应商和下游客户的整合成了他们新的、有效的选择,因为整合可以使产品的整条虚拟价值链实现价值增值。虚拟价值链具有更高的效率,这一效率不仅源于信息技术,也源于企业间的协作,虚拟价值链中往往融入了其他企业的价值链。多重企业价值链在虚拟价值链中的整合是产业价值链层次的整合,尽管它并没有改变企业价值活动的根本性质——生产仍是生产,服务仍是服务,然而这一产业层次的价值链通过整合和协同却实现了价值增值。

享誉全球的 Dell 公司施行的是一套整合与计算机设计、生产、销售相关的各种资源的运营模式。Dell 公司的注意力完全集中在客户的供货方式和市场开拓上,其他业务环节依靠 Dell 的品牌,从外部选择可靠的供应商并与之建立合作伙伴关系。Dell 公司与其上游配件制造商通过 Internet 和 Intranet 联结为一体,并以电子化的速度对客户订单做出反应:公司控制中心将信息中心的客户订单分解为子任务,通过 Internet 和企业间信息网分派给各独立配件制造商;Dell 公司在规定时间内收到配件制造商的货物后,专门在车间内完成组装和系统测试;产品交付使用后,由客户服务中心全面负责售后事宜。Dell 公司通过网络互联和电子数据传输,将零件供应商、代理服务商联结在以自己为中心的虚拟企业组织中,通过整合协同,达到了资源的最优化配置,共同为客户提供优质的产品和服务。Dell 公司的虚拟整合运营模式使得与其合作各方分享了企业高成长的丰厚回报。

### 8.4.3　O2O 电子商务整合实虚价值链

正如前文所述,进入信息时代的企业都不可避免地要在实体和虚拟两个世界中进行竞争。网络经济中能够成功的将是那些成功整合实体与虚拟经营模式,而且执行竞争策略的企业。Gnlati 和 Garino 在 2000 年提出了"实体—虚拟良好整合"(good mix)的论点,运用实体与虚拟的整合,提升企业的新价值。整合提供明显的利益:交互提升的作用、分享的信息、杠杆作用的获得、分散经济等。从目前电子商务发展来看,O2O 模式很好地实现了"实体—虚拟"的良好整合。

1. O2O 模式内涵

所谓 O2O(online to offline)模式,是指消费者在网上下单并完成支付,获得优惠的订单消费凭证,然后到实体店进行消费。与传统电子商务的"电子市场＋物流配送"模式不同,O2O 大多采用"电子市场＋到店消费"模式,它使消费者兼得线上订购的便捷实惠和线下消费的完美体验。

随着 O2O 模式的多元化,"O2O"已不仅是简单地将线下业务搬到线上,其最大的创新是将线上、线下形成闭环,基于互联网对传统产业进行改造,而使线上、线下相互融合。正是这种思想让很多实体企业找到了切入电商的入口。

2. O2O 模式的价值

(1) 运行良好可实现"三赢"效果

O2O 模式如果运行得好,将会达成"三赢"的效果。对本地商家来说,O2O 模式要求消费者网站支付,支付信息会成为商家了解消费者购物信息的渠道,方便商家对消费者购买数据的搜集,进而达成精准营销的目的,更好地维护并拓展客户。通过线上资源增加的顾客并不会给商家带来太多的成本,反而会带来更多利润。此外,O2O 模式在一定程度上降低了商家对店铺地理位置的依赖,减少了租金方面的支出。对消费者而言,O2O 提供丰富、全面、及时的商家折扣信息,能够快捷筛选并订购适宜的商品或服务,且价格实惠。对服务提供商来说,O2O 模式可带来大规模高黏度的消费者,进而争取到更多的商家资源。掌握庞大的消费者数据资源,且本地化程度较高的垂直网站借助 O2O 模式,还能为商家提供其他增值服务。

(2) 弱化地理位置因素影响

对于传统商业而言,客流量是生意保障。对于位置不好的商铺,出于"酒香也怕巷子深"的逻辑,需要使出浑身解数来吸引客流。但是,O2O 模式兴起,正慢慢消除传统商业伦理与地域界面。互联网扁平化特点和零转化成本使一切商业在互联网都处于平等和同一起跑线。通过互联网,作为线下商业实体,无论是黄金商圈或者相对偏僻街区,大家获取客户的几率和机会都是均等的。而且,对于偏僻区域商家,由于租金因素,可以通过打折、团购、优惠券等方式借助互联网渠道把更多客户吸引到线下。第三方独立机构调查结果显示,当前团购主力大多属于新开张或者非核心地段商户组成,团购核心就是价格,核心商圈商铺在价格方面劣势较大。所以 O2O 模式的形成将房地产地段价值变得无足轻重,而线上 O2O 平台的虚拟地产商业价值将变得更加重要。

(3) 让数据产生价值

商品受供需关系平衡制约,在理想状态下,市场上生产的产品应该和需求的商品是一致的。在实际商业中,由于信息不对称,实体商场只能按照预估准备商品数量,确定商品价格。O2O 的优势是可以通过交易信息流,减少消费者和商户之间的信息不对称,通过传递商品实体性能和价格信息,帮助顾客进行选择和判断,避免无效的资源耗费。

另外,通过深入的数据挖掘,从而把握顾客所认同的意义。实体商店进行交易无法做到对每个客户数据的采集和分析,无法识别不同的客户特征。O2O 模式由于完整的掌握每一个客户全流程的交易信息,这些交易信息就可以成为商家对客户个性化信息进行深入挖掘的宝贵资源。通过跟踪每个客户的交易订单,进行数据挖掘,分析客户的偏好,从而实现对老客户的客户维系,发现新客户,预判调节客流量,从而实现商家效益和客户效益的最大化。与此同时,从事数据挖掘和分析的第三方服务将会得到发展机遇。

3. 友宝智能售货机的"逆向 O2O"价值创造

互联网自从诞生以来就一直在扮演"颠覆者"的角色,从易趣到淘宝再到苏宁易购,传统的商品销售方式被颠覆。传统的自动售货机加上互联网的概念会变成什么? 友宝公司自称的"逆向 O2O"模式似乎给出了一个答案。

一般意义上的 O2O 是互联网产业与传统产业结合的产物,即将线下商业活动与互联网相结合,让互联网成为线下商业交易的前台。友宝的 O2O 模式则是"逆向 O2O",即通过智能联网的售货机和相应的移动端应用,打通线下到线上的关系链,从而利用标准化的渠道提供互联网增值服务。友宝的"逆向 O2O"具有以下几个特点。

友宝的特点是比传统售货机多了一个 26 寸的互动触摸屏,可以用来与用户互动、展示广告。友宝售货机内部有一个"大脑",集成一个 3G 无线上网模式,通过友宝的智能联网系统,售货机内现有的商品种类和数量都可以一览无余,系统可以知道每台售货机的运行情况,以便根据需要随时管理供应链以及屏幕上的促销广告。

友宝推出了自己的手机 App 客户端,消费者也可以通过手机互动远距离查看或购买商品,实现线上购买,售货机取货,销售数据以及消费者数据也可以轻松从后台获得,这样可以更好地知道用户消费的行为,为广告主提供更精准的数据服务。目前,用户可以通过手机号注册友宝的 IOS 和 Android 客户端,通过手机端上的支付宝等支付方式直接付款购买售货机内的小食品、饮料、盒饭等商品,最后在附近的售货机输入代码取货或者直接在机器前操作手机取货。据了解,随着微信 5.0 版本的发布,友宝作为微信 O2O 的首批合作伙伴已经入驻,安装新版微信的用户可以直接通过微信支付从友宝购买商品。

友宝还要做自助提货柜。目前友宝已经和快书包达成合作,用户通过友宝 APP 在快书包下单后,货品将在一个小时内送达离用户最近的售货机,用户可随时取货。

友宝的便利柜和盒饭柜也算是一大创新。友宝在传统货道式售货机之外,还自主研发了柜门式售货机。这种售货机由一组自动柜子十一台无线终端,用户使用友宝客户端完成购买流程,然后柜门自动开锁,用户取走商品。这样,他们就不必再考虑商品的尺寸是否适应售货机的货道,可售商品的品类大大增加。目前,友宝的智能售货机除销售常见的饮料、包装食品外,还售卖快餐,他们还和永和大王、海底捞等餐饮企业合作,通过友宝特制的自动售货机来售卖快餐。

除了卖标准商品,友宝更大的愿望是互联网增值服务,这方面友宝首先瞄准的是优惠券生意。他们计划和北京通信运营商合作推出积分换购服务。通过地铁里的自动售货机,用户可以将自己的通话积分兑换成售货机内的标准商品,如饮料、纪念品等。对用户来说,这相当于免费商品。按照这个模式,用户在互联网商家和企业获得的积分都可以在友宝的售货机兑换成免费的商品。前提条件是,友宝售货机的数量足够多,涵盖的区域和地点足够广。

# 【引例回顾】

从逻辑上来看,菜鸟网络科技有限公司的"智能物流平台"堪称完美。但这个模式能够运作的重要前提就是,要拥有海量订单。马云及其团队一直强调菜鸟网络不会做快递,但会影响所有快递公司今天的商业模式。马云的这句话说得十分委婉和含蓄:菜鸟网络的确是不做快递,但是快递公司都必须从阿里巴巴及淘宝手里拿快递业务做! 所以菜鸟网络对现有快递的影响不是"可能",而是"必然"。

目前,快递业的发展速度无法匹敌网络销售的发展速度。在互联网的影响下,面对新的技术条件与应用环境,传统配送模式已经遇到了"瓶颈",必须寻找新的商业模式。菜鸟网络的"智能物流平台"商业模式就是要建立电子商务物流数据库平台,为发货公司提供海量运单处理及下游运输渠道管理服务,从而有机地整合实体价值链和虚拟价值链。由此可见,这一模式将实体价值链(配送渠道)和虚拟价值链(信息平台)整合,至少提供了以下三个方面的价值:

① 社会化。通过整合快递公司、派送点、代送点等成千上万终端,这个平台能充分利用这些社会资源,实现了协同效应。

② 节约化。国内众多物流公司都建立一个小型云计算平台非常浪费,集中建设能享受规模效应。

③ 标准化。通过统一的平台,实现运单查询流程、服务产品(国内、同城、省内)、收费价格、售后服务(晚点、丢失赔偿)以及保险等的标准化和透明化。发货公司通过这个平台,能方便地找到物流公司,物流公司通过这个平台,能方便地找到订单与运单。

# 【关键术语】

| | |
|---|---|
| 总客户价值 | total customer value |
| 总客户成本 | total customer cost |
| 消费者剩余 | consumer surplus |
| 效率 | efficiency |
| 互补 | complementarity |
| 转换成本 | switch cost |
| 创新 | novelty |
| 逆向拍卖定价流程 | reverse auction pricing process |

| | |
|---|---|
| 价格比较网站 | shopping bots |
| 常见问题解答 | Frequently Asked Questions |
| 呼叫中心 | call center |
| 即时通信系统 | instant messaging system |
| 价值链 | value chain |
| 虚拟价值链 | virtual value chain |
| 实体价值链 | physical value chain |
| 商务智能 | business intelligence |
| 市场场所 | marketplace |
| 实体—虚拟良好整合 | good mix |
| 拟实制造 | virtual manufacturing |
| O2O 模式 | online to offline |

# 【课后案例】

## 南航电子商务：用户体验创造价值

中国南方航空股份有限公司办理(以下简称南航),是国内运输航班最多、航线网络最密集、年客运量亚洲最大的航空公司,也是首家加入国际航空联盟的中国内地航空公司,它与中国国际航空股份有限公司和中国东方航空股份有限公司合称"中国三大航空集团"。同属国企之列,南航一直受困于历史包袱沉重、机制和体制缺乏活力等"国企通病"。另外,国家并不限制民间资本进入民航业,海南航空、春秋航空等民营航空公司这些年发展迅猛,表现强劲。此外,随着国际航空公司纷纷进入中国市场,加之近年国内高铁超速发展,这些内外部因素都给南航带来了不小的生存压力。南航必须在日渐激烈的竞争中找到新竞争优势,选择电子商务势在必行。

然而航空公司的电子商务绝不是网上卖机票、建立一个直销渠道那么简单,想在这个侧翼取得竞争优势,一定要有差异化服务,避免毫无新意的同质化服务、低价票竞争。为此,南航将原有的"以产品为中心"的理念转化为"以客户为中心",用信息技术支撑营销手段和服务内容的创新,通过电子商务平台为客户提供更多精细化、个性化增值服务。对于南航而言,这是其在"三足鼎立"的竞争格局中寻找新竞争优势的战略路径。

**1. "全行为链"服务创新**

航空公司供应链中的信息越透明,旅客选择也就越多。这个理念让南航认识到单纯以票价产品为导向,很难让消费者长期钟情于南航,只有"以客户为中心",开发差异化产品、提供个性化服务,才能让南航在竞争中脱颖而出。为此,南航将旅客旅行过程中的行为进行剖析,并分解出 12 个关键步骤:制订旅行计划——→订座出票——→值机——→两舱服务(头等舱、商务舱或经济舱)——→机舱服务——→行李服务——→到酒店——→酒店入住——→离开酒店——→到机场——→值机——→个性化互动,再到下次旅行计划⋯⋯南航电子商务部门针对每个步骤都进行了服务的优化和改进,打造了一个围绕旅客旅行过程的"全行为链"服务网络。例如,在旅行计划制订阶段,国内航空业曾一致认为,中国旅客不习惯提前购票。南航对这句"常识性"定论产生了怀疑,并专门策划了一场"9 月寻宝"的活动来试探提前营销的可能性和市场空间。2006 年 8 月,南航在《广州日报》上连续刊登 3 期广告,对 9 月的某个航班进行提前销售。当时,南航的主要营销策略是用"购票秘籍"的形式让消费者意识到提前购票优惠更多。活动推出之后,南航网站销量当月就增加了 30 倍左右,并且还一举打响了南航电子商务网站的知名度。为了满足旅客对提前销售机票促销信息的需要,南航在 2008 年 11 月率先推出了 RSS 订阅功能,旅客可以在第一时间接收最新的网上特价、周末促销等信息。旅客已经习惯了提前一两个小时到机场排队值机,南航又对这个"常识性"惯例发起了挑战——所有的一切,自动化吧! 2005 年 10 月 28 日,南航在国内首家推出了自助值机服务,目前已经在 18 个城市开通此服务。之后,南航的网上值机、手机电子登机牌、短信值机、二代居民身份证办理电子登机牌、护照登机牌等非现场值机服务接踵而至。2008 年,南航推出 95539 电话短信一码通,可用短信查询航班、票价、办登机牌、查货运等 11 项服务内容;推出的日常旅客自动识别功能,实现联盟升舱功能;实现旅客通过互联网查询行李等。2009 年 4 月 8 日,推出的手机电子登机牌则成功实现了订票、支付、值机、安检、登机的全程无纸化。

在机舱中,南航通过引入客舱 PDA 应用,整合了至少 700 万客户的行为数据,乘务员可以在有效识别旅客的情况下,提供个性化服务,改善会员体验。南航的旅客通过 PDA 还可以实现在飞机上办理入会、通过里程积累实现升舱等。

以前,航空公司在对旅客的接触中,入住酒店一直是一个空白环节。南航又创造性地推出了"出行打包"服务,旅客可直接进行"机票+酒店"的打包预订。这种打包预订正是南航以客户为核心制定的个性化产品之一,并且这些产品只通过南航的直销渠道投放。

现在,南航还会在网上推出秒杀、抽奖等活动,对客户的旅行计划产生影响。有一部分旅客会根据机票价格来调整自己的旅行计划,他们往往时间比较自由,喜欢低价机票。在南航看来,通过举办一系列营销活动,既提升了南航网站的知名度,又大大增加了电子商务平台的销量。电子商务能够寻求更好的利润源与更大的现金流。这种低成本的分销渠道,能够将信息主动推送给客户并获取有价值的旅客数据,可以快速响应客户需求。

**2. 技术创新助推电子商务**

南航从"以产品为中心"向"以客户为中心"的转变,势必要跨越业务部门之间的传统边界。南航实现跨越正是依靠不断创新的信息技术应用。"IT 技术创新加速了电子商务的发展,使航空公司的商业模式及客户关系发生了变革"。南航通过对各服务环节子系统中旅客信息的整合,以达到统一旅客的服务体验、提升旅客满意度、增加旅客的忠诚度的战略目标,进而达到服务营销的目的。在 Web2.0 时代,电子商务营销更倾向于精准、交互、个性化,这三点也是南航电子商务实现"以客户为中心"的营销策略。

在信息系统的帮助下,南航电子商务业务发展迅速,大幅减少了营销、前台服务人员的工作量,使南航将更多的人力资源转移到后台进行营销策划、产品设计、数据分析等工作中,或者投入到对高端旅客进行个性化营销服务。随着南航将原有的呼叫中心升级改造为全新的客户接触中心(contact center),南航正在对所有客服系统进行了整合和信息梳理,使他们在与旅客的全程接触过程中都保持一致和有针对性的服务,成为终端用户的单点接触点,实现与终端用户的"直接对话",从而与传统渠道中的分销商、代理商、代理平台等共同面向客户,而在服务环节则逐渐由航空公司主导。现在,南航上下游协作更为顺畅,旅客更为满意。

(案例来源:http://content.businessvalue.com.cn/post/2946.html.)

**案例分析问题**

1. 中国南航是如何实现价值增值的?
2. 中国南航价值增值的驱动要素包括哪些?

# 【思考与讨论】

1. 选择一家你熟悉的电子商务企业,分析其价值链并解释互联网是如何影响其价值链中的基本作业活动和辅助作业活动。

2. 基于上面的案例企业,思考该企业是如何实现价值链中各项活动的协调性。

3. 登录联邦快递(www.fedex.com.cn)的网站,分析它是如何实现虚拟价值链增值的。

4. 分析沃尔玛和卓越亚马逊这两家企业的供应链运营,描述虚拟价值链和传统价值链之间的关联。

# 第 9 章

## 网络经济效率

### 【学习目的】

通过本章学习，你应该能够：

- 了解网络经济效率及其影响因素
- 分析不同层面的网络经济效率
- 理解网络产业的静态和动态效率
- 叙述并比较 B2B 和 B2C 电子商务效率的实现途径

# 引例：亚马逊：效率永远第一[①]

效率或者说在亚马逊采购员眼中能否更便宜，这是亚马逊公司文化中非常重要的一面。亚马逊 CEO 贝索斯宣传，亚马逊将要通过精细化管理来避免浪费，并以此赢得竞争。只要能够降低采购成本，亚马逊就能为客户提供更多低价产品。这场运动，用贝索斯自己的话说就是"具有无与伦比的活力"。

从电商生态圈的分析当中，我们可以总结出几个关键词：仓储物流及 IT 投入、体验、规模、供应链、效率。对应到亚马逊公司，因为扩张有序，供应链管理得当，亚马逊的毛利率从未出现大幅起落，始终保持在 20%～25%。毛利率提升空间有限，要盈利，就必须通过规模化和高效运营，降低物流、IT 费用占比。如何实现规模化？不外乎两种方式：一是品类扩张，增加选择性，提高订单量和客单价；二是提升用户体验及推荐功能，增加重复购买率。规模化发展、效率提升，使亚马逊保持了较高的盈利率。

**1. 品类扩张**

1998 年，亚马逊引进了和图书最为接近的品类——CD 音像制品，并收购互联网电影资讯网 IMDb.com，延伸至影视资讯和互动社区功能；1999 年，亚马逊进入在线拍卖、宠物商店、家居、玩具、ZShop 等领域；2000 年，电子消费品销量领先于亚马逊其他品类，健康美容及厨具商店上线，并推出平台业务 Marketplace；2001 年新添加软件下载和母婴商店；2002 年推出服饰商店，收购在线音乐商店的竞争对手 CD Now；2005—2006 年，珠宝首饰店取得了惊人的销量增速；2007 年发布 Kindle 阅读器，并重点发展 MP3 音乐下载商店，以及和影视集团逐渐建立合作关系，发展流媒体业务；2009 年收购 Zappos；2010 年宣布入股美国第二大团购网站 Livingsocial……

伴随有序的扩张，亚马逊订单量和销售额增速迅猛。如今，亚马逊所经营的品类甚至超越零售巨头沃尔玛，原因是电子商务平台能够极大地满足用户长尾需求，尤其当大量商家进驻 Marketplace 之后，有效地补充了亚马逊网站的商品选择。当然，美国的零售业相当发达，电子商务只是社会零售的补充渠道。不过，对比亚马逊和沃尔玛两家巨头的增速，亚马逊近期的表现则更为出色。2000 年之前，由于基数较小，以及处于加速扩张阶段，亚马逊的净营收均保持了三位数的增长，除 2001 年、2005 年、2008 年营收同比大幅下滑外，其他年份增速基本保持在 30% 以上，2011 年增速达 40%；对比沃尔玛，由于基数较大，营收增速远低于亚马逊，最近 4 年沃尔玛的增速均低于 10%，2011 财年仅为 5.9%。

**2. 提升重复购买率**

吸引用户重复购买，需要满足用户从选购、下单、支付、配送、到评论甚至退货退款的

---

① 案例系作者根据 http://xueqiu.com/8689584849/22151021 内容改编而成。

整个过程都十分贴近用户。此外,还要具备许多实体店不能满足的需求,包括更丰富的选择、详尽的介绍、方便的检索功能,低于实体店的折扣、评论参考以及强大的推荐系统能够随时感知用户独特的品味。

这里强调一下亚马逊"杀手锏"——推荐系统。浏览过什么类型的商品,将什么商品放入收藏夹以及购物车,给哪些商品打过高分……根据对这些有用信息的跟踪,亚马逊推荐系统可以推算出顾客可能喜欢的商品,推荐用户继续购买行为。亚马逊推荐行为贯穿于用户浏览、挑选、结算的整个过程,用户消费行为越多,亚马逊推送给用户的选择越精准,反过来刺激用户重复消费欲望。

在全球目前的 B2C 市场上,亚马逊是成功的,其电子交易模式确实给企业和消费者带来了实惠,那么这种实惠是如何产生的? 本章尝试运用效率理论来解答这一问题。

# 9.1　效率基本理论

经济学就其过程来讲是选择的科学,其核心就是效率,无论是在微观经济学还是宏观经济学中,效率都有着重要的意义。

## 9.1.1　效率及其影响因素

### 1. 效率的定义

效率(efficiency)一词,顾名思义,就是有效的比率,即有效的程度。具体地说,就是成果与消耗的比率或产出与投入的比率。

在经济理论中,效率一般是指投入与产出或成本与收益之间的关系。这里的产出或收益,指的是能够为人们提供满足的有用物品,其最终产出是人们的满足即效用;而投入或成本,则是在一定的科学技术条件下生产一定产品所需的生产资源,包括劳动力资源和物质资源。因此,"效率"也可以理解为现有生产资源与它们所提供的人类满足之间的对比关系。经济学意义上的"有效率"是指用一定技术和生产资源为人们提供了最大可能的满足。同样,当讲一个人花钱"很值"时,即花费较少的成本,取得了较大效用,也可以讲这种经济行为很有"效率"。

### 2. 效率的影响因素

对经济效率增长原因的探讨,是经济学的核心问题,也是讨论最多的论题之一。一般认为,经济效率的影响因素包括专业化分工、竞争、激励、制度和交易费用等。

(1) 专业化分工(division of labor)

亚当·斯密认为,财富的增长决定于两个条件:一是人口和资本的增加;二是专业化和分工促进了劳动生产率的提高。亚当·斯密在《国富论》中以制造纽扣的例子分析了分工是有助于提高生产力的最重要的条件。

一个劳动者,如果对于这职业(分工的结果,使扣针的制造成为一种专门职业)没有受过相当训练,又不知怎样使用这职业上的机械(使这种机械有发明可能的,恐怕也是分工的结果),那么纵使竭力工作,也许一天也制造不出一枚扣针,要做二十枚,当然是绝不可能的了。但按照现在经营的方法,不但这种作业全部已经成为专门职业,而且这种职业分成若干部门,其中大多数也同样成为专门职业。一个人抽铁线,一个人拉直,一个人切截,一个人削尖线的一端,一个人磨另一端,同时装上圆头。要做圆头,就需要有二三种不同的操作。装圆头,涂白色,乃至包装,都是专门的职业。这样,扣针的制造分为十八种操作,分由十八个专门工人担任。固然,有时一个人也兼任二三门。我见过一个这种小工厂,只雇用十个工人,因此在这样一个工厂中,有几个工人担任二三种操作。像这样一个小工厂的工人,虽很穷困,他们的必要机械设备,虽很简陋,但他们如果勤勉努力,一日也能成针十二磅。以每磅中等针有四千枚计,这十个工人每日就可成针四万八千枚,即一人一日可成针四千八百枚。如果他们各自独立工作,不专习一种特殊业务,那么,他们不论是谁,绝对不能一日制造二十枚针,说不定一天连一枚也制造不出来。他们不但不能制造出今日由适当分工合作而制成的数量的二百四十分之一,就连这数量的四千八百分之一,恐怕也制造不出来。①

分工与专业化能够提高效率,主要基于以下几个原因。

首先,专业化分工使得劳动者集中于较少的操作上,从而增进劳动者的熟练程度,甚至技术创新;

其次,分工可以节约时间,减少了个体因变换操作而损失的时间和因此损失的效率;

再次,分工与专业化使个人的生产活动集中于更少的不同操作上,可以节省重复学习和培训的费用,提高了学习和培训的投资利用率;

最后,分工和专业化的发展为生产方式的其他创新提供了条件,而这些创新的采用会带来生产效率的提高或生产资源的节约。

(2)竞争(competition)

西方主流经济学中有关经济效率增长思想的核心观点是经济效率增长的原因在于市场价格机制的自动调节作用,即认为只有通过市场价格机制的自动调节作用,才能使一国的各种生产要素得到合理配置和有效利用,从而使一国的国民生产总值得到最大限度的增长。市场机制的本质是竞争。

竞争能够提高效率,主要基于三个层次的理解:第一,竞争机制所具有的内在动力和外在压力,是效率的源泉所在。在充满竞争的环境中运营,企业内部会自上而下产生一种外部压力,如果不降低成本和价格,就要从行业中淘汰出局,这会迫使企业降低成本和提

---

① 亚当·斯密,《国富论》第一篇,http://wenku.baidu.com/view/2cqe238583do49649b665895.html.

高效率。不仅如此,竞争的结果还可能为表现良好的组织(个人)带来较高的收入,这一激励意义为组织(个人)提供了强大的动力,促使竞争主体通过各种手段(例如,改进技术等)提高生产效率。第二,竞争性市场结构能够促进资源配置效率和社会福利。传统西方经济学一般认为,完全竞争市场的效率最高,垄断竞争市场、寡头垄断市场次之,完全垄断市场最低。这是根据生产资源利用效率和消费者剩余(社会福利)是否有进一步提高的可能性进行判断的,这种观点表达了经济社会发展中保护竞争、营造良好的竞争氛围的政策含义。第三,市场的可竞争性可以提高效率。美国经济学家鲍莫尔等人于1982年提出了可竞争市场理论。可竞争市场是指由于存在潜在进入者的压力,市场在位者不能够获得超额利润,其定价和生产资源配置都是有效率的一种市场。在可竞争市场中,潜在进入者的潜在竞争(不是现存企业之间的竞争)促使了效率的提高。这一理论的价值在于即使完全竞争市场结构的前提假设不成立,甚至在自然垄断产业内,垄断者也会由于潜在竞争威胁而制定一种可维持价格以获得平均利润,而不是制定垄断高价。换言之,只要厂商有进入和退出市场的自由和可能,这种市场进入的潜在竞争威胁就可以促使市场中的当事人提高其自身效率。

(3) 激励约束(incentive-constraint)

根据 X 效率理论[①],生产过程不是一种机械过程,企业也不是一部投入变为产出的高效率转换器。企业的组织效率最终来自企业管理者的才能和积极性发挥、企业中其他员工的素质和努力程度。在企业中,企业主(委托人)、管理者(代理人)、雇员的利益并不总是一致的,并不必然拥有同样的目标函数。企业内决定劳动程度的所有变量,并不是由企业主全部控制,而是一部分由雇员控制,一部分由企业主控制。成员的实际努力程度还必须取决于企业的激励机制。通过激励机制,使动力和压力影响动机,动机影响努力,努力影响成本,从而影响企业效率。

要保证企业运行高效率,提高企业员工的素质和努力水平是关键,而良好的激励机制是前提。激励包括两个方面,即激发和约束,激发导致一种行为的产生,约束是使行为符合一定的方向,二者的目的是一致的,就是通过激发和约束实现个人目标和企业目标相一致。

(4) 制度、产权和交易费用(institution, property & transaction cost)

新制度经济学基本观点认为,在主流经济学的理论世界中,制度因素、产权问题及交易费用对市场经济的运行和资源配置,进而对经济效率增长的影响被忽略了。新制度经

---

① 经济学家莱宾斯坦发现企业内存在因压力、惯例或牢固树立的常规影响了雇员的努力程度而造成的与市场配置效率不同的低效率。佛朗茨把新古典厂商理论的最小研究单位——厂商进一步细化到具有不同心理素质的个人,从个人心理、人格、压力等方面解释了企业效率中有别于市场配置效率的另一个侧面。他们从前提、方法、直至结论都提出了自己独特的看法,从而形成了 X 效率理论。

济学中,制度、产权和交易费用是不可分割的关键概念,共同构成影响效率的内在因素。

制度是人为设计的形成人类相互作用的约束,由正式约束(规则、法律、宪法等)、非正式约束(行为规范、习俗和自我施加的行为准则等)及其实施特性所构成,它们共同定义了社会,尤其是经济的激励结构。新制度经济学认为,人与人之间在交易中的利益冲突会导致组织绩效的不同,所以"制度形成一个社会的激励结构,由此,政治与经济制度成为经济绩效的基本决定因素"。[①]

产权(制度)也会影响经济效率的增长,科斯在其著名的"科斯定理"中提到了产权在资源配置中的决定性作用。由于交易是有成本的,在不同的产权制度下,交易成本不同,会对资源配置的效率有不同影响。从理论上说,应该按照普遍性、排他性和可转让性的效率原则去界定产权,一旦建立了这样明晰的产权制度,就会实现一系列经济增长的效率价值。

现实世界中的组织特别是企业,可以被视为一系列契约的联结,彼此之间在交易时,会受到知识与经济的差异性、资源和稀缺性、事件的不确定性等因素影响,引起交易费用。不仅如此,现实的世界即使是相同的技术水平也存在着不同的制度安排(包括生产性的制度安排和法规性的制度安排),由此也会产生不同的交易费用,进而经济产出不同。不同的产权安排会导致不同的收益——报酬结构,通过产权安排对主体间权力配置可以提高激励强度,降低交易成本,从而提高经济效率。

## 9.1.2　效率分析的层次性

依据考察主体的不同,效率分析具有一定的层次性:微观企业层面、中观产业市场层面和宏观经济生产力层面。

1. 微观企业层面(efficiency within the firm)

西方经济学对于"企业效率"概念的使用,包含两个意义层面:一个层面是技术性层面,指生产或资源配置过程中投入产出的技术性比率变化及其具体状态,或资源在各种产品及各个企业之间配置并导致产出的技术性比率变化及其具体状态,由此派生出的生产效率、配置效率、技术效率等不同的说法和概念;另一个层面指制度性层面,它考察和评价技术型比率变化带来的经济后果,而且常常表达的是投入产出或资源配置比率"最优"的那个状态。换言之,西方经济学中"经济效率"的概念实际上具有双重的功用:一方面,它是一种表达投入产出比率的技术性分析工具;另一方面,它又是一种投入产出效果的评价标准。不过,西方经济学中对于"企业效率"概念在这两个层面的使用,在很多情况下并不加以仔细区分。

企业效率首先假设,企业所有者为了获取最大化利润而使用可得资源。任何一个理

---

① 诺思,张五常,等.制度变革的经验研究[M].北京:经济科学出版社,2003.

性的企业都会选择最优的生产要素组合进行生产以实现利润最大化,它可以通过两种途径获得:首先,企业可以追求既定成本条件下的产出最大化,即在资源投入品价格不变、目标成本不变的条件下,获得最大产出量。反过来,企业也可以追求既定产量条件下的成本最小化,即在产出水平固定不变的情况下,尽可能以最低成本使用固定价格投入品达到预定产出目标。我们引入等成本线和等产量线来分析企业是如何通过选择最优生产要素组合来获得效率的。

假定在一定技术条件下,企业用两种可变生产要素劳动力和资本生产一种产品,且劳动力价格 $w$ 和资本价格 $i$ 是固定已知的,因而厂商用于购买这两种要素的总成本 TC 是既定的。把企业的等产量线和相应的等成本线放到一个坐标系中进行分析,就可以确定企业生产要素的最优组合,即生产的均衡点。

如图 9-1 所示,$Q_1$、$Q_2$ 和 $Q_3$ 代表了不同的等产量曲线。

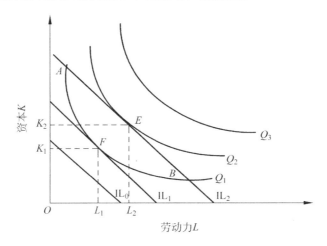

**图 9-1　产出最大化和成本最小化**

等产量曲线(isoquant curve)是在技术水平不变的条件下生产同一产量的两种生产要素(劳动力和资本)投入量的所有不同组合的轨迹。等产量曲线与坐标原点的大小表示产量水平的高低,离原点越近的等产量曲线代表的产量水平越低。同一平面坐标上的任意两条等产量曲线不会相交,它们都凸向原点。曲线凸向原点倾斜,是因为即使假设在生产过程中资本和劳动可以相互替代,但它们也不是完全替代品。沿着一条给定的等产量曲线向左移动,表示资本替代了劳动,随着资本的增加和劳动力数量的减少,资本边际产出($\Delta Q/\Delta K$)随之降低。为了弥补减少的劳动力数量,保持恒定的产出水平,企业必须逐渐增加更多的较低生产力资本。因此,当替代向左向上时,等产量曲线就越来越倾斜。相反,沿着同一条等产量曲线向下向右移动时,需要越来越多的劳动力替代资本,劳动力边际产出($\Delta Q/\Delta L$)就会加速下降。随着替代过程沿着曲线向右移动,每条等产量曲线就越来越平缓。

等成本线(isocost line)是在既定的成本和既定的生产要素价格条件下生产者可以购买到的两种生产要素(资本和劳动力)的各种不同数量组合的轨迹。在资源价格固定和购买资源的总成本 TC 既定的条件下,每种资源都可以购得。等成本线是一条直线,它的位置和斜率由既定成本 TC 和已知两要素的价格比例决定,斜率是不变的($-w/i$)。截距是假设所有总成本都用来购买一种投入品的资本最大购买量($TC/i$)和劳动最大购买量($TC/w$)。等成本线的位置表示获得两种资源的总成本支出,左下的等成本线表示较低的总成本水平。

既定成本条件下的产出最大化目标可以解释如下:等成本线 $IL_2$ 与等产量曲线 $Q_2$ 相切于 $E$ 点,该点就是生产均衡点。它表示:在既定成本 $IL_2$ 条件下,企业应按照 $E$ 点的生产要素组合进行生产,即劳动投入量和资本投入量分别为 $L_2$ 和 $K_2$。这是因为,虽然企业使用既定成本 $IL_2$ 能够购买足够的资源,达到产出水平 $Q_1$,但是生产 $Q_1$ 产量效率较低,$IL_2$ 可以支持生产更高产出水平 $Q_2$ 的资源组合,即在 $IL_2$ 总支出费用条件下,投入品组合 $K_2$ 和 $L_2$ 将能达到最大产出水平。而就等产量线 $Q_3$ 而言,尽管产出水平更大,但等成本线 $IL_2$ 与 $Q_3$ 既无交点也无切点,这意味着企业在既定成本条件无法达到这一产量。

既定产量条件下成本最小化目标同样可以在图 9-1 中得到解释。等成本线 $IL_1$ 与等产量曲线 $Q_1$ 相切于 $F$ 点,该点就是生产均衡点。它表示:在既定产量条件 $Q_1$ 下,企业应按照 $F$ 点的生产要素组合进行生产,即劳动投入量和资本投入量分别为 $L_1$ 和 $K_1$。这是因为,虽然等成本线 $IL_2$ 与等产量曲线 $Q_1$ 相交可以达到产出量 $Q_1$,但是相应的生产成本却较高。其实,当等成本线 $IL_1$ 与等产量曲线 $Q_1$ 相切时,就可以以更小的成本达到产出量 $Q_1$,最终的投入品组合就是 $K_1$ 和 $L_1$,此时就是必要的最低生产成本。而就等成本线 $IL_0$ 而言,尽管总成本更低一些为好,但是该成本不足以购买产出量为 $Q_1$ 所需的足够资源。

网络经济中,B2B 交易的效率可能更高,而成本则更小,它有效地降低了装配企业的资本成本。以汽车行业为例,B2B 交易的高效率和低成本使等成本线按顺时针旋转,斜率变大,等成本线也变得更加陡峭,如图 9-2 所示,成本线 $IL_A$ 变陡为 $IL_{B_1}$。这样,如果以相同成本购买资源,产出量会更大,而且投入品比率有利于用目前较便宜的资本替代较昂贵的劳动力。如果汽车装配企业生产更多的产出 $Q_2$,那么 B2B 交易所带来的利益最有可能以产量增加、汽车价格降低的形式传递给消费者。相反,如果装配企业效率提高,但仍像以前一样生产 $Q_1$ 的汽车,那么 B2B 交易带来的好处会使整体生产成本更低。这种关系用图 9-2 表示就是,它们的等成本线平行向下移动至 $IL_{B_2}$。这样,同样生产 $Q_1$ 的汽车,与原来 $K_1$ 和 $L_1$ 的要素组合相比,装配企业就会使用更多的资本和更少的工人($K_3$ 和 $L_3$)。当然,留用的工人边际产出更高,也可能为他们更高的生产力要求增加工资。短期内,同样多资本与更少工人的组合意味着,留用工人将使边际产品曲线下移,边际产出更高。从长期来看,较少的工人与技术进步和使用更多更有效率资本组合将更能增加留用工人的生产力。

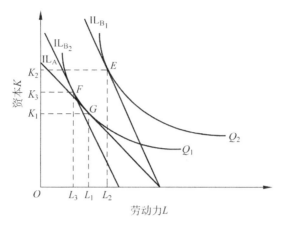

**图 9-2  降低资本的相对价格**

2. 中观产业市场层面(efficiency within the marketplace)

经济学家在衡量一个产业市场的经济效率时,通常考察以下两种类型的效率:静态效率和动态效率,其中,静态效率又包括资源配置效率和生产效率。不同的市场结构具有不同的经济效率,传统经济理论一般认为完全竞争市场的经济效率最高,垄断竞争市场较高,寡头市场较低,垄断市场最低。竞争被认为能够同时刺激生产效率、配置效率和动态效率,因为在一个竞争性的环境中,只有效率较高的企业才能生存和发展,优胜劣汰规律会迫使企业想方设法努力降低生产成本,自觉优化生产要素组合,以提高生产效率和配置效率;同时竞争将鼓励企业不断采用新技术,推动技术进步,以创造技术优势,提高动态效率。[①]

电子商务也可能提高市场效率。[②] 在既定的技术条件和资源组合条件下,通过提高某一时间生产和配置的静态效率可以实现社会效益最大化。信息及通信技术发展改变了交易的技术条件(电子交易),为提高社会动态效率(包括提高一定时期资源利用效率)提供了可能。无论技术进步是否改变了投入品的相对价格,随着技术的进步,生产一定数量的产出将更加便宜。在图 9-3 中,既定总成本 $IL_1$ 中,要素组合为 $K_1$ 和 $L_1$,其产出量为 $Q_1$,但是技术进步使等产量曲线在图中向原点靠拢,这样使用更少的投入和成本支出就可以生产更多的产出。例如,新技术的发现使产出量 $Q_1$ 向左下方移至 $Q_1'$ 位置,这样以更

①  常欣. 规模型竞争论:中国基础部门竞争问题[M]. 北京:社会科学文献出版社,2003.

②  Edward J Deak. The Economics of e-Commerce & the Internet[M]. Thomson South-Western. 2004.

低要素组合 $K_2$ 和 $L_2$ 以及更低的总成本 $IL_1'$ 就能生产 $Q_1'$ 产量。[①] 这些部分或全部效率获益就可能以更大的产量和更低的零售价格传递给消费者。

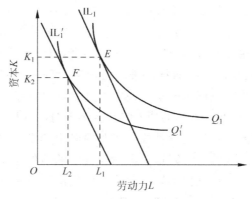

**图 9-3 电子商务的动态效率**

新技术的引进使等产量曲线向原点靠拢，也改变了企业对每一最佳产出水平的看法。如图 9-4 所示，长期平均总成本曲线（LATC）表示将当前最有效率的技术应用到生产中，每一产出水平的最低单位成本。新技术的出现，如 B2B 交易，改变了知识条件，结果长期平均成本趋于更低，从 $LATC_1$ 降到 $LATC_2$。相应地，每一企业都会对市场竞争压力作出反应，调整自己的生产以达到目前最佳生产水平，这些企业和市场调整又会促使社会达到静态生产或配置效率。新技术所引发的成本曲线移动以及竞争程度和企业定价能力共同决定了利益在更高的企业利润和更低的产品价格之间的分配。图 9-4 显示了一种比较理想的状态，B2B 交易所带来的利益由企业和消费者共同分享，企业利润更大，产品价格也更低（$P_2 < P_1$）。

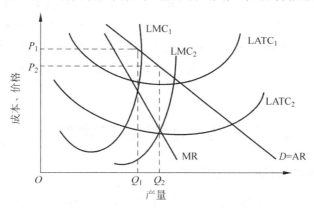

**图 9-4 技术进步对 LATC 及最佳实践的影响**

---

① 这样表述容易引起误解，其实，$Q_1'$ 不是比 $Q_1$ 更低的产量。新技术的引进使得企业可以在 $Q_1'$ 的位置上实现 $Q_1$ 产量，即用更少的要素组合实现原有产量，因此对企业而言是更有效率的。

3. 宏观经济生产力层面(macroeconomic productivity)

企业在进行技术创新的过程中会产生微观经济效果,但因为创新具有辐射作用,如果实践中技术成果足够重要且辐射范围较广,也能产生宏观经济效果。宏观经济生产力是基于各产品生产单位的效率水平,度量每个工人总产出的一个指标,是整体经济效率指标。大多数技术进步规模非常有限或影响面非常狭窄,以致不可能大幅度提高整体生产力水平,但是对生产有根本性影响的技术进步会随着时间的推移影响整体生产力水平。这些影响广泛的技术进步有蒸汽机的发明、发电、汽油动力内燃机的发明和电信的产生。

如前所述,对生产有根本性影响的技术进步会随着时间的推移影响整体生产力水平。通信技术和互联网技术的创新促使信息技术产业的诞生和发展,信息技术产业成为一国经济中增长最快、最具活力的产业部门,在国民经济中的地位越来越突出,其对国民经济的直接贡献也越来越大。以信息技术为基础的网络经济是一种新的经济范式,其对经济的影响在本质上表现为交易范式的变革,在现象上表现为产业结构的调整或产业革命,即通过消亡、缩小、改造或转产一批传统产业,创建和带动一批新兴产业,使产业结构发生巨大变化,进而可能影响国家整体生产力水平。

尽管我们无法用大量的数据证明电子商务交易是否对国家整体生产力水平有重大影响,但以下一组数据或许能提供一些有益的线索。从1992年到2000年,我国信息技术产业占名义GDP的份额从1.84%直线上升到6.08%,增长了2.3倍;同时信息技术产业的名义产出从489亿元扩大到5 438亿元,增长了10多倍,年均增长率达到35%,而同一时期名义GDP的规模只增长了2.5倍,年均增长率只有17%,前者比后者高出整整一倍。[1] 从信息技术产业对名义GDP增长的贡献来看,在1997年前,其对名义GDP增长的贡献只是略高于同期对GDP的直接贡献,但在1997年后,其对名义GDP增长的贡献就迅速上升。这表明信息技术产业对整体经济增长的拉动作用在迅速增强。更为重要的是,信息技术产业产出对经济增长贡献的迅速上升发生在宏观经济进入通货紧缩和增长衰退期,这表明信息技术产业并未受到整个经济下滑趋势的影响,而是继续保持较高的增长速度。

# 9.2 网络产业的经济效率分析

## 9.2.1 网络产业的静态效率

在衡量一个产业的经济效率时,通常可以考察以下三种类型的效率:资源配置效率、生产效率和动态效率,其中资源配置效率和生产效率属于静态效率。

---

[1] 北京师范大学经济与资源管理研究所课题组.信息技术产业对国民经济影响程度的分析[J].经济研究,2001(12).

### 1. 资源配置效率

微观经济学认为,市场竞争越充分,资源配置的效率越高;市场垄断程度越高,资源配置的效率越低。传统产业中的垄断之所以降低资源配置的效率,根源在于其限产提价的能力。

与传统垄断厂商通过限产提价实现利润最大化不同,网络产业中的垄断厂商缺少限产提价的动机,也不具备限产提价的能力。根据新古典经济学的有关理论,一家企业能够限制产量、提高价格的前提是它不会面临竞争对手的威胁。通过第 4 章对网络产业中垄断与竞争关系的学习,我们知道网络产业中的垄断不仅没有消除竞争反而可能强化竞争,因而网络企业所在的寡头垄断市场是竞争性的或者是可竞争性的。竞争性市场能够实现社会福利的最大化已经是经济学界的共识。根据可竞争市场理论,在可竞争性市场上由于存在潜在进入者的压力,市场在位者不可能获得垄断超额利润,而只能将价格定在超额利润为零的水平,因此可竞争市场上厂商也不具备限产提价的能力。再加上网络产业高固定成本和低边际成本的特点,企业的规模越大,产品的边际成本越低,因此网络产品整体趋势是低价格化。

根据梅特卡夫原则,在网络产业中,产品的价值与网络用户成正比。这种情况下,厂商限产提价行为不可取,网络垄断企业对产品网络规模的关注使得他们不仅不会限制产量反而会尽力增加产量,而且由于网络产品的边际成本不会随着生产规模的扩大而提高,增加产量也是符合规模经济的。从理论上讲,获得大市场份额的网络企业虽然具备了一定的市场势力,但在众多现实竞争者和潜在竞争者的压力下,这种市场势力难以上升为制定高价的垄断势力。与此相反,网络垄断企业常常向消费者提供更低价格、更高性能的产品。网络经济中高产量低价格的"低价高量"现象显然有悖于传统经济中低产量高价格的"低量高价"规则,所以不能简单地认为网络企业的垄断会损害消费者福利和社会总福利。

### 2. 生产效率

企业的内部效率通常用"X-效率"(X-efficiency)来反映。这一术语最早由哈维·莱宾斯坦(Harvey Leeibenstein)于 1966 年提出,用来反映企业的内部效率。"X-效率"是指在现有技术和资源状态下生产潜能得到全部发挥时的效率;低于这个效率,就被认为存在 X-非效率。X-效率中的"X"代表造成非资源配置效率的一切因素,由于当时人们对这些因素尚不明了,是个未知数,故称为 X-效率。X-效率意味着企业在各种产量水平上均能达到成本最低,否则为 X-非效率。

X-非效率表现为以下两种情况:其一是在既定的投入下,产量小于最大的产出;其二是在既定技术水平下使用超过所必需的最低投入生产既定的产出。莱宾斯坦从缺乏竞争压力角度来探讨垄断厂商产生 X-非效率的原因,他认为,免受竞争压力不但会产生资源配置的低效率,还会产生另一种类型的低效率,即免受竞争压力的企业明显存在超额的单位生产成本。相反,在竞争压力下,如果一家企业降低价格,其他企业就得跟着降低价格,否则就会被行业所淘汰。长期的低价格要靠低成本才能支撑,因此竞争压力下的企业不但要充分利用规模经济以降低成本,而且要尽量在长期平均成本曲线上进行生产。传统经济中的垄断是竞争的对立面,垄断排斥竞争。传统垄断企业对价格、产出的控制使得其不必达到成本最小化就能获得既定数量的利润,因而缺乏成本最小化的动机。

经济学家们除了从缺乏竞争压力角度来探讨垄断厂商产生 X-非效率的原因以外,还从组织管理效率角度来探讨垄断厂商产生 X-非效率的原因。传统垄断企业被认为患有"大企业病",庞大的组织结构引发严重的委托—代理问题,导致生产的规模不经济。具体来说,庞大组织容易发生三个层次的 X-效率损失:一是发生在经营者层次上的损失。大企业所有权与经营权分离以后容易产生"内部人控制"问题,代理者常常偏离所有者的利润最大化和成本最小化目标,片面追求企业规模的扩大,甚至置所有者利益于不顾,不注意成本节约、偷懒以及过分地在职消费等导致企业经营效率的低下。二是发生在劳动者层次的损失。企业内部的组织和监督管理成本是随着企业规模的扩大而上升的,特别是当企业的规模过于庞大时,对企业内部个人生产贡献进行鉴别的难度加大,容易导致激励不足和偷懒、搭便车、道德风险等问题,从而影响生产效率。三是发生在管理层次的损失。庞大的组织必然会带来管理层次的细分、管理跨距的延长以及管理幅度的拓展等特征,从而增加了管理协调和信息沟通的难度,导致决策的失误或延误,引致管理和决策上的效率损失[①]。

在网络经济中,虽然导致 X-非效率产生的两大原因在某种程度上依然存在,但其影响程度已经大大降低。首先,网络经济下的垄断是市场激烈竞争的结果,是连续不断动态竞争中的暂时垄断;基于技术和标准竞争之上的垄断的每一次破立,都会把垄断和竞争推向一个更高的层次。网络经济中垄断和竞争是相伴而行的,网络企业的垄断不仅不能免于竞争,而且面临更激烈、更高层次的竞争。充满竞争压力的环境使得网络垄断企业不可能高枕无忧地获得垄断利润;高价格、低产量的不可维持性使得垄断企业必须开发其他获得垄断利润的渠道,而设法降低生产成本以获得低成本竞争优势就是一条可行的途径。所以与传统垄断企业弱成本极小化动机下存在超额单位生产成本的状况不同,网络垄断企业在强成本极小化动机下致力于降低生产成本以提高生产效率,而且网络产品的边际成本递减甚至为零的特性也使企业通过网络规模扩张以最小化生产成本成为可能。

其次,网络企业组织模式的变革和新信息沟通渠道的出现,虽然不能彻底解决庞大组织结构的委托—代理问题,但却在很大程度上缓解了这一问题。网络企业组织变革的最显著特征是扁平化和网络化,这种组织模式克服了传统金字塔式组织结构层次多、机构臃肿、组织内部信息传递不畅等缺点,精简了组织结构的层次,提高了信息传递速度。在金字塔式组织结构模式下,企业规模的扩大会使企业决策者与一线生产人员之间的距离越

---

① 常欣.规模型竞争论:中国基础部门竞争问题[M].北京:社会科学文献出版社,2003.

拉越大,信息在传播的过程中被扭曲而失真的几率也随之增大,因此企业内部的运营成本费用随着企业规模的扩大而增加。在扁平化、网络化的组织模式下,企业规模扩大拉大的是横向的管理跨度而不是纵向的管理链,高层决策者不会因为企业规模的扩大而越来越远离基层员工,较少的管理层次使信息可以在高层管理者和普通员工之间迅速地流动和反馈,减少了决策迟缓和决策失误的几率,横向各部门的协调也因为有网络的联结沟通而摩擦减少,因此网络企业内部的代理成本随企业规模扩大增加的幅度有限。在网络经济下计算机和网络技术的广泛应用为信息传递和人际沟通提供了新的便捷渠道,企业的所有者、经营者和普通员工之间通过这种先进的通信技术可以进行及时的信息沟通和交流,以减少相互之间的信息不对称性,从而所有者、经营者更能有效地行使监督职能;经营者、普通员工的偷懒等道德风险行为因而会大为降低。

### 9.2.2　网络产业的动态效率

合理地配置和高效率地利用资源是一个产业运行静态效率的重要表现,而通过不断的技术创新以提高生产效率则是衡量一个产业动态效率的重要指标。

#### 1. 市场结构与技术创新

垄断市场结构与技术创新的关系是产业组织理论中备受争议的问题之一。传统经济理论认为,垄断厂商由于缺少竞争压力和进入威胁且凭借"高价格低产量"可以获得垄断利润,因而没有足够的动机去进行技术创新。不仅如此,传统垄断企业还可能阻碍技术创新,为了从现有技术或产品上获得最大垄断利润,它们往往会推迟引入新技术或新产品的时间,并利用垄断势力阻止其他厂商进行相应的研发和创新。然而这一观点遭到了熊彼特等经济学家的反对,熊彼特认为垄断有助于技术创新的实现,理由是垄断厂商不仅具备技术创新的实力(包括资金实力、抗风险能力等),而且具有技术创新的动力,这种动力是对创新成功后垄断利润的预期。

关于垄断市场是促进还是阻碍技术创新的争论仍然在持续着,但就市场对技术创新激励的作用方面,经济学界在两方面达成了共识:其一是市场收益激励企业进行技术创新,技术创新是充满风险的活动,市场可能存在的高收益是企业甘冒风险从事创新活动的动力之一;其二是市场竞争的压力迫使企业开展研究与开发,竞争的优胜劣汰机制使企业唯有通过不断的技术创新才能求得生存与发展。可见技术创新的激励不仅取决于市场竞争的压力,而且取决于创新投资的收益回报,两种作用力的不同组合决定了技术创新的激励差异。对于完全竞争的市场结构来说,具有足够的竞争压力但缺乏市场收益的激励机制,知识技术在过度竞争市场结构下的高溢出效应降低了企业对创新投资收益回报的预期,从而竞争压力对技术创新的激励作用被利润侵蚀,对技术创新的反激励作用部分抵消。对于纯粹垄断的市场结构来说,垄断力量可以使厂商有效地防止其他厂商进入和模仿,垄断利润的市场前景激发厂商技术创新的热情和积极性,但免受竞争压力的保护又容易增加垄断厂商的惰性,使它们变得不思进取、缺乏进一步创新的动力。所以对于技术创新的激励来说,强调缺乏规模经济和适度集中的完全竞争市场和缺乏竞争的纯粹垄断市场都是偏颇的。适度的垄断和恰当的竞争共同决定着技术创新的程度,竞争决定着技术创新的必要性和强度,垄断决定着技术创新的能力和持久性。

网络经济下的情况与工业经济相比大有不同,竞争性垄断市场结构兼具有竞争市场和垄断市场的特征,集市场对创新的两种激励作用于一身,因此网络经济下的寡头垄断企业不仅不会抑制技术创新,反而会促进技术创新的开展。

首先,网络企业的垄断是在竞争中形成的且处于持久竞争的环境之下的,网络经济的主导生产要素是知识、技术等无形要素,垄断本身就是建立在知识技术垄断的基础上的,是技术竞争和技术进步的结果。技术进步的加快和技术竞争的激烈使垄断形成——被打破——新垄断形成的频率加快,技术垄断的暂时性和市场竞争的持久性使得垄断企业必须不断进行技术创新以实现技术的自我更替,以新技术的垄断代替旧技术的垄断,否则就可能被持有新技术、新产品的竞争对手所替代。从某种程度上说,垄断厂商的竞争对手是他自己,他必须不断更新和升级老技术、老产品,才能居于稳定的市场垄断地位。

其次,对于潜在进入者来说,打破进入障碍,就得生产出比在位垄断厂商更具优势的产品,且这种优势要足以弥补消费者的转换成本,而生产更具优势产品或技术的唯一方式是以更快地速度创造出更优于在位企业的创新成果。

再次,网络经济条件下垄断的易变性和不稳定性,使得网络垄断企业并不能像工业经济中的垄断企业那样轻易地获得高额而稳定的垄断收益,网络经济中降低生产成本的主要手段由规模经济让位于技术创新,技术创新能力已经成为企业的核心竞争力,垄断厂商必须依靠不断创新、不断推出新产品、新技术才能获取垄断利润。

最后,网络经济中竞争结果是两极分化的,"赢者近乎通吃"的垄断前景和利润预期激励企业致力于技术创新;"输者苟延残喘"的悲惨境况迫使企业不得不进行技术创新。网络经济时代是高新技术层出不穷的时代,技术创新是企业生存和发展的主旋律,垄断地位的确立根基于技术创新,垄断地位的维持仰仗于技术创新,垄断地位的打破依赖于技术创新。在位垄断企业必须时刻保持创新意识,储备技术创新的能力,否则就可能很快被市场所淘汰。[①]

2. 网络效应与技术创新

新古典经济学关于技术创新和技术进步的研究多聚焦于技术的供应方面,重点研究厂商技术创新的动机及其激励问题,而很少关注影响新技术采用的需求方面因素。在网络产业中网络效应的广泛存在使得厂商在做出技术创新决策及推广创新成果时不得不考虑竞争对手产品网络规模的大小和消费者在新技术采用中的选择行为。

受网络效应的影响,网络产业的技术创新表现为两种相反的现象:一方面,在某种技

---

① 陶爱萍. 网络产业的结构行为与绩效研究[M].合肥:合肥工业大学出版社,2010.

术已经主导市场且尚未完全老化时，新技术被引进并取代现有技术，致使市场过早地转向新技术，如在 CPU 市场，Intel 公司从奔 2 到奔 3 再到奔 4，引进新技术的速度越来越快，这是网络效应对技术创新的过度激励作用；另一方面，当一种技术成为事实标准时，新技术很难被引进并取代原有的技术，即使新技术更先进，市场被长期锁定在相对落后的旧技术上，如 QWERTY 键盘一直沿用至今，这是网络效应对技术创新的阻滞作用。①

需求对技术创新的主导作用是推动作用还是阻滞作用取决于消费者对新旧两种技术的性能差距和网络规模差距的权衡。旧技术有网络规模优势但性能落后，新技术有性能优势但网络规模较小。消费者在决定是否转向新技术时，如果认为技术性能与网络规模的可替代程度较高，新技术就更容易被采用，技术的更新换代也就更快；反之，消费者将不愿意采用新技术，技术创新也就会停滞不前。

对于网络效应对技术创新的两种作用，激励作用易被误认为是有利于技术创新的。事实上，这两种作用都会导致技术创新的无效率。前者被称为"过大冲力"或"超额动量"（excess inertia），指的是在旧技术仍能为用户提供比新技术更高的效用时，由于其采用者担心他人采用新技术后自己被搁浅，从而在新技术还不成熟、旧技术仍为帕累托最优的情况下采用了新技术。"超额动量"对技术创新的激励过于"激进"，导致研究开发的过度和资源的浪费。后者被称为"过大惯性"或"超额惯量"（excess momentum），指的是在采用新技术为帕累托最优时，由于新技术的首先采用者在新技术缺乏用户基础的情况下要承担过大的转换成本，所以消费者一般不愿意充当采用新技术的"领头羊"。此时，除非所有用户同时采用新技术，否则新技术将面临启动问题，而在信息不完全的情况下所有用户协调一致行动是困难的，这样单个使用者率先采用新技术并不能保证其他人会相继跟进，对新技术未来网络规模预期的不确定性使用户选择维持现状，从而导致新技术采用的延迟或根本不被采用。

在网络效应下，一种技术的早期采用者和潜在的后期采用者之间的决策行为是相互影响和相互依赖的，相互发生网络外部性。技术创新两种无效率结果的产生，就是源于网络外部性。在"超额动量"情况下，新技术的采用影响旧技术的用户，使他们的网络停止生产乃至收缩，从而使他们不得不放弃现有技术。在"超额惯量"情况下，一方面，旧技术的现有用户规模会增加其对后来用户的吸引力；另一方面，新技术的先采用者会提高新技术对后来用户的吸引力，但其承担的高额转换成本却可能得不到补偿，这使得每个用户都不愿意做新技术的先采用者，从而导致技术采用上的锁定效应，不利于新技术的市场引入。尽管从影响技术创新的需求方来看，网络效应会导致技术创新的无效率；但从技术创新的供应方来看，网络效应对技术创新的影响是不确定的，这要视 R&D 活动的外溢效应大小而确定。在 R&D 活动的外溢效应为零或者很小的情况下，网络效应的增大主要

---

①　朱彤.网络效应经济理论［M］.北京：中国人民大学出版社，2004.

源于技术本身用户基础规模的扩大,这显然会增强该技术的供应商从事R&D的动力和积极性,从而促使研究开发投入的增加;而在R&D活动的外溢效应很大的情况下,不同的技术借助于外溢效应可以形成一个大的网络,这时某一技术的网络效应增大主要是源于不同技术的融合而不是源于该技术本身的用户规模,R&D具有公共产品或准公共产品特性,从而导致对R&D活动激励的不足和研究开发投入的减少。①

# 9.3　电子商务效率的实现

### 9.3.1　电子商务效率实现途径

国内外的研究表明,电子商务的发展可以在促进信息流动、方便产业协调、提高市场透明度以及价格发现等基础上,真正实现即时的市场对接,产生切实的收入增加。② 归纳起来,电子商务的效率主要体现在两个方面:交易效率和协作效率。

1. 交易效率的实现

交易效率可以定义为交易收益与交易费用之比。交易效率的衡量是一个技术性的问题,一般认为对交易收益起决定作用的变量主要是交易费用,因此,完成一笔交易活动的交易成本越高,则其交易效率便越低;反之,交易成本越低,则其交易效率越高。忽略其他制度条件的影响,电子商务技术(网络信息技术、现代通信技术和电子支付技术等)所带来的规模经济效应、分工的网络效应和边际成本递减效应使得电子商务市场比原来的传统专业市场具有较高的交易效率。

(1) 规模经济效应

在网络信息技术的影响下,信息的获取、传递及处理环节产生了一定的规模,成为商品的集散中心和信息中心,并且将专业市场外部的与商品有关的供需等信息汇聚起来。专业市场的信息范围越大,参与的人越多,这个销售网络也就越大,专业市场内的商品流、信息流以及物流巨大和辐射面广所形成的销售规模经济优势也就越明显。

(2) 分工的网络效应

第3章讨论的网络外部性告诉我们,在一个各部分相互依赖的经济系统中,系统内部的个体的效率不仅与其他人的效率有关,而且与参与网络的人数相关。一般而言,参与的人越多,网络效应就越明显。在传统市场内部,每个人都根据分工的比较优势选择商品交易活动链条上的一个环节,专业化商人及配套服务供应商围绕某一类商品的贸易活动组成一种互动的贸易网络体系。随着现代通信技术的运用,这种贸易网络体系不仅面积增大,而且在网络中每个节点上的商人的资源能量得到放大效应。当某种产品的直接网络

---

① 张保胜.网络产业:技术创新与竞争[M].北京:经济管理出版社,2007.
② 李晓丽.电子商务效率的一般性总结及其实现途径[J].商业时代,2010(4).

效应充分体现时,用户可以得到规模经济的好处。平均收入(用户获得的价值)随着规模的增加而增加。

(3)边际成本递减效应

边际成本(增量成本)递减是指新增加一个单位的产量所引起的总成本的增加量是减少的。传统的商业经济由于流通环节多,信息传递消耗也多,呈现出边际成本递增特点;而电子商务技术使得市场中企业之间信息交换效率提高、信息传递速度加快,中间环节大大减少,这使得企业的信息收集和传递成本不断减少,交易周期也相应缩短。此外,由于信息技术独特的易复制性,前期交易的固定成本较高,而交易中的可变成本几乎不变,而且没有交易能力的限制,因而,此时专业市场系统内部的交易效率相对较高。

2.协作效率

协作效率是指因为跨组织边界的价值链或业务流程的改进或创新所带来的交易成本的减少以及销售机会、销售收入的增加。电子商务的协作效率是通过供应链(价值链)的上下游利用信息技术所实现的共同的效率提高。电子商务协作效率的实现类似于利用信息技术进行业务流程重组,只不过是整个供应链上的业务流程重组,利益的分享者也是整个供应链。

戴尔公司一直以"直接经营"模式著称,这一模式的成功很大程度上要归功于其高效运作的供应链和物流体系。直接经营模式使戴尔与供应商、客户之间构筑了一个称之为"虚拟整合"的平台,保证了供应链的无缝集成。

事实上,戴尔的供应链系统早已打破了传统意义上"厂家"与"供应商"之间的供需配给。在戴尔的业务平台中,客户变成了供应链的核心。直接经营模式可以让戴尔从市场得到第一手的客户反馈和需求,生产部门等其他业务部门便可以及时将这些客户信息传达到戴尔原材料供应商和合作伙伴那里。这种在供应链系统中将客户视为核心的"超常规"运作,使得戴尔能做到4天的库存周期,而竞争对手大都还徘徊在30~40天。这样,以IT行业零部件产品每周平均贬值1%计算,戴尔产品的竞争力显而易见。

在不断完善供应链系统的过程中,戴尔公司还敏锐地捕捉到互联网对供应链和物流带来的巨大变革,不失时机地建立了包括信息搜集、原材料采购、生产、客户支持及客户关系管理,以及市场营销等环节在内的网上电子商务平台。在valuechain.dell.com网站上,戴尔公司和供应商共享包括产品质量和库存清单在内的一整套信息。与此同时,戴尔公司还利用互联网与全球超过113 000个商业客户直接开展业务,通过戴尔公司先进的www.dell.com网站,用户可以随时对戴尔公司的全系列产品进行评比、配置,并获知相应的报价。用户也可以在线订购,并且随时监测产品制造及送货过程。正是因为戴尔与直接客户建立了关联,使供应链大大缩短,除了减少交易成本,提高交易效率,还更有效地将关键渠道成员直接联系起来,增强了协作,促进了信息的双向流动。

### 9.3.2　B2B 电子商务的效率

1. B2B 交易效率

目前我国电子商务模式按照交易对象主要分为三类：企业对企业的电子商务 B2B，企业对消费者的电子商务 B2C，消费者对消费者的电子商务 C2C。其中，B2B 居于绝对主导地位，是我国目前盈利状况最好的电子商务模式。[①]

B2B 电子商务之所以呈现出如此迅猛的发展势头，与其自身具有的传统交易模式所无法比拟的种种优点和客观的便利条件密切相关，诸如减少库存、缩短生产周期、增加商业机会以及减轻对实物基础设施的依赖等。以 B2B 交易与传统交易过程对比为例，利用简单、快捷、低成本的现代信息技术和通信手段进行交易，可以实现从洽谈、签约、交货到付款全过程的电子化，大大提高交易效率，见表 9-1。

表 9-1　传统交易过程与 B2B 交易过程比较

| 交易阶段 | 传统交易方式 | B2B 交易方式 |
| --- | --- | --- |
| 交易前 | 通过广告、商品交易会、博览会等媒介了解商品的信息，得到的信息有限，获得最佳市场机会难度较大 | 通过各类网络站点获取最新经济动态与市场信息，网络成为最大的中间商，买卖双方可以直接接触，寻找最佳贸易伙伴和交易机会 |
| 交易中 | 经过面对面磋商或洽谈，交易信息的传递主要采用邮寄、电话或传真等手段，费时费力 | 洽谈过程中的交易信息传递演变为记录、文件和报文在网络的传递过程，各种各样的系统软件和专用的数据交换协议自动保证信息的准确性和安全可靠性 |
| 交易后 | 办理货物装运，办理制单与交单支付结算等手续 | 委托第三方物流公司完成配送，实现全程跟单，电子支付结算 |

事实上，在降低交易成本方面，B2B 电子商务表现最为突出。

(1) 降低采购费用和隐性成本

传统交易中，企业的每期采购费用在成本中占很大比重，包括采购人员差旅费、谈判费用以及由于漫长谈判过程带来的机会成本和时间成本。B2B 电子商务使采购人员足不出户便可找寻到匹配的卖者，减少了传统采购人员所需的差旅费等费用，同时效率得到较大提高。相应地，所需采购人员数量也会减少，为企业降低成本提供了一个机会。

(2) 降低营销成本

传统营销渠道环节多而复杂，需要投入大量的人力、物力与宣传来争夺市场。B2B 电子商务营销厂商与客户直接互联，减少中间渠道，企业更能了解客户需求，可以按需生产，

---

① http://b2b.toocle.com/detail-4606275.html.

这同时也降低了企业面临的产品不符合市场要求的经营风险,减少了或有成本。

(3)降低库存储存成本和库存资金占用成本

传统的经营者通过大量进货压低进货成本,这不仅会带来相当大的资金压力和经营风险,而且商品的库存盘点、存放也需要很大的人力和财力。而一个经营良好的B2B电子商务市场中,实现信息流通的即时性,企业无须承担太大的库存压力,也避免了库存资金占用过大对企业造成的资金利用不足和成本过高的忧虑。

不仅如此,B2B电子商务也使交易的经营管理方式发生了变化。B2B电子商务提供的交互式网络运行机制为贸易提供了一种信息较为完备的市场环境,突破了传统贸易以单向物流为主的运作格局,建立了以资金流为形式、信息流为核心、商品流为主体的全新物流体系。这一新的体系通过信息网络提供全方位、多层次、多角度的互动式的商贸服务,信息网络成为最大的中间商,传统交易中的分销渠道受到挑战,引发了贸易中间组织结构的革命。

2. B2B协作效率

在我国,谈及B2B,很多人会立即想到像阿里巴巴、环球资源以及慧聪等提供采购信息的B2B应用服务供应商。实际上,这种第三方应用服务平台只是B2B电子商务模式中的一种,它主要为中小企业提供发布和查询供求信息,搭建企业与潜在客户进行在线交流和商务洽谈的平台。第三方电子商务平台分为两种类型:①综合性平台,可服务于多个行业与领域的电子商务网站,如阿里巴巴、慧聪网、环球资源网、中国供应商等;②行业垂直性平台,定位于某一特定专业领域的电子商务网站,如中国化工网、中国医药网、中国纺织网等。目前国内的第三方B2B服务提供商主要集中在提供买方卖方的企业信息,帮助采购商获取潜在的供应方,帮助卖方增加销售机会,在采购寻源阶段有比较大的价值,而在投标竞价阶段则显得缺乏作为。

B2B电子商务模式的另一种是大型企业建立B2B平台来开展电子商务,企业通过电子商务与上下游合作伙伴协同运营,降低成本、提高销售量,如海尔、联想等推出的网上采购和网上分销。这种基于网络的供应链协作最能体现B2B协作效率。B2B和供应链关系非常紧密,企业利用B2B驱动供应链具有许多范畴,其横向供应链活动包括采购寻源、投标竞价、预测、订单、发运、接收、支付结算等。参与供应链协作的企业可以获得协作效率,一方面体现在相应管理成本的节省上;另一方面体现在管理效率和生产率的提高上。

在全球,B2B行业技术及应用随着时间得以积累和不断发展,很多大型和中型企业都采用多企业协作的系统。国外的Ariba、Procuri等公司可以提供灵活的招投标项目管理和竞价的机制,帮助企业在采购购买行为中获取最优的价值。还有其他服务商如全球GS1组织建立的GDSN的机制,帮助企业同步产品信息;而像GXS、Sterling Commerce等厂商主要专注于供应链执行,即从预测到结算的供应链协作。

拥有60年卓越的制造经验、在全球采购领域拥有丰富成功案例与实战经验的惠普公司,对全球制造行业的供应链管理有着深刻的理解与把握。惠普提出了"价值协同网链"(Value Collaboration Network,VCN)的发展理念,致力于在供应商、客户、合作伙伴等价值链成员之间建立协同业务关系,提升产品与服务的效能和企业的核心竞争能力,帮助制造业客户建立以客户为导向的扩展型业务系统。

VCN帮助惠普缩短研发周期,有效管理研发流程和数据,最大限度地节约研发成本。惠普每年的全球研发经费超过40亿美元,惠普销售产品的70%以上来自近两年内研发的新产品。惠普的产品协同商务(CPC)解决方案让数十位乃至成千上万来自不同行业和不同地域的研发人员,利用Internet协同完成项目开发。而为了更好地完成产品的制造,质量的控制,实现市场的预测以及高比例的业务外包,在VCN战略的指导下,惠普采用门户电子化交易,建立新的商业模式,还跨越客户、合作伙伴而形成了广泛的协作网和友好互惠的信息文化。VCN在整个制造与分销的过程中起了决定性的作用。

### 9.3.3 B2C电子商务的效率

在大多数B2B网络市场中,交易网站仅起到了连接买方和卖方的中介作用。交易网站无须拥有交易产品的所有权。既不购买也不持有产品,交易网站不需占用自己资金,避免了运输和接收产品的劳动密集型业务,也省去了持有货物的库存费用。

与之相比,B2C电子商务企业的成本效率来源比B2B企业要窄得多。B2C的交易效率在于网络零售商可以通过网络与顾客实现低成本实时沟通;网络零售商也省去了开设店铺、雇用销售人员以及建设相关场所设施等固定成本,也节省了设立分销中心以及为店铺管理和运输产品的成本。此外,网络零售商还有顾客订购和订单处理系统优势,差错率更低,处理速度更快。

但是大多数网络零售商都是交易实物产品,而不是像信息一样的无形产品。它们需要从制造商那里购买产品,像传统零售商那样持有产品,这样,库存储存成本和仓库费用及管理成本就占用了其部分资本。反过来,这些可变仓储成本意味着,网络零售商必须跟传统零售商一样投资建设实体仓库,却要额外承担送货成本。这使网络零售商将一些或全部效率所得让渡出去。

事实上,B2C电子商务不是像最初想象的那样,是一个纯自助式服务媒介,除了电子接触沟通外,潜在顾客还想通过声音沟通或其他方式与顾客服务代表进行沟通。应此要求,一些网络零售商设立了现场顾客服务电话专线,实时与顾客保持沟通,帮助他们完成购买,这些也需要相应的劳动力和设施资本投入,也很昂贵,这又进一步侵蚀了纯网络零售商残存的成本优势。

最后,B2C的顾客是高度分散的并且客户忠诚度并不高,因为他们被产品和运输综合最低价所左右。残酷的竞争使得网络零售商提供免费送货,所以专做 B2C 业务的当当网尽管拥有 10 年的经营历史,也具有网络规模经济和范围经济,但盈利状况并不理想。其实 B2C 也比较适合企业,但很少有国内企业重视通过建立 B2C 平台来卖自己的产品,可见大多数企业并不十分看好 B2C 平台的效率。不过,2010 年以来,随着当当网、京东商城、麦考林以及卓越亚马逊等相继向制造企业开放平台,以及由 C2C 平台起家的淘宝网也加大对淘宝商城、电器城等 B2C 平台的推广力度,企业 B2C 的运作效率有望得到提高。具体的运营效果,我们拭目以待。

### 9.3.4 C2C 电子商务的效率

与 B2C 类似,C2C 的交易效率主要体现在低成本与客户实时沟通;省去店铺等固定成本以及高效订单处理等方面。但从全社会角度而言,C2C 电子商务模式的效率确实不高。苏宁董事长张近东在就 2014 年"两会"提案接受媒体采访时表示,C2C 模式是这个时代零售业的倒退,只有规模和销量才能产生效率,不能化整为零。我国的 C2C 电商存在非注册经营、非税销售、假冒产品充斥等现象,给行业带来不公平竞争,破坏了正常的市场管理体系。淘宝等网站号称万亿交易额,其创造的价值和纳税远远不如苏宁。同时,他还指出:"我国电子商务年交易量的 90% 是以 C2C 的形式从事 B2C 的交易,大量的交易游离于现有法律监管之外,存在着严重的监管缺失、执法缺位现象。"[①]

事实上,现在的淘宝的确是众多"小企业"(business)集合,这一点和早期以个人商家(consumer)为主的经营业态已经大为不同。早期淘宝个人商家对整个流通价值链的贡献,主要是商品发现和营销功能。但当信息流通更加充分,个人商家的商品发现价值被弱化,进而被厂家直销、各种导购平台等所取代。而营销方面,随着淘宝专业分工越发精细,个人不再能胜任复杂的营销管理工作,高度组织化的企业登上前台。

就效率而言,对于"为什么个人商家在淘宝越来越难做"的现实原因,最直接的主要有两点:信用成本和流量获取成本过高。

一方面,淘宝信用对个人商家来说过于昂贵。淘宝为了创造一个相对诚信的环境,有时甚至要牺牲一些交易效率和商家体验(比如不断提高商家入驻门槛,当买卖双方发生争议时则对买家过度保护)。而店铺评级、保证金、客服、售后服务等种种负担,也让个人商家疲于应对。

另一方面,随着淘宝生态的成熟,市场也由商品稀缺转向流量稀缺。打造爆款、上活动、买直通车、做淘宝客,甚至包括刷钻等行为,商家为了争夺流量无所不为,最后可能却发现毫无成效。从流量入口并未根本上被扩展,而大商家显然比个人商家更具资金和品牌实力,即使淘宝不对大商家做政策倾斜,个人商家也没有活路。

---

① http://news.zol.com.cn/357/3577865.html.

# 【引例回顾】

基础设施投入(物流、IT)──→用户体验/系统效率提升──→订单规模增长──→采购议价能力/可变成本降低──→持续"低价"能力──→新增用户/重复购买──→规模化运营──→现金流/融资──→再投入……规模化运营和系统效率的提升,是电商网站形成良性生态循环的两个核心环节,也是产生持续现金流的前提。

亚马逊最初属于自主式电商,偏重于零售业态,基础设施建设相关固定投入巨大,尤其是对仓储物流和 IT 系统的投入,能有效提升系统效率和用户体验,使订单规模增大。规模化不仅降低了可变成本,又可以使电商在和供应商采购时获得议价能力,优化供应链能力,再将节约下来的成本以低廉的商品价格持续回馈顾客,进而提高网站重复购买率,使网站逐渐具备规模优势,从而有能力产生持续的现金流,进行再投入,进一步提升用户体验,实现规模化高效运营。

亚马逊的品类扩张是有序有节奏的,扩张最迅猛的阶段集中在上市后的两三年,每一年都会有一两个重点扩张品类,当新进入的品类经营逐渐进入正轨时,再去向另一个品类突击。亚马逊在进入某一品类初期,除自己和相关品类供货商接触外,另一个重要方式是,收购或者入股有经营该品类经验的零售商。正是因为扩张有序,供应链管理得当,亚马逊的毛利率从未出现大幅起落,而始终保持在 20%～25%。

再就是基础设施建设,提高用户体验。除了根据订单增长情况扩大仓库和物流中心面积外,亚马逊还十分重视利用 IT 系统优化供应链效率,满足用户从选购、下单、支付、配送、到评论,甚至退货退款的整个过程都十分贴近用户。不仅如此,他们为用户提供了更丰富的选择、详尽的介绍、方便的检索功能,低于实体店的折扣、评论参考以及强大的推荐系统。

在一系列优势之下,亚马逊以 B2C 形式打造的网络店铺可谓非常成功:规模化发展、效率提升,运营费用占比下降到较稳定的值,仓储物流费用占比保持在 9% 左右,技术及内容费用率在 5% 左右,市场营销费用率在 3% 上下,行政管理费用占比不超过 2%。因此,亚马逊从 2003 年开始全面实现盈利。

# 【关键术语】

| | |
|---|---|
| 效率 | efficiency |
| 专业化分工 | division of labor |
| 竞争 | competition |
| 激励约束 | incentive-constraint |

| 制度、产权和交易费用 | institution, property & transaction cost |
| 微观企业层面 | efficiency within the firm |
| 中观产业市场层面 | efficiency within the marketplace |
| 宏观经济生产力层面 | macroeconomic productivity |
| 等产量曲线 | isoquant curve |
| 等成本线 | isocost line |
| 价值协同网链 | value collaboration network |
| X-效率 | X-efficiency |
| 超额动量 | excess inertia |
| 超额惯量 | excess momentum |

# 【课后案例】

## 网上视频初试，提高招聘效率

2013 年的"最难就业季"之后，2014 年的高校毕业生就业形势仍不乐观。统计数字显示，2013 年全国大学生毕业生人数达到了创纪录的 699 万人，就业岗位却比去年减少了 15%，而 2014 年大学毕业生人数还将高于去年。鉴于严峻的就业形势，教育部于 2013 年 11 月 22 日至 28 日举办了"全国教育系统 2014 届高校毕业生网上招聘周"活动。

此次招聘活动由教育部高校学生司、教师工作司指导，全国高等学校学生信息咨询与就业指导中心和东北师范大学承办，全国大学生就业公共服务立体化平台和全国高校毕业生教育人才专业市场协办。

招聘活动期间，教育系统用人单位招聘信息与高校毕业生求职信息在全国大学生就业公共服务立体化平台（新职业 www.ncss.org.cn）、教育部免费师范生就业服务网（http://sfs.ncss.org.cn）和东北高师就业联盟网（www.dsjyw.net）上以统一页面免费发布，供用人单位和高校毕业生浏览查询和在线联系。毕业生可在全国大学生就业公共服务立体化平台或东北高师就业联盟网上进行注册，注册信息须真实有效。

为充分利用网络优势，加强信息交流，提高网上招聘效率和毕业生就业签约率，本次招聘活动使用了东北高师视频就业网（http://v.dsjyw.net/）进行初试，为招、应聘人员提供远程招聘服务。

（案例来源：作者根据 http://bjwb.bjd.com.cn/html/2013-11/11/content_124407.htm 内容改编而成。）

**案例分析问题**

1. 登录国内三大招聘网站：智联招聘网（http://www.zhaopin.com/）、前程无忧网（http://www.51job.com）和中华英才网（http://www.chinahr.com/index.htm），分析

它们是如何通过网络提高寻找工作效率的,有无异同?

2. 再登录我行网(http://www.icancn.com/),分析其与三大招聘网站有何不同,效率如何?

# 【思考与讨论】

1. 分析等成本线和等产量曲线的差异。等成本线的斜率和位置以及截距是由什么决定的?

2. 列举证明 B2B 交易的出现带来整个社会生产力提高这一论点的理由。这种关系是巧合吗?

3. 在什么条件下,网络市场或 B2B 交易最有可能产生效率,成为一种主导交易力量?

4. 为什么在 B2C 市场中比在 B2B 市场中更难获得效率和节约成本?

# B&E

## 第 10 章
## 网络经济中的政府职能

**【学习目的】**

通过本章学习,你应该能够:

- 理解市场失灵及其产生的原因
- 了解网络经济对政府职能的影响和作用
- 掌握网络经济下的政府职能

# 引例：五方面加强电子商务监管[①]

2014年3月9日19时,十二届全国人大二次会议新闻中心组织中国广播网等12家网站,联合举办主题为"电子商务与快递服务协同发展"的网络访谈。邀请商务部电子商务司副司长张佩东、国家邮政局市场监管司副司长刘良一与网民进行在线交流。

有记者提问,电子商务给消费者购物带来方便的同时,也带来了消费敲诈、质量低劣等问题,诚信环境受到挑战。政府方面应当如何做到既加强监管,又管而不死呢?

商务部电子商务司副司长张佩东表示,电子商务和网络购物的发展在我国尽管已经有10年的发展时间,但还是一个新生事物,就相当于一个出生的婴儿或者一个少年。所以,伴随着它的出生和快速发展,一定会存在着或者暴露出许许多多的问题,这是客观存在的。我们不能再沿用过去的做法,一提监管就需要审批,就需要办证。我们应该致力于完善整个国家的立法体系、法律、法规、制度、信用体系,还要加强在行政管理执法过程中严格执法,包括事后的监管等措施。比如通过建立黑名单制度和加强信息共享等手段,提高违法经营的成本,让不法分子没有市场。同时,我们也认为,有效规范电子商务市场,需要政府、企业、中介,包括消费者各方面的共同努力。

张佩东介绍说,商务部主要做了以下几个方面的努力。

第一,必须加强和推进整个行业的法规和标准体系的建设。尽管这是一个老生常谈的问题,但是电子商务是传统的经营活动在互联网上的实现,所以现行的很多法律、法规、制度尽管适用于网络,但有一些涵盖不住了。比如搜索引擎的出现、社会化媒体的营销、第三方支付,包括一些新出现的法律关系,比如第三方支付与买卖双方的关系、商家和平台的关系,在我们现行的法律里面很难找到对其行为进行界定的现有的成文条款。我们需要在进一步建立和完善相关的法律、法规、标准的同时,一定要做好维护整个行业健康发展和市场秩序的工作。

第二,在现在立法还有缺失或不完善的情况下,我们更应加强执法部门间的相互沟通和协作。规范市场秩序,涉及的工作是方方面面的,需要各方面通力合作,及时处置破坏市场经济秩序的行为和事件,而这种处置和监管由某一个行业管理部门一家可能都不能有效完成,所以要求我们进行通力合作。

第三,要推进电子商务诚信体系建设,包括事后的监管等措施。比如通过建立黑名单制度和加强信息共享等手段,提高违法经营的成本,让不法分子没有市场。

第四,我们还是要发挥社会中介组织的作用,中介机构、专家或者是消费者,其实都可以成为整个互联网行业规范发展的有力的监督者。

---

[①] 案例系作者根据 http://money.163.com/14/0309/20/9MTVQAD400254TI5.html 内容改编而成。

第五,需要呼吁各界,要给电子商务的发展以空间。我们要大力宣传正常的或者规范化的市场经营行为和消费行为,同时引导网民形成或者要提高自己的消费习惯,改善不良的消费习惯,提高整个网络消费者自我保护的意识和能力。

我国的电子商务仍处于起步阶段,对电子商务进行规范、监管已经成为迫切需要做的事情。本章将探讨政府在电子商务监管中的职能及其应该发挥的作用。

# 10.1　关于政府职能的理论探讨

## 10.1.1　市场失灵与政府干预理论

### 1. 市场失灵及其产生原因

在早期的经济理论中,市场机制是完美无缺的。但 20 世纪 30 年代的经济危机打破了这一神话。现实使人们开始认识到市场机制并非那么完美,而是存在着诸多缺陷。在许多情况下,市场并不能达到最优,或者根本就不起作用。这种情况被称为"市场失灵"(market failure)。1958 年,弗朗西斯 M 巴托发表《市场失灵的剖析》一文,提出了市场失灵的问题。他把市场失灵归结为外部性、公共产品、市场垄断和不确定性几个方面。其后,凯恩斯、萨缪尔森、斯蒂格利茨等人又增加了偏好不合理、信息失灵、收入分配不公等内容,构成了市场失灵理论。

归纳起来,市场失灵的表现及原因主要有以下几方面。

(1) 非充分就业

凯恩斯认为,资本主义社会存在着摩擦失业、自愿失业和非自愿失业,因此就不存在充分就业的自动均衡。充分就业的均衡只是特例,非充分就业的均衡才是常态。失业的原因是有效需求不足,即总供给大于总需求。这是市场机制无法解决的。

(2) 不完全竞争

市场机制的充分作用以完全竞争为前提,而现实则是不完全竞争,包括垄断、寡头垄断和自然垄断。造成垄断的原因又与资源天赋特性、技术创新、竞争赢家、成本特性等非市场因素有关。在垄断的情况下,价格的作用失效。

(3) 外部性

外部性的概念本身就表明市场失效。过去的经济理论将外部性排除,但外部性是客观存在的。无论正的外部性还是负的外部性,都会使资源配置的结果偏离最优状态,这是市场所无法解决的又一问题。

(4) 信息失灵

信息失灵是指经济主体具备达到最优状态的信息条件,即完全信息。而完全信息又是市场充分作用的又一条件。但现实经济主体很难达到完全信息,市场机制无法充分发挥作用。

（5）收入分配不公

市场机制只能解决效率问题，不能解决公平问题。市场经济在公平的规则下产生不公平的结果，贫富差距扩大。市场机制无法保障每个人生存和发展的权利。

2. 市场失灵政府干预途径

由于市场失灵的存在，单靠市场机制无法自动实现市场均衡与帕累托效率，这就需要用政府干预来加以弥补。政府干预的实现途径主要有以下几种。

（1）政府调控

政府利用各种政策工具，对市场进行调节，进而影响企业和个人的行为，达到调控的目的。政府调控的主要形式有财政政策、货币政策、产业政策等。

（2）政府经营

对存在市场失灵的行业，由政府直接投资和经营，如一些自然垄断行业（铁路、航空、邮政、通信等）和正外部性事业（如医疗教育等）。

（3）政府激励

通过一些措施对微观经济活动进行引导，如通过补贴、减免税收来激励个体与政府目标保持一致。对不符合政府目标的行为，通过增加税收或罚款进行抑制。

（4）政府规制

如果激励的成本太高或效率太低，则利用政府的强制力对个体的行为进行规制。这种规制是以法律为基础的，如制定反垄断法、安全生产法、食品卫生法等，来维护经济秩序，限制个体的负外部性行为。

## 10.1.2　政府失灵与有限政府理论

1. 政府失灵及其产生原因

许多国家政府干预的事实证明，政府对经济活动的干预并不是总能达到目的的，许多政府出于良好的愿望而制定的计划产生的结果往往事与愿违。伴随着政府干预范围的扩大和程度的加深，政府的规模也在不断膨胀，政府办事效率低下，官僚主义以及腐败问题也日益突出。在这种背景下，政府失灵（government failure）理论应运而生。政府失灵理论是与新自由主义主张相联系的，许多新自由主义者在论证其观点时，往往以政府失灵为前提。最早的是由克鲁格提出的"寻租"理论，其后是布坎南的政府官员和机构"经济人"理论，另外还有斯蒂格利茨的政府信息不对称理论等。

按照新自由主义的观点，政府失灵的表现及原因主要有以下几点。

（1）不完全信息

不完全信息是市场失灵的表现和原因，但政府同样也面临不完全信息的问题。政府决策要想达到最优，必须以完全信息为前提。而事实是政府也不可能做到完全信息，致使政府无法做出最优决策，导致政府失灵。

（2）缺乏激励和约束

在私人部门产权是明晰的，配置自己的资源对决策者具有激励和约束作用。而公共部门的产权是不明晰的，政府机构及其人员配置的是公共资源、别人的资源，对决策者缺乏有效的激励和约束作用。

（3）计划结果的不确定性

经济过程是十分复杂的，一项计划的实施结果受到很多不确定因素的影响，事先很难预料。在不确定性存在而且程度较高的情况下，政府决策的正确性就很难得到保证。

（4）决策者个人利益与公众利益的不一致性

政府决策是由政府中的个人做出的，而决策者的个人利益与公众利益存在差异。作为政府官员，要以公众利益为目标，但作为单个的"经济人"，又要以个人利益最大化为目标。这种差异导致政府人员利用手中的权力为个人谋取利益，即寻租行为的产生。

（5）政府干预的外部性

与其他活动一样，政府干预也会产生外部性，即干预目标以外的结果。这种外部性主要是负的外部性，即政府干预的副作用。因为一些政策意味着不同利益集团的利益调整，有得必有失，从而产生消极影响。

2．政府失灵矫正措施

为解决政府失灵的问题，除了尽量减少政府的直接干预外，还可以通过一些具体的措施来对政府失灵进行矫正。

（1）在公共部门引入竞争机制

公共产品的生产往往缺乏效率，其中的一个重要原因是缺乏竞争，形成了政府垄断。解决办法是在公共部门引入竞争机制，包括公共部门权利的分散化、公共部门的私人承包、各地方政府的相互竞争等，以迫使公共部门提高效率。

（2）在公共部门建立激励机制

公共部门的产权不明晰，是政府部门缺乏效率的另一个重要原因。可以采取公共部门非公有化的方法，明确公共部门的产权，对公共部门实行企业化、市场化运行，以强化公共部门内部的激励与约束机制，提高公共部门的资源配置效率。

（3）协调政府人员的个人利益与公众利益的关系

个人利益与公众利益的差异，是政府官员作为经济人寻租和腐败的原因。如果缩小这种差异，协调好政府官员个人与公众的利益关系，就可以抑制和减少寻租及腐败行为。例如，将政府机构及其人员的利益与效率挂钩，将提高效率节约的成本作为奖金或预算外资金；提高公务员工资，加大腐败的机会成本等。

（4）完善政府管理的制度设计和社会监督机制

改善政府管理，提高政府部门的效率，还要靠科学的制度设计，如委托—代理制度的设计、政府官员的准入和淘汰制度的设计等。另外，要强化社会监督机制，使政府的行为公开、透明,改变信息不对称状况,减少道德风险。

### 10.1.3 有效政府与有限政府

有限政府(limited government)的理论更符合当代市场经济包括网络经济发展的实际和内在要求。由于市场失灵的存在,现代经济活动不能没有政府的介入与干预;但由于政府失灵的同时存在,政府的介入与干预又必须是有限度的。因此,一个有效率的政府必须是一个有限的政府,是有所为而有所不为的政府。

(1) 有限政府的角色

有限政府的角色是"守夜人",属于第三方政府,它超越一切私人部门,"只掌舵不划船",只为经济活动制定规则,但不直接参与经济活动。有限政府的职责范围只限于公共政策领域,负责公共政策的制定和实施。

(2) 有限政府的边界

有限政府的边界也就是公共领域与公众领域、私人领域的边界。其中,公共领域是指核心公共产品、纯公共产品,主要由政府提供;公众领域是指非核心公共产品、混合公共产品,主要由非政府组织提供;私人领域是指已经转化为私人产品的公共产品,主要由私人提供。有限政府的职能要严格限制在公共领域内,对公众领域和私人领域的事情不进行干预。

(3) 有限政府的职能

有限政府的职能同样包括管理和服务,其中,管理是指对公众和个体的行为的规制;服务是指为公众和个体提供纯公共产品。在一般情况下,有限政府的管理职能应该尽可能地最小化,而服务职能则应尽可能最大化。

## 10.2 网络经济对政府职能的影响和作用

### 10.2.1 网络经济下资源配置方式的转变

网络经济是资源三重配置的经济,网络经济条件下资源配置方式出现了新的变化,它不仅包括传统的市场调节机制和政府调节机制,同时还包括信息网络调节机制。在网络经济条件下"第二只看不见的手"不仅在一定程度上弥补和纠正了"市场失灵"和"政府失灵",并且还作为一种崭新的调节力量为政府充分发挥职能提供了可能。

1. 市场调节机制——"看不见的手"

通过市场配置资源,是市场经济实现资源优化配置的主要方式。它以货币为媒介、以价格为诱导,实现资源的合理流动。这种资源配置方式使生产力异常活跃,并有利于资源配置的合理化。但是在市场不完善的情况下,市场信息不灵、不真,而且价格对于供求的调解,从不平衡到平衡需要一个较长的时期,在这期间常常出现经济宏观总量失衡,产生严重的生产过剩、失业和通货膨胀问题。这些现象又会进一步破坏市场机制的正常运行,造成更为严重的市场失灵。而且一旦出现这种情况,单纯依靠市场机制是难以解决的。市场配置资源是高效率的,也是高耗能的。

2. 政府调节机制——"看得见的手"

通过政府对资源进行配置是针对"市场失灵"提出来的。由于"市场失灵"的存在,要求政府对经济生活进行干预,弥补市场缺馅。政府调节是根据自上而下的命令向下推行的,它虽然在一定程度上完成了调节经济、配置资源的职能,但是由于其自身的局限性导致了"政府失灵"的存在而使资源的优化配置无法实现。而这种配置资源方式是低效率的,也是高耗能的。

3. 信息网络调节机制——"第二只看不见的手"

信息网络作为一种经济调节手段是网络经济条件下特有的,它是一种超越市场、多个决策机构通过信息网络进行的、相互协同式的调节。网络经济下"第二只看不见的手"不仅在一定程度上弥补和纠正了"市场失灵"和"政府失灵",并且作为一种崭新的调节力量为政府充分发挥职能作用提供了可能。网络配置资源的特征主要表现在两个方面:一是平等共享信息,人人都可以接受信息和对信息进行反馈;二是使人们能够实现预期,就是由原来市场上"看不见的手"转化为可能"看得见的手"。这样,市场主体可以在信息网络上及时了解市场供求状况,并通过专用的信息网络系统极为迅速地做出对应决策,在最大限度内达到市场出清和资源的优化配置。这种配置资源方式是低能耗、低成本、高效率的。

## 10.2.2　网络经济对政府职能的影响

1. 对政府职能的转变提出更高要求

网络技术的推广和应用给人们带来的最直接的益处是在更广泛意义上实现了信息资源的共享,使得政府与社会公众更接近信息。通过网络及其他各种信息传媒,公众更加了解政府在做什么;一些原本只有政府可以提供的服务,公众也可通过其他的渠道获得;旧有的权力平衡被打破,必将导致政府管理方式的巨大变化。但是网络经济的发展,并不是像有些人说的那样,政府将变得无足轻重。至关紧要的是,要对政府职能(government functions)给予重新定位。定位的依据主要来自弥补市场缺损,来自社会和公众的需要。市场的缺损必须从政府得到弥补才可以维持社会的正常秩序,便捷、低成本的网络传输使公民和企业可以实时了解政策法规。政治经济网络化程度的提高使得公众更容易获得信息,信息资源的共享为政府职能输出准备了条件。政府可以将社会性、公益性、自我服务性的事务性工作从政府中剥离出去,交给中介组织和事业性单位承担;将原本属于社会的生产、分配、交换的经济职能归还给社会,政府集中精力致力于市场培育,实现公共权利。政府将是信息的中继站,公众希望政府能够更广泛地帮助个人解决问题,实时地向社会公众发布各种政策信息,提供各种政策咨询服务。

**2. 有助于建立精简、高效的政府**

一方面,网络化加强了政府的信息置换功能,政府可以使用各种新技术手段实现信息化管理。收集信息、处理信息、传递信息、沟通信息将以更快捷、更经济的方式进行,政府的整体行政办事效率将大幅提高。另一方面,信息可以在组织内部为更多的人所分享,越来越多的问题在较低的层次就可以得到解决,以上传下达为主要工作内容的中层管理可以大大精简,因信息传递不及时和错误所造成的内部消耗可以大大减少,行政程序进一步简化,行政效率提高。

**3. 有助于提高政府工作透明度**

网络化为公民了解政府的工作提供了经济而快捷的渠道。政策的制定和执行过程不再是神秘的事情,透过网络公民可以最直接地了解政府的工作过程。同时公民也可以以多种形式在网络中表达自己对政府工作的意见和建议,参与决策,推进民主政治建设。从政府的角度来看,网络化使政府有更便利的渠道在更大的范围内收集社会各阶层的意见,获得信息反馈。而且这些信息可以以最直接的方式获得,避免了因多层过滤而使信息失真的问题发生。网络的快速信息传播既使公众的信息反馈速度大大加快,也使政府对问题的回应速度大大加快。网络使公众与政府间实现了没有中间环节的直接沟通,有利于政府听取公众各方面的意见,推进决策的民主化和科学化,也有利于接受公众的监督,密切政民关系,从而化解矛盾,增进团结和稳定。

**4. 有助于政府人力资源的开发**

网络经济的重要特征是信息资源的共享,它要求的是一体化的模式。网络越大,网络各部分的运行效率和潜在功能越是加倍增长,更广泛的覆盖面和更多的参与者是网络经济发展的先决条件。谁拥有先进的信息交换手段,谁就有资格参与网络化的市场竞争,在竞争中立于不败之地。政府必须投入更大的力量,加强欠发达地区的信息基础设施建设,以促进区域经济的均衡发展。同时,网络经济是信息资源和金融服务业的全球化经济。吸引资本进入本国市场的最富竞争力的因素,是劳动力的技能和知识的积累。政府在提高对资本的吸引力方面,除了提供良好的基础设施外,主要是大力提高劳动者的知识水平和劳动技能。政府除了增加教育投入外,还可以出台各种刺激性政策措施,吸引高技术企业和科研开发机构进入本国投资,鼓励企业增加对工人的技术培训。政府可以给这类企业一定的补贴和税收上的优惠。这些做法看起来代价很高,会损失一定的财政收入,但获得的报酬将是日益增大的人力资本和持久的竞争力。

**5. 有助于强化和提高政府素质**

网络经济有助于政府从以下方面提高素质。

① 有足够的灵活性以应对网络经济的变化以及满足其需要。这种变化往往又快又

大又频繁,且充满不确定性。

② 对民众是认真负责的。向民众提供公用信息和有效服务,通过网络听取各方面的意见,宣传政府政策,时时处处代表民众利益。

③ 为消费者增加选择权利,并尊重他们的选择。在网络经济中企业以顾客为中心,与消费者保持友好关系。同样,政府也需以消费者利益为重。

④ 适应全球信息化发展,实现政府信息化。网络市场呼唤政府网络。政府应向企业、居民提供"在线"服务,并增加其工作的透明度。

⑤ 在改革中创新。现有的政府模式是大规模生产全盛时期演化过来的产物,一直实行每天八小时工作制。随着网络经济的发展,为适应新时代的需要,政府的模式和管理有待逐步改革、创新。

⑥ 注重业绩及其考核。对政府活动应重结果而不重过程,以民众期望的满足程度为考核标准。

## 10.3　网络经济下的政府与政府职能

### 10.3.1　网络经济下的政府

网络经济将带来政府部门的转变,使之与以往的政府相比具有一些新的特点。

1. 电子政府(e-government)

网络经济下的政府是以电子计算机以及信息网络技术武装起来的政府,政府的工作以电子化、网络化的方式进行,政府工作的公开性与透明性大大增强,政府的工作效率大大提高。

2. 虚拟政府(virtual government)

网络经济下很多政府事务可以由计算机代替人工处理,如各种文件、证件的查验、审查甚至批准等。因此一些政府机构和部门被虚拟化。政府的机构可以大大精简,人员可以大大减少。另外,由于计算机不会徇私舞弊,因而更具客观性和公正性。

3. 第三方政府(third party goverment)

网络经济下的政府不再直接参与经济活动,而是作为第三方,为经济活动提供保障。政府的经济职能主要限制在制定统一的游戏规则,规范经济主体的行为,充当经济活动的"裁判员"。同时制定经济发展战略,为微观经济活动提供战略指导。

4. 服务型政府(service-oriented government)

网络经济下政府的职能发生重大转变,由对经济活动的管制转变为服务,成为一个服务型的政府。在网络经济下,政府的主要职能就是为包括企业在内的社会公众提供各种公共服务。这些服务具有外部性,而且是私人所不能提供的,需要由政府来承担。

### 10.3.2　网络经济下的政府职能

随着网络经济的发展,经济过程的有序性和自调节能力增强,因此,原来传统经济下政府对经济活动的直接干预可以大大削减,政府的经济管理职能随之趋于弱化。但是,由于网络经济下信息和知识在经济发展中的地位日益重要,经济发展对信息与知识的依赖程度日益加深,这就对网络经济下的政府管理提出了新的要求,由此产生出了一些新的政府职能。

1. 配置公共信息资源的职能

网络经济下有许多公共信息资源,如通信的频道、波段以及网络上的域名、IP 地址等,这些资源如同矿产一样,属于公共资源,同时又具有有限性和排他性,如果交由私人配置将会缺乏效率。因此,政府必须承担配置公共信息资源的职能。

2. 供给公共信息设施的职能

公共信息设施是信息社会和网络经济的物质基础。由于公共信息设施的投入巨大、建设周期长,而且具有外部性,因此不适宜采取私人投资的方式,需要由政府来承担供给公共信息基础设施的职能,才能满足社会对信息基础设施的需求。

3. 收集与传播公共信息的职能

信息可以分为私人信息与公共信息两种。私人信息是一种专有的信息,它只为某个特定的所有人所拥有。私人信息由个人进行收集(生产),要获得私人信息必须按照其价值进行购买。公共信息则是一种公开的信息,为所有的人所共享。公共信息的收集(生产)同样需要支付成本,但由于其具有共享性,无法由私人生产。因此,收集和传播公共信息的职能也只能由政府承担。

4. 治理公共信息环境的职能

网络经济是一种虚拟经济,很多经济活动是在网络这一虚拟的环境下进行的。对公共信息环境进行治理,建立网络活动的秩序和规则,保障网络活动的安全,就成为政府在网络经济下的另一项重要职能。只有利用政府的管理职能,通过政府对公共信息环境的治理,来建立和维护良好的网络环境和秩序,才能确保网络经济的健康、有序发展。

### 10.3.3　网络经济下政府职能的发展模式

网络经济天生的开放性,决定网络经济不可能是一国的网络经济,而是世界的网络经济。应该把政府在发展网络经济中的职能放在经济发展的过程中来把握,政府角色定位的原则应该是随着经济发展的进程逐步精简职能,政府的角色逐步地集中定位在规则制定者、调节者、管理者和有限的投资者上。

可以看到发达国家都非常重视政府的市场导向作用,政府通常是站在市场导向的基础上来为网络经济的发展制定管理机制。美国是世界上制定国家信息产业战略最早、颁布国家信息产业政策最多的国家,并把信息技术的扩散视为提高国家竞争力的关键。早在 1993 年 9 月,克林顿政府就制定了《国家信息基础设施行动纲领》(*National Information Infrastructure*,NII),俗称"信息高速公路"计划。NII 从三个层次促进美国信息网络的建设:一是加强对信息基础设施建设的领导,成立了"国家信息基础设施特别领导小组";二是加大对国家信息基础设施的投入,预计 NII 的全部投资约为 4 000 亿美元(其中政府投资约占 300 亿美元,其余为私人公司投资);三是加强信息基础设施建设的立法工作,制定新的电信法、信息法和知识产权保护法等,为信息网络建设护航。

借鉴国外发展网络经济的经验教训,具体说来,政府在发展网络经济中所应做的有以下几个方面。

1. 数字化管理职能

数字化管理职能就是要打破传统管理思想中金字塔的组织形式,使之转化为扁平型或网状型,甚至无中心组织形式。网络经济中的数字化管理职能就是要改变过去的粗放管理,强调高效率与知识信息的共享,有效运用网络的力量,更新管理手段,促进政府决策更为科学、合理。

2. 培育环境的职能

网络经济的发展需要良好制度环境的支撑,良好制度环境包括政治法律环境、公平竞争和服务环境以及适合国情的社会发展环境。网络化加强了政府信息的置换功能,政府将在更为便利的渠道、更为扩大的范围内收集社会各个层面的信息,并获得信息反馈。同时政府积极参与国际对话,建立一个国际社会普遍接受的网络经济框架,加强全球化的网络经济标准制定,推动国内经济与全球网络经济的接轨。

3. 扩充教育的职能

在网络经济时代,有形资源的作用越来越小,而无形资产即人力资源的作用变得越来越重要。互联网跨越时空的特点给我们带来了一种缩短地域之间或人们教育水平差异的最好方式,网络教育比传统教育方式更为方便、快捷、灵活和有效。因此,政府在网络经济条件下适当地收缩部分经济与社会职能,扩充其网络教育职能非常重要。

4. 宏观经济预警的职能

网络经济的快节奏,要求政府职能必须强调其宏观经济预警系统的功能,以便对经济运行状况做出迅速而科学的决策。网络经济的发展已经为建立更为有效的宏观经济动态模型提供了技术保证,十年前美国桑迪亚实验所建立的一个虚拟现实的宏观经济动态模型("阿斯彭"系统),早已可以模拟不同货币政策和财政政策产生的各种影响。随着网络经济的发展,宏观经济预警系统作为政府重要的宏观经济调控手段将被更为广泛地运用,政府的预警职能也将越来越重要。

5. 信息安全职能

在网络经济时代,经济相互依存和相互获利的前景,并没有改变主权国家的作用和国家利益的排他性质,也不能从根本上消除国家间的不平等竞争与不信任。同时,政府网络是一个庞大的网络,由于使用人员众多以及网络黑客、计算机病毒等诸多原因,网络安全隐患日益增多。电子政务的有效实施要求政府一方面要重视系统建设中对信息安全的风险分析,设立系统安全的目标;另一方面制定安全策略,把先进的安全技术与进行严格和科学的行政管理结合起来,规范人们的行为,加强网络安全意识和危机意识,以构造适合的安全模型。

# 10.4　网络经济与政府治理

## 10.4.1　网络经济下政府的管理能力

著名管理学家彼得·德鲁克在《知识社会的兴起》一文中指出:100 年来,人类经历了三次革命。第一次是科学技术应用于生产当中而产生的工业革命;第二次是知识应用于工作从而提高劳动生产率所产生的生产力革命;第三次则是知识应用于知识本身,从而引起了管理革命。对于政府管理而言,从观念到体制,都必须来一个转变,以迎接拍浪而来的网络经济——管理革命的挑战。

无疑,政府机构作为经济、文化和社会活动的参与者、管理者和服务者,在网络经济的冲击下,发生了巨大的变化。尤其是在信息社会中,经济产业发生了根本性的变化,表现为产业信息化(如数控机床、机器人、生产流程自动控制、企业管理网络化等生产管理过程的信息化技术的运用)和信息产业化(指同信息紧密相关的诸如电信、新闻媒体、文化单位等部门的产业化过程)的发展,促使国民经济的产业格局以及战略部署发生变动。首先,信息产业(指带有高附加值和信息技术含量的新兴产业如计算机软件产业、通信设备产业等)取代传统工业(如钢铁、机械制造、化工等)成为竞争的前沿产业和关乎综合国力的战略性产业;其次,承担社会化、大众化信息传输加工的组织机构(如新闻媒体、电信咨询等部门)在全球竞争的大背景下,呈现出产业化发展的新竞争态势:产业发展的自由化趋向愈加明显,竞争(国内和国外)趋势不断加剧,垄断集中的势头有增无减等。

由于"随着经济基础的变革,全部庞大的上层建筑也或快或慢地发生变革",所以,为了与信息社会中的网络经济相适应,政府作为上层建筑领域的核心体系,其职能体系必然要发生变革。建立在"行政命令和控制"的等级制观念基础上的传统的公共管理模式已被"合作、谈判和激励机制贯穿于其中的公共管理模式所取代","政府与企业之间的清晰的界线现在已被因解决越来越复杂的社会问题和目标而需要公共部门与私营部门之间的合作而模糊"。"信息社会公民将更加期望政府能提供多样的和个性化的服务,他们关注的并不是由哪一层次、哪一单位或哪一组织所提供的服务,而是提供的服务是否合理,是否符合成本效益的分析原则,是否方便并具有较高的品质"。具体而言,包括以下三点。

1. 网络经济的发展打破了传统的专业界限和社会分工

如美国未来学家托夫勒所描述的那样,"市场正在重新建构","经济正围绕着信息而剧烈改组","一个行业可以轻易地进入另一个全新的领域"——其结果就是对传统的政府管制经济提出挑战。毕竟,政府承担着法律、法规制定和调控管理的责任。然而随着网络经济的发展,政府管制不仅难以发挥其"维护公共利益"或"促进公平竞争"的积极作用,且还在一定程度上导致了市场的不公平竞争。于是要求政府及时地转变职能,提高政府的管理能力——主要表现在政府能为经济的发展提供各种具有创新意义的制度和各种服务。

2. 政府面向社会和企业的职能由微观管理向宏观调控转变,由管理向服务职能转变

在网络经济的冲击下,政府机构内部的信息系统建设也不断发展和完善,各级政府部门拥有大量宝贵的信息资源,也具备了对外提供信息和应用服务的条件。企业与政府或行业主管部门之间信息交换方式的网络化,一方面能够大大提高政府的办事效率;另一方面政府机构可以利用网络化的信息技术为公众提供更好的服务。此外,在某些政策法规、方案议案的制定过程中,各政府部门可以充分利用网络信息渠道高效率地进行交流与协作,如放松对经济的管制,促进信息产业自由竞争。为此,美国在 1994 年修改了《媒体和电信法》,在 1996 年改革通信法,解除电信和媒体跨行业经营的限制;欧盟于 1998 年元月全面开放电信市场;1997 年 2 月 69 个世界贸易组织成员国达成协议,于 2000 年前后全面开放电信市场……

3. 网络经济的发展需要政府将竞争机制引入到公共部门中来

与此紧密相连的是"用户推动政府"原则或"顾客导向",公共事业组织的安排应是为满足用户或顾客的需要,从而最好的办法往往是把资源直接交给用户,由用户去选择谁来提供服务。政府处在被选择的地位时,"竞争"原则才能较好地发挥作用。因为竞争可以使政府将用户的利益放在首位,竞争可以促使质量提高和费用降低。

## 10.4.2　网络经济下政策的管理理念

1. 树立高效管理的理念

信息社会的政府管理必须是高效管理。它对政府效能的要求比工业经济时代更高。21 世纪的政府面对的管理对象,不仅有现实社会中的公众,而且还有虚拟社会的公众。由于全球化的信息高速公路的建立,国际竞争更趋剧烈,新技术、新产品、新事务和新问题层出不穷,时代节奏快,变化多,要求政府管理必须讲究时效性、合理性、服务性和法制性。没有高效的政府管理,政府就会在国际竞争中败北,就不会快速促进经济发展。

政府高效管理首先要表现在对新事物、新技术、新产品和新问题的战略敏感性上,这是对技术创新的一种战略眼光。没有这种战略眼光就无法驾驭网络经济的发展,无法参与国际竞争。政府对管理对象必须迅速及时地做出决策,因此决策必须果断而正确,合理

合法,具有前瞻性。文牍主义、形式主义、官僚主义的低效管理,会失去网络经济发展的先机之利。政府对网络经济高效管理就是知识再生产,从这个意义上来讲,管理就是生产力。

2. 树立公平管理的理念

随着社会发展和知识普及,公众对公平的要求会愈来愈强烈。虽然公平作为社会哲学的一个基本范畴来说是一个很复杂的问题,但从社会实践的角度而言,它对社会稳定和社会发展的影响是很大的。信息社会中的公众对社会公平更具敏感性,而且可以上网表达。公众要求得到公正平等的对待,这是天经地义的。这就要求机会均等原则、平等原则、贡献原则和努力原则在每位公众身上都应有所体现,尤其在利益分配上。在信息社会中的不公平、不平等将成为社会不稳定的主要因素。以特权为基础的独裁统治,以不平等为基础的资本主义统治,必然会引发社会冲突甚至暴力行为,也会引发网上愤怒表达。种族歧视、分配不公、独断专行、践踏人权同样会引起公众的愤怒,甚至引起社会冲突。因此在信息社会,政府作为社会公平的调节器的作用十分明显。

3. 树立知识管理的理念

对网络经济的管理无疑离不开法制,但其主要管理方式是知识管理方式。知识管理方式与工业社会管理方式有本质区别。虽然两者都要用法律与政策来进行管理,但知识管理方式的最大特点是知识含量要高,法律和政策必须增加知识含量;政府必须尊重知识规律,用知识规律来规范科技创新活动和社会行为;要用引导、疏导的方式进行管理,要给科技创新活动留有足够的空间。不能用强制方式进行管理,因为一项创新技术的发展前景和社会意义不是短时期能见到的,有的也不是用现有知识能判断的。必须符合知识规律和网络经济发展规律,这对法律和政策制定乃至决策者来说,都是崭新的课题。工业社会依照法律可以很容易管理对象的行为,而信息社会则不那么容易,因为政府对公众的知识创新的合理合法只有用知识发展规律才能界定。如近年来在"网络黑客"问题上的纷争,就很深刻地说明了在信息社会中树立知识管理理念的迫切意义。信息社会的政府必须是一个高智能的政府,官员必须是高智能的官员,管理方式必须是知识管理方式。

4. 树立服务的理念

传统行政服务在效率上存在很大缺陷,其根本原因有两点:一是官僚主义的办事低效;二是服务技术手段的落后。政府提供的公共服务是整齐划一的单向供给型服务,人们缺少自由选择度,加上政府公共服务本身的垄断性质,公民只有被动地接受,别无选择,更无法提出更高的服务质量要求。在信息社会中,政府的各项公共服务可以通过电子化方式进行,公民只要打开联网的计算机,就可以在网上找到自己所偏好的服务种类和服务方式。通过网络,可以了解政府及其各部门的组成、服务项目、职责、地点等基本情况;可以进行咨询,了解政府宏观经济数字、专家分析和预测等经济信息。总之,人们在四通八达的信息网络上,可以随时找到自己所需要的任何生活信息、社会信息、政府管理和服务信息,并享受自助式公共服务。

此外,信息社会政府提供的公共服务要具有公正性、公平性和无偏私性等特征,这是由公共服务提供的自动化和程序化决定的。只要是规定的服务,具有资格和条件者,在网络面前都会受到平等的待遇。公共服务的公开性和透明性,也降低了政府部门提供公共服务时人为的行贿、受贿、刁难、推诿和扯皮等行为。网络提供的优质、高效、公正的公共服务,需要电子窗口设置的合理化和规范化。政府提供的网上服务信息和其他信息要充足、丰富、及时;还需要电子识别、电子认证、电子结付、网络安全等技术系统的保障。

### 10.4.3　网络经济下政府的管理体制

#### 1. 权力下放与自主决策

网络经济对政府管理体制首要的冲击是对政府低层决策自主权的要求。信息社会中的社会分化和功能分化将加剧,公众的民主意识、参与意识、创新意识将大幅度提高,社会事务复杂且变化迅速。政府高层垄断权力的做法是不可能适应这种社会变化的,政府高峰决策会成为提高政府管理效率的障碍,必然会阻碍网络经济的发展,因此必须实现近点决策。这就要求权力下放,使基层政府和官员有更多的权力和自主决策权。这样的政府才能对复杂多变的社会事务及时做出反应,才能实现高效管理。高峰决策不可能有这种及时应变能力。但这并不是说不要高峰决策,在事关国家和全局性利益的重大问题上,自然需要高峰决策。

近些年,美国等西方国家进行了市场模式、参与模式、灵活政府模式和非管制政府模式等新的政府管理模式的探讨和实验,都主张权力下放和赋予基层政府和官员更多的自主决策权。

#### 2. 减少层级的灵活的政府组织结构

由于分权和权力下放,政府管理体制的组织结构将会发生变化。政府组织是权力载体,采取层层授权、层层节制的管理模式。层级愈多,信息流失量愈大,反应愈迟缓。因此,由于分权和权力下放的逐步进行,政府组织的中间层次将会愈来愈少,而管理幅度将会愈来愈大。传统的金字塔形的科层制的组织结构将受到严重冲击,并逐步予以改变。政府的高智能化和信息化是适应这种变革的前提。没有高智能的政府官员和建立信息高速公路的政府是不可能适应这种变革的。减少组织层次,将大组织分解为小组织,或组建临时机构,都是适应网络经济的组织变革之策,以使政府具有灵活性并实现高效管理。

西方发达国家正在探讨的政府管理模式,其共同点之一,就是把以科层制和规章制度为基础的组织结构看成是政府效率的严重障碍,主张建立组织层次尽量少的平面型的而非金字塔形的组织结构,认为平面型的组织结构同外界互动所取得的最低收益也比科层制更有效。市场模式主张政府机构分解成若干小部门;灵活的政府模式认为应取消部分政府机构,加强机构的灵活性,其目的是减少和防止常设机构的僵化,可以使政府对变化的社会事务做出快速灵活的反应。该模式还认为可以为适应新变化而成立一些新的临时机构,不仅组织机构是临时的,而且工作人员也是临时的。政府管理体制的惰性和滞后性,使人们面对信息社会的政府组织结构究竟是什么样无法做出十分准确的判断和概括,但是有一点可以肯定:政府组织结构必须减少层级,增加政府的灵活性。

3. 发展信息部门和咨询部门

在西方发达国家,信息部门和咨询部门已经比较发达。全球信息高速公路的建立,更凸显出信息部门的重要性。收集、整理、存储、转换、加工那些有价值有意义的信息是信息部门的职责。也可以讲,这本身也是一种知识再生产。在发展中国家,加强信息部门的建设尤为重要。信息部门是政府进行决策不可缺少的辅助机构。政府不可能为决策建立庞大的信息机构,必须充分利用社会信息部门提供的信息。政府垄断信息是不可取的,对信息的垄断就是对权力的垄断,而且会造就一批信息官僚。政府只要及时采集社会信息部门提供的信息,就能快速灵活地做出反应。

在信息社会中,咨询部门会更发达。在当今西方国家,咨询部门叫"脑库"、"思想库"、"智囊团"等。它可以为国家和政府决策提供方案,出谋划策。咨询部门大多数是社会组织,而不应是政府部门。政府不仅允许而且鼓励社会组织进行政策研究,允许它们提出各种方案和解决办法,允许发表不同意见。这就必须贯彻"百花齐放、百家争鸣"的方针,给咨询部门足够的研究和创新空间。

4. 公民参与决策,体现公共利益的最大化

面对网络经济的崛起,西方发达国家又开始探讨实现公共利益的新模式。

首先,网络的出现,电子化政府的发展,无疑拓宽了公民的参政渠道,通过电子民意调查、电子投票、电子邮件等方式,公民通过利益表达以影响政府的利益整合。互联网络成为政府与公民之间的一座电子桥梁,它推动了公民与政府官员的直接对话,提高了民意在政府决策中的分量,从而极大地促进了民主政治的发展。网络在政治领域的广泛应用对公民参政最直接的影响是:一方面,政府能够比以往更广泛地听取各方的意见,从而集思广益,有利于决策的科学化,以推动网络经济的发展;另一方面,网络这种能够使信息不受时空限制的快捷有效的互动方式使公民的普遍参政成为可能。先进的技术手段促进了公民参与政治的兴趣,有利于培养现代公民意识,从而推动民主政治的发展。

信息社会政府治理的核心是重视公共利益。第一,它评价政府优劣的标准是政府如何用低成本来提供良好的公共服务。为达到这个目的,政府引进市场竞争机制,成立多家具有竞争性的机构为公众提供服务。公众将从政府服务新方式中受益。第二,政府把公众既当做纳税人,又当做顾客来对待,通过公众在市场服务中行使自由选择权来实现公共利益的满足。公共利益可以通过打破政府垄断来实现,也可以通过向公众提供可以自由选择的方法和途径来实现。第三,主张政府将决策权下放给基层第一线官员以更好地实现公共利益。因为基层第一线官员最了解公众的愿望和需要,使政府决策更为客观。政

府让公民参与决策,对决策施加较大的影响。公共利益的实现程度取决于公民在决策过程中的参与程度。第四,降低政府费用有利于公共利益。主张更多地雇用临时工作人员,大幅度地减少政府费用。

显然,公众参与是信息社会实现公共利益的最佳模式。按照顾客选择理论,归根结底,政府是服务主体,无论同一种服务有几种服务方式或由几个不同机构提供服务,公众都必须按政府预先设计好的服务方式和内容来进行选择。它是由政府与公众共同参与决策来实现公共利益的,是政府与公众的共同选择。这无论从政治层面讲,还是从管理层面讲都贯彻了民主原则和公平原则,而这恰恰满足了公众对民主与公平的需要和参与愿望,其社会意义不可估量。

5. 政府官员必须有较高的素质

归根结底,推动政府机器运转的是政府官员。没有高素质的政府官员,政府不能实现高效管理。对政府官员素质的要求,既是信息社会的要求,也是政府本身的要求。

首先,政府官员必须有忠于国家、忠于政府的坚定信念和立场。在信息社会中信息全球化,政府行为全球化,事务复杂繁多。政府官员必须维护国家主权,严守国家机密,不能因为信息和管理行为的全球化而丧失忠于国家、忠于政府的立场。

其次,政府官员必须树立民主管理、公平管理、法制管理和高效管理的价值观。否则,面对民主意识、参与意识、公平意识和效率意识很强的公众,就无法进行管理。政府官员必须学会与公众沟通的政府公关艺术,维护政府形象。

再次,政府官员必须树立甘于奉献、乐于服务的为公共利益服务的观念。政府官员应当以向公众提供高效优质服务为其行为宗旨。

最后,政府官员必须是具有管理能力的通才和专才。信息社会的政府必须是一个高智能政府,政府官员是一个高智能的群体。政府官员要有较丰富的社会科学和自然科学知识,而且要成为某一方面的专家。没有这样的知识结构,政府官员就无法处理知识含量高的社会事务和社会问题。此外,政府官员必须具有管理才能,它包括决策才能、组织指挥才能、协调控制才能等。

# 【引例回顾】

本章的引例充分体现了网络经济下的政府职能的发挥。网络经济是新的经济形态,总的来说,政府对网络产业的推动和管理是滞后的。中国作为一个信息产业基础薄弱的发展中国家,更是如此。可以说我国政府在推动网络经济发展上还有众多的事情要做。在网络经济发展中政府的角色是不可替代的,而且是任重而道远。

网络经济中的电子商务涉及面广,需要多方面的协调配合,因此要有一个机构代表国家来推进我国电子商务的工作。政府要为发展电子商务制定一系列的配套政策和法规,鼓励社会各部门和商家积极参与电子商务的竞争。同时政府要为发展电子商务制定一套有效的管理机制,由国家统一布置和协调、规范电子商务市场。我国现有的许多法律、法规已经无法适应电子商务的发展需求。在原有的金融、商务、税务、电信、计算机和网络安全等方面的基础上,加以适当的修改,并进一步加强相应的立法,构建电子商务的法律框架,这可能是一种比较现实的选择。同时,政府可以先制定一个总体规划,用作宏观指导。对于较为迫切,而且已经没有多大技术问题的层面,则可先制定一些条例,在条件成熟的时候制定并颁布《电子商务法》。该法应对国内国际电子商务规约、知识产权的保护、打击利用电子商务进行的违法犯罪活动等作出规定。

# 【关键术语】

| | |
|---|---|
| 市场失灵 | market failure |
| 政府失灵 | government failure |
| 有限政府 | limited government |
| 政府职能 | government functions |
| 电子政府 | e-government |
| 虚拟政府 | virtual government |
| 服务型政府 | service-oriented government |
| 政府治理 | governance |

# 【课后案例】

## 大数据时代政府在线服务的思考

中国共产党第十八届中央委员会第三次全体会议(简称十八届三中全会)在《中共中央关于全面深化改革若干重大问题的决定》中提到国家治理体系和治理能力现代化。必须更加注重改革的系统性、整体性、协同性,让一切劳动、知识、技术、管理、资本的活力竞相迸发,让一切创造社会财富的源泉充分涌流,让发展成果更多、更公平惠及全体人民。必须切实转变政府职能,深化行政体制改革,创新行政管理方式,增强政府公信力和执行力,建设法治政府和服务型政府。所以,当代政府的治理能力面临重要挑战,社会参与和共治成为必要手段,政府网络平台为社会参与创造了基础。

政府的现代化、政府的治理能力与电子政务和大数据的关系。国家提出了要推进国家治理体系和治理能力的现代化,在这方面,电子政务要成为政府现代化、提高政策制定能力的主要手段。只有政府现代化和提高政府治理能力,才能保障其他领域的现代化。

所以，当代政府的治理能力正面临着重要挑战。社会参与和共治成为必要手段，我们政府的网络平台为社会参与创造了基础和条件。只有通过大数据，才能创新政府的服务。有观点认为，大数据衍生了服务的新内容，大数据引发了服务的新模式，大数据提高了服务的有效性。

联合国电子政务报告在 2013 年就指出，大数据将为管理海量数据集合提供部分解决方案，特别是在电子健康等方面发挥积极的作用。政府在线服务需要拥抱大数据时代的来临。要构建具有高效管理、智能服务、科学决策的政府在线服务模式。国务院发布了促进信息消费扩大内需的若干意见，现在汽车、住房的消费可能难以持续了，那靠什么做我们经济发展的引擎呢？国务院把信息作为一个重要的引擎，那么信息怎么才能成为经济引擎呢？

事实上，数据和信息消费、信息资源正在成为这一场动力体系转换的重要的、关键的要素。通过信息化，才能稳增长、调结构、促升级、重市场、扩需求、重改革，这些都需要大数据来提供服务。另外，大数据衍生了服务的新内容，我们看到很多在美国、英国、法国、韩国、日本等国家，他们在做积极的尝试，特别是一些研究机构和实验室，包括咨询机构也在这方面在探索。在中国也有很多，如广东，率先出台了大数据战略，上海出台了大数据研究与发展的三年行动计划，顺德在搞大数据时代的政务建设，山东专门搞了一个农业的大数据联盟，浙江通过大数据的治理，实现高速公路上治堵。大数据衍生了很多新的服务内容。美国专门出了一个网站，这个网站在 2009 年就按照原始数据、地理数据和数据工具三类开放数据，在这个网上有 40 万种原始数据文件，涵盖了农业、气象、金融、就业、交易、医疗、交通等，这个网站是对所有人都开放的，所有数据都开放，都能使用。类似的，在北京，有政务数据资源网，他们提供了很多数据，可以下载，可以应用开发，可以提供 APP 的下载，已经公布了 400 多个数据包，涵盖了旅游、教育、交通、医疗等领域。在新加坡，通过大数据，政府提出了一站式的移动服务平台，一站式的政府数据平台；特别是开放数据，它在社会上引发了很多针对这个数据的应用加工服务。伦敦也是一样的，伦敦通过大数据提高了服务的有效性，可以便捷地了解全市的交通状况，并且把相关的数据和分析结果以可视化的方式上传到其门户网站，我们可以根据自身需要通过手机、车载等获取地图、文字、视频等信息。大数据提高了服务的有效性。

大数据时代的来临，也给政府带来巨大的挑战，政府网站正在被大数据所淹没。相对政府网站来说，社会的网络数据生产呈现爆发性的增长，网站、移动终端和传感设备正在生成海量的信息，因此政府数据之间的关联将成为政府数据资源价值的增长点。政府各个部门都握有构成社会基础的原始数据：医疗数据、教育数据、环保数据、气象数据、金融数据、信用数据、电力数据、煤气数据、自来水数据、道路交通数据、客运数据、安全刑事案件数据、住房数据、海关数据、出入境数据以及旅游数据等。这些数据只有去共享、关联，才能产生新的价值。

大数据对政府网站的架构也引发了深刻的变化。大数据下，网站技术支撑的方式向云计算、分析技术、存储技术、感知技术方面进一步延伸。另外,数据的资源层,会更加夯实,数据会向高容量、速度、价值方向等方向转变,数据的来源向多渠道、多元化方向发展,打破过去层层审批的、发布比较迟的、信息量比较少的这样的数据。在应用展现层,会向开放透明、创新精准、科学高效、主动及时的方向转变。政府网站不是像媒体一样简单地做一家网站去发布信息。按照大数据的要求,要提高政府网站的数据能力,主要包括数据的采集能力、数据的对外服务能力以及数据的处理能力。采集就是广泛获取来自不同用户、载体终端和领域的数据资源。数据处理能力就是按照云计算的思路提高数据的分析处理和数据挖掘能力,对数据进行深加工。从目前来看,很多数据加工的深度、价值、挖掘能力都不强;对外服务能力也有所欠缺,还不能按照用户的不同需求有效地设计相应的服务场景,需要通过多终端提高服务的主动性、及时性和有效性。

大数据正在成为人类社会新的生产力、新的资源。所以加快数据采集、加工和开放成为重塑社会组织竞争力的必由之路。以网站为载体,加快政府信息资源汇聚、加工和对外服务成为建设服务型政府和政府 2.0[①] 重要措施。政府网站面临着新的机遇与挑战,用互联网思维、数据开发运动和云计算架构来不断提高政府网站的影响力和服务力,是当前政府网站工作者的重要使命,也是智慧政府主要的努力方向。

(资料来源:http://www.echinagov.com.)

**案例分析问题**

1. 大数据时代,政府的治理能力面临哪些挑战?
2. 结合案例,谈谈政府职能在大数据时代需要有哪些转变?

# 【思考与讨论】

1. 网络经济的兴起对于传统的政府职能理论提出了哪些挑战?
2. 分析在网络经济条件下,政府职能该如何定位。
3. 思考网络经济下如何才能充分发挥政府职能的作用。

---

① 政府 2.0 是创新 2.0 时代的政府形态。

# 参 考 文 献

1. B W Arthur. Competing Technologies: Increasing Returns and Lock in by Historical Event[J]. The Economic Journal,1989

2. C Matutes,P Regibeau. Mix and Match: Product Compatibility without Network Externalities[J]. Rand Journal of Economics,1988

3. C Shapiro,H R Varian. Information rules: A strategic guide to network economy[M]. Boston: Massachusetts,1998

4. J Rohlfs. A Theory of Interdependent Demand for a Communications Service[J]. Bell Journal of Economics,1974

5. Jeong-Yoo Kim. Product Compatibility as a Signal of Quality in a Market with Network Externalities [J]. International Journal of Industrial Organization,2002

6. M Katz,C Shapiro. Network Externalities. Competition and Compatibility[J]. American Economic Review,1985

7. M Katz,C Shapiro. Product Compatibility Choice in a Market with Technological Progress[N]. Oxford Economic Papers. Special Issue on the New Industrial Economics,1986

8. M Katz,C Shapiro. Product Introduction with Network Externalities[J]. Journal of Industrial Economics,1992

9. M Katz, C Shapiro. Systems Competition and Network Effects[J]. Journal of Economic Perspectives,1994

10. M Katz,C Shapiro. Technology Adoption in the Presence of Network Externalities[J]. Journal of Political Economy,1986

11. P Klemperer. Entry Deterrence in Markets with Consumer Switching Costs[J]. The Economic Journal,1987

12. Porter,Michael. Competitive Advantage[M]. The Free Press,1985

13. S J Liebowitz,S E Margolis. Path Dependence. Lock-In and History[J]. Journal of Law. Economics and Organization,1995

14. 北京师范大学经济与资源管理研究所课题组[J].信息技术产业对国民经济影响程度的分析.经济研究,2001

15. 常欣.规模型竞争论:中国基础部门竞争问题[M].北京:社会科学文献出版社,2003

16. 迟晓英,等.正确理解供应链与价值链的关系[J].工业工程与管理,2000

17. 龚文海.网络经济与传统产业的发展[J].学术研究,2004

18. 龚晓峰.网络经济对未来中国经济的八大影响[J].软件世界,2002

19. 顾丽梅.网络经济与政府治理[J].国外社会科学,2002

20. 郭智芳.腾讯QQ的盈利模式分析与思考[M].北京:人民出版社,2008

21. 韩耀,刘宁.经济网络、网络经济与网络经济学[J].南京财经大学学报,2007

22. 何明升. 网络经济研究中的几个基本问题[J]. 国外社会科学,2000

23. 侯贤明,穆瑞川. 产业组织理论中的进入壁垒理论[J]. 河北理工学院学报(社会科学版),2007

24. 黄璐. 网络经济平台上的企业竞争战略研究[D]. 成都:四川大学硕士论文,2003

25. 黄泰岩,牛飞亮. 西方企业网络理论评述[J]. 经济学动态,1999

26. 黄宗捷,等. 网络经济学[M]. 北京:中国财政经济出版社,2001

27. 纪玉山,等. 网络经济[M]. 长春:长春出版社,2000

28. 卡尔·夏皮罗,哈尔·瓦里安. 信息规则:网络经济的策略指导[M]. 北京:中国大民人学出版社,2000

29. 李贝贝,黄锋. 信息技术的兼容性分析——以软件业为例[J]. 中国工业经济,2003

30. 李怀,高良谋. 新经济的冲击与竞争性垄断市场结构的出现[J]. 经济研究,2001

31. 李欢. 软件产业市场结构研究[D]. 大连:东北财经大学硕士论文,2008

32. 李维. 网络组织——组织发展新趋势[M]. 北京:经济科学出版社,2003

33. 李霞. 网络型产业进入壁垒问题研究[M]. 北京:北京邮电大学硕士论文,2006

34. 李晓丽. 电子商务效率的一般性总结及其实现途径[J]. 商业时代,2010

35. 李杨. 在竞争与垄断的力量对比中寻求均衡点[J]. 经济体制改革,2000

36. 刘丹. 试论网络经济与信息经济、电子商务的关系[J]. 现代情报,2005

37. 刘锋. 旅游业信息化趋势与对策[N]. 中国计算机报,2002

38. 刘娟,瞿彭志. 行业垂直类B2B网站的专业性初探——以中国化工网和GlobalSpec为例进行分析[J]. 当代经济,2009

39. 刘宁. 网络经济下的政府与政府职能:基于有限政府理论的分析[J]. 南京财经大学学报,2006

40. 刘杨林,等. 网络经济学基础[M]. 北京:清华大学出版社,2008

41. 芦帆. 网络经济对政府职能影响和作用[J]. 现代情报,2002

42. 迈克尔·波特,著. 陈小悦,译. 竞争优势[M]. 北京:华夏出版社,1997

43. 曼昆. 经济学原理——微观经济学分册[M]. 第4版. 梁小民,译. 北京:北京大学出版社,2006

44. 尼葛洛,庞帝. 数字化生存[M]. 海口:海南海南出版社,1996

45. 倪月菊. 新经济和传统产业的发展[J]. 北京大学经济研究中心简报,2001

46. 诺思,张五常,等. 制度变革的经验研究[J]. 北京:经济科学出版社,2003

47. 石盛林. 优化企业物流系统——一种盈利模式的分析[J]. 机械管理开发,2003

48. 史忠良. 产业经济学[M]. 北京:北京经济管理出版社,1998

49. 孙健. 网络经济学引论[M]. 北京:电子工业出版社,2001

50. 童广印. 浅谈网络经济下的政府角色定位[J]. 科技情报开发与经济,2005

51. 王硕. 电子商务概论[R]. 合肥工业大学博士后研究工作报告,2007

52. 乌家培. 网络经济丛书[M]. 长春:长春出版社,2000

53. 乌家培. 网络经济及其对经济理论的影响[J]. 学术研究,2000

54. 吴君杨. 网络经济研究——网络对经济活动影响的规律性探析[D]. 北京:中央党校博士论文,2002

55. 熊晓元,唐廷法. 联网商务模式的盈利视角[J]. 商场现代化,2006.

56. 徐栖玲,姜彩芬. 谈网络时代的旅行社发展[J]. 旅游科学,2001

57. 许春芳. 网络经济发展规律与网络信息商品和服务定价理论研究[D]. 长春:吉林大学博士论文,2007

58. 杨春亮.电子商务的经济学思考[J].中国集体经济,2009

59. 杨坚争.虚拟市场:经济全球化中的电子商务[M].上海:上海社会科学院出版社,2001

60. 易英.切换成本和锁定效应与网络成长[J].情报杂志,2005

61. 于樊鹏,王艳平,沈宏.电子商务基础教程[J].北京:清华大学出版社,2009

62. 曾红颖.网络经济的界定及其政策含义[J].理论经济学,2001

63. 曾迎庆,李斌.我国网络经济存在的问题及发展对策研究[J].湖南大学学报,2001

64. 张军利.21世纪中国网络经济发展初探[D].西安:西北大学硕士论文,2004

65. 张铭洪.网络经济学教程[M].北京:北京科学出版社,2002

66. 张小强.网络经济的反垄断法规制[M].北京:法律出版社,2007

67. 赵刚.美国在线——时代华纳并购案例分析[D].北京:清华大学硕士论文,2004

68. 赵玉国.输赢在于盈利模式[J].企业活力,2002

69. 周朝民.网络经济学[M].上海:上海人民出版社,2003

70. 朱吉初,张大亮.现代物业管理公司盈利模式初探[J].城市开发,2003

# 教师服务

　　感谢您选用清华大学出版社的教材！为了更好地服务教学，我们为授课教师提供本书的教学辅助资源，以及本学科重点教材信息。请您扫码获取。

**》》教辅获取**

本书教辅资源，授课教师扫码获取

**》》样书赠送**

**电子商务类**重点教材，教师扫码获取样书

 清华大学出版社

E-mail: tupfuwu@163.com
电话：010-83470332 / 83470142
地址：北京市海淀区双清路学研大厦 B 座 509

网址：http://www.tup.com.cn/
传真：8610-83470107
邮编：100084